Conversando com MENINOS

Conversando com MENINOS

Mary Polce-Lynch, Ph.D.

M.BOOKS DO BRASIL EDITORA LTDA.

Av. Brigadeiro Faria Lima, 1993 - 5º andar - Cj. 51
01452-001 - São Paulo - SP - Telefones: (11) 3168-8242 / (11) 3168-9420
Fax: (11) 3079-3147 - E-mail: vendas@mbooks.com.br

Dados de Catalogação na Publicação

Polce-Lynch, Mary
Conversando com Meninos / Mary Polce-Lynch
2003 – São Paulo – M. Books do Brasil Editora Ltda.
1. Parenting

ISBN: 85-89384-26-8

Do original: Boy Talk

© 2002 by Mary Polce-Lynch.
© 2004 by M. Books do Brasil Editora Ltda.
Original em inglês publicado por New Harbinger Publications, Inc.
Todos os direitos reservados.

EDITOR: MILTON MIRA DE ASSUMPÇÃO FILHO

Produção Editorial
Salete Del Guerra

Tradução
Marcel Murakami Iha

Revisão de Texto
Ivone Andrade
Sílvio Ferreira Leite

Foto e Capa
M.M.A. e ERJ

Editoração e Fotolitos
J.A.G Editoração e Artes Gráficas Ltda.

2003
1ª edição
Proibida a reprodução total ou parcial.
Os infratores serão punidos na forma da lei.
Direitos exclusivos cedidos à
M. Books do Brasil Editora Ltda.

Dedicatória

*Este livro é dedicado com amor a meus pais,
Esther B. Polce e Anthony H. Polce.*

Observações da Autora

É importante que os leitores e os consumidores de livros sobre saúde mental saibam que, embora este livro esteja repleto de nomes e histórias, na criação das narrativas foi respeitado o caráter confidencial das consultas dos meninos e de suas famílias durante o processo clínico. Desse modo, nenhum nome, ou situação, revela identidades verdadeiras. Se houver semelhanças, são meras coincidências. Todas as informações obtidas em pesquisas foram relatadas com a permissão dos participantes. Também incluí histórias sobre minha vida e, embora os acontecimentos sejam verídicos, algumas informações que pudessem levar a possível identificação foram alteradas para respeitar a privacidade das pessoas envolvidas.

Revisei a prova final deste livro uma semana após o 11 de setembro de 2001, a tragédia que acometeu os Estados Unidos. Foi difícil voltar a concentrar-me no trabalho. Não apenas era difícil dedicar-me a ele, como também me perguntava se algo no livro ainda poderia ser relevante, após um acontecimento tão terrível e que alterou tantas vidas. No entanto, conforme eu e inúmeros psicólogos em todos os Estados Unidos orientávamos os pais sobre como conversar com seus filhos a respeito dos ataques terroristas, havia uma mensagem consistente: os pais devem "ouvir" os pensamentos e sentimentos dos filhos. Essa mensagem, assim como testemunhar tantas mulheres e homens que expressavam abertamente suas emoções durante a tragédia, serviu de ajuda para que eu voltasse a me envolver com meu livro. Independentemente da presença do terrorismo em nossa vida, ou talvez por causa disso, as emoções tornaram-se importantes e devem ser "ouvidas". As crianças são nossos futuros líderes e diplomatas. Vamos continuar a oferecer apoio às emoções de nossos meninos – durante épocas de guerra e de paz.

Prefácio

O livro que você está prestes a ler oferece as ferramentas práticas essenciais para ajudar os meninos a ter acesso àquela parte muitas vezes misteriosa de si mesmos: suas emoções e sentimentos. No entanto, *Conversando com Meninos* faz mais do que apenas informar. Este livro o convida a pensar cuidadosamente, talvez até mesmo de modo diferente, sobre o desenvolvimento emocional dos meninos. Em seguida, ele o inspira a conversar e ouvir seus filhos de maneira mais ampla.

Como este livro realiza isso? A autora, Dra. Mary Polce-Lynch, utiliza-se da psicologia e da psicoterapia ligadas ao desenvolvimento para apresentar um ponto de vista único e bastante prático sobre como criar meninos saudáveis. Ao traçar a relação entre as habilidades de temperamento, socialização, desenvolvimento cognitivo e de inteligência emocional, ela mostra como apoiar o desenvolvimento emocional dos meninos a partir de seu nascimento e ao longo da adolescência. Ela também nos ajuda a identificar as regras culturais que podem determinar se os meninos falam sobre – ou até mesmo conhecem – seus sentimentos.

Há um medo comum, mas equivocado, de que apoiar a manifestação dos sentimentos dos meninos vai abalar sua masculinidade.

Isso simplesmente não é verdade. *Conversando com Meninos* nos oferece uma razão para transcender esse medo ao confrontar as crenças do tipo "ou/ou então", como a de que um menino deve ser um machão *ou então* ele é um fracote. De fato, meninos podem ser ao mesmo tempo fortes *e* sensíveis, emocionalmente expressivos *e* lógicos... e ainda assim ser meninos.

Somando-se a muitas ferramentas úteis, talvez o maior presente que *Conversando com Meninos* nos concede seja a permissão para falar com os meninos sobre como estão se sentindo. Que este livro seja um guia, caso você opte por apoiar o desenvolvimento emocional dos meninos. Independentemente de seu ponto de vista filosófico em relação à masculinidade, você descobrirá em *Conversando com Meninos* uma sabedoria prática que é essencial para criar os filhos.

– Michael Gurian

Michael Gurian é um terapeuta de família, educador e autor de catorze livros, incluindo os *best-sellers The Wonder of Boys, A Fine Young Man* e *Boys and Girls Learn Differently*. Atuou como consultor para distritos escolares, famílias, terapeutas, agências comunitárias, igrejas e legisladores, viajando para aproximadamente 35 cidades por ano para promover seminários, consultas e abertura de conferências. Os vídeos de treinamento de Gurian para pais e voluntários são utilizados pelas agências Big Brothers e Big Sisters nos Estados Unidos e Canadá. Atualmente, vive em Spokane, Washington, EUA.

Agradecimentos

Começo agradecendo minha editora, a New Harbinger, por publicar um livro sobre as emoções dos meninos. Já existem muitos livros maravilhosos sobre este importante assunto. Sou grata pela confiança da New Harbinger de que eu poderia contribuir para essa discussão, especialmente por parte de Kristin Beck e Catharine Sutker, que acreditaram em *Conversando com Meninos* desde o princípio.

Tive o privilégio de trabalhar por doze anos com médicos talentosos do Child and Adolescent Team do Hanover County Community Services Board (CSB), em Ashland, Virgínia, EUA. Seu conhecimento e compreensão das emoções das crianças ajudaram milhares de crianças e famílias; seus conselhos e apoio profissionais foram igualmente importantes para mim. Quando a equipe me ofereceu, como presente de despedida, no ano passado, aqueles sinos que tocam quando o vento sopra, senhor dos ventos, logo os pendurei próximos à mesa em que escrevia. Toda vez que o vento soprava, me sentia encorajada. Obrigada a Barbara Smith, Karen Rice, Carol Hughes, Loucinda Long, Pat Purcell, Jane Yurina, Allison Sibley e amigos da equipe, Dot Livingston, Millie Hycner e Diane Story. Tom White e Stewart Callahan também fizeram (e ainda fazem) parte da família CSB e sou muito grata por isso.

Em determinado momento, ao longo dos desafios de ser mãe, trabalhar e cursar a faculdade, pensei em desistir do doutorado. Era uma opção sensata em meio àquele momento complicado. Uma das razões que me fizeram continuar foi Barbara J. Myers, titular do departamento de psicologia do desenvolvimento na Virgínia, Commonwealth University, a área da minha dissertação, e *mentora extraordinária*. Barbara encorajou-me a seguir minha linha de pesquisa sobre sexo e expressão emocional, que por fim levou a este livro.

Expresso meu reconhecimento ao trabalho dos pioneiros no movimento dos meninos: Michael Gurian, William Pollack, James Garbarino e Daniel Kindlon. Gostaria de agradecer particularmente a Mike Gurian por escrever o prefácio e pelas discussões importantes sobre a masculinidade. Do mesmo modo, agradeço a Bill Pollack por ler uma versão inicial do manuscrito e por seu apoio a *Conversando com Meninos*.

As reuniões realizadas com meu grupo de redação foram valiosas e encorajadoras, muitas vezes incentivando-me a publicar meu livro (isso nunca é fácil). Sendo elas próprias autoras, seus comentários precisos iam direto ao ponto. Também sou grata a Leslie Wright, Mindy Loiselle e Renee Cardone pela confiança.

Patti Atkins Noel e Kim Forbes Fisher, duas amigas que também são psicoterapeutas, ajudaram-me apesar de vivermos em cidades distantes. Às vezes, o apoio era por aturarem meus pequenos e-mails ou poucos telefonemas, ou ainda por dizerem "agüente firme". A amizade de Patti e Kim, mesmo sem estarem, muitas vezes, fisicamente presentes, tornou esses últimos anos toleráveis – como as amizades costumam fazer.

Meus pais, Esther e Anthony Polce, forneceram o tipo de apoio que apenas os pais podem oferecer. Eles acreditaram em mim e rezaram todos os dias. Agradeço de todo o coração.

Evidentemente este livro não seria possível sem os meninos com quem tive o privilégio de trabalhar na terapia. Aplaudo esses meninos, jovens ou não, por terem a coragem de quebrar as regras e dizer-me como se sentiam. Suas histórias ecoaram em minha mente e meu coração, quando fui sua terapeuta e enquanto escrevia este livro.

O que alguém pode dizer sobre os melhores "professores de emoções" do mundo? Minhas filhas, Rachel e Morgan, são especialistas nos sentimentos. Continuo a impressionar-me com o quanto são claras em relação aos sentimentos. Quero agradecer-lhes por terem me presenteado com seu tempo e compreensão. Elas sabem o quão importante foi escrever este livro, mas me interrompiam de maneira brava toda vez que precisavam de mim. Sua presença, compreensão e coragem transformaram este livro em realidade.

Devo agradecer a John Lynch, meu parceiro na vida, psicólogo e melhor amigo. Freqüentemente ele "segurou as pontas", para que eu pudesse escrever. John é uma pessoa inteligente e criativa, que optou não apenas por quebrar as Regras do Bando, como também ensinou a outros meninos e homens a importância de fazê-lo. Respeito John e sou grata por tudo isso e muito mais.

Um projeto de redação raramente é o resultado dos esforços de uma única pessoa e este livro não é uma exceção. A equipe da New Harbinger apoiou *Conversando com Meninos* em todos os passos ao longo do caminho. Agradeço o trabalho perspicaz de Amy Shoup no título e a orientação e o apoio de Carole Honeychurch no meio do caminho. Finalmente, devo destacar o trabalho de Kayla Sussell, minha editora na New Harbinger. A experiência editorial de Kayla e seu domínio das palavras orientaram-me continuamente nos estágios finais. A combinação de sua perspicácia e atenção aos detalhes é o sonho de qualquer escritor. Sou grata a suas habilidades e sei que os leitores também vão se beneficiar delas.

Sumário

Introdução: A Questão Como um Todo — 19

Capítulo 1 Por que as Emoções dos Meninos São Importantes — 23
    O Propósito das Emoções — 24
    De Meninos a Homens — 26
    Como as Crianças Se Tornam — Ou Não —
        Emocionalmente Expressivas — 29
    Como e Por que Sentimos Emoções — 32
    Quando os Sentimentos Se Tornam Estranhos:
        A Fisiologia de Não Sentir Emoções — 38
    Habilidades de Inteligência Emocional — 41
    Desafiando a Crença de que as Emoções dos Meninos
        Não São Importantes — 45

Capítulo 2	Socialização dos Meninos: As Regras do Bando	49
	Os Meninos Também São Pessoas	49
	Quando o Bando Dita as Regras para a Cabeça e o Coração dos Meninos	53
	Peter Pan e os Outros Meninos Perdidos	57
	Livrando os Meninos de Suas Emoções	59
	Como os Estereótipos Masculinos Afetam a Vida dos Meninos	62
	A Socialização da Sexualidade dos Meninos	64
	O Começo da Socialização Sexual dos Meninos	65
	As Necessidades Psicológicas dos Meninos e das Meninas	72
	O Temperamento dos Meninos	75
	Forças Sociais que Determinam as Emoções dos Meninos	76
Capítulo 3	Desenvolvendo os Meninos e Suas Emoções	85
	O Papel do Temperamento no Desenvolvimento Emocional	86
	Linha do Tempo do Desenvolvimento	89
	Do Nascimento aos Três Anos	90
	Dos Quatro aos Sete Anos	97
	Dos Oito aos Onze Anos	105
	Dos Doze aos Quinze Anos	112
	Dos Dezesseis aos Dezoito Anos	119
Capítulo 4	Meninos e Expressão Emocional	129
	Foco na Expressão Emocional	130
	As Emoções "Alternativas" dos Meninos	131
	"Exercitando" a Expressão Emocional dos Meninos	134
	O "Nervo" da Expressão Emocional	137
	Controle Emocional	139
	Restrição da Expressão Emocional em Meninos	142
	Conseqüências da Expressão Emocional Restrita	149
	O que as Outras Pessoas Dizem sobre a Expressão Emocional dos Meninos?	151

Capítulo 5	Empatia dos Meninos: Uma Característica Importante da Saúde Emocional	155
	A Essência da Humanidade dos Meninos é Sua Empatia	156
	Como a Empatia Se Desenvolve	158
	Maneiras Práticas de Ajudar os Meninos a Aprender e Manter a Empatia	169
Capítulo 6	Raiva dos Meninos: Alternativas à Agressão	173
	A Raiva dos Meninos Sempre Precisa Resultar em Agressões?	174
	A Relação Cultural	175
	Expressão Saudável da Raiva	177
	Ensinando e Aprendendo sobre a Expressão Saudável da Raiva	179
	A Fisiologia da Raiva	182
	Avaliação e Reavaliação (Repensar)	183
	A Raiva "Alternativa" dos Meninos	187
	A Raiva do Ponto de Vista do Desenvolvimento	190
	Formas Saudáveis de Expressar a Raiva	196
Capítulo 7	Para os Pais: O que as Famílias Podem Fazer	203
	Um Quadro de Como Pode Ser a Expressão Emocional para os Meninos	204
	Os Sentimentos por Trás dos Comportamentos	205
	Um "Teste Emocional de Apgar" para os Meninos	208
	A Importância de Ensinar a Seu Filho a Expressão Emocional	210
	Habilidades e Experiências "Essenciais" para as Emoções dos Meninos	216
	A Importância dos Limites Físicos e Psicológicos	224

Capítulo 8 Para os Outros Adultos na Vida dos Meninos:
Maneiras Práticas de Apoiar o Desenvolvimento
Emocional dos Meninos   229
    Sempre Será Necessária a Ajuda de Todos   230
    Pais Adotivos   231
    Avós   235
    Professores   237
    Diretores   239
    Treinadores   242
    Médicos   244
    Líderes Religiosos e/ou Espirituais   245
    Terapeutas e Orientadores Educacionais   247
    Mentores   252
    Profissionais da Mídia e do Entretenimento   253

Bibliografia   255

Introdução: A Questão Como um Todo

Os primeiros capítulos deste livro apresentam um contexto importante para a discussão das emoções dos meninos. Eles são muito amplos e podem até mesmo trazer, às vezes, um pouco de dificuldade na leitura. As emoções dos meninos são complicadas: elas não são simples sentimentos, não são apenas sensações psicológicas e não estão apenas em suas cabeças. Além disso, regras culturais específicas restringem a possibilidade de os meninos terem acesso a suas emoções e expressá-las. Chamo essas regras de Regras do Bando, uma distorção da masculinidade saudável, que pode até mesmo fazer com que as emoções dos meninos "desapareçam".

Embora os Capítulos 1, 2 e 3 sejam mais abrangentes, os outros apresentam intervenções específicas para remediar parte da resistência às emoções dos meninos. Como existem séculos de resistência cultural a elas, acredito que seja necessário discutir a questão como um todo, pois, do contrário, seria como tentar deter um vazamento sem localizar a fonte. Não falo de uma análise histórica da resistência à expressão emocional dos meninos, nem apresento uma análise biológica completa, mas ofereço todas as informações psicopedagógicas possíveis para ajudá-los a considerar como e por que essas emoções são importantes.

Se você considerar um capítulo interessante, em qualquer parte do livro, vá adiante e leia-o antes. Os capítulos podem ser lidos fora da seqüência, pois cada um se sustenta por si só. Entretanto, recomendo que em algum momento você leia os três primeiros, que proporcionam uma visão geral fundamental sobre a biologia, a socialização e o desenvolvimento das emoções dos meninos, de maneira agradável.

Para salientar a importância das emoções dos meninos, o Capítulo 1 começa a desemaranhar a camisa de força emocional que prende os meninos. Inicio puxando as amarras que afetam suas emoções. Uma amarra importante é a fisiologia das emoções. Embora seja uma leitura razoavelmente técnica, essas informações legitimam as emoções dos meninos de um modo que não pode ser negado. Outra amarra importante é a resistência social à expressão dessas emoções, que parece transparecer em toda a nossa cultura dominante.

Concentro-me em questões diferentes nos Capítulos 2 e 3, porém há um tema que se sobrepõe: a socialização influi no modo como os meninos expressam suas emoções. Grande parte dessa socialização é vista nas Regras do Bando, um código restrito de comportamento que muitos meninos seguem para tornarem-se meninos e homens "de verdade". Embora a adesão a essas regras possa ser consciente ou não, o resultado é sempre o mesmo: meninos muitas vezes deixam suas emoções de lado para seguir versões prejudiciais e distorcidas da masculinidade (isto é, meninos *só* podem ser confiantes e *nunca* têm medo). Apresento os detalhes desse processo no Capítulo 2, "Socialização dos meninos: as Regras do Bando", partindo da idéia de que os meninos tentam, às vezes com sucesso, fazer suas emoções "desaparecerem" para satisfazer expectativas culturais rígidas.

No Capítulo 3, "Desenvolvendo os meninos e suas emoções", a questão central é o desenvolvimento das emoções dos meninos desde o nascimento até o final da adolescência, com particular atenção ao temperamento. Independentemente da idade na qual você está interessado, esse capítulo deve ser lido do princípio ao fim, pois determinado conteúdo posterior se baseia naquilo que o precedeu. Ler apenas sobre uma faixa etária não lhe fornecerá todas as informações de que você precisa. Para ter uma visão ampla, você deve ligar os pontos de uma idade a outra, pois o passado e as perspectivas futuras são necessárias para entender e apoiar totalmente o desenvolvimento emocional dos meninos. Sob muitos aspectos, o Capítulo 3 é a base do livro, porque descrevo as emoções dos meninos desde o princípio até a idade adulta. Esse capítulo apresenta a perspectiva de onde os meninos estiveram e para onde vão emocionalmente.

Embora não seja possível "ver" o que os meninos sentem interiormente, é possível observar como eles expressam suas emoções exteriormente. O Capítulo 4, "Meninos e expressão emocional", descreve os aspectos da expressão emocional saudável e prejudicial, assim como as conseqüências de ambas. Os resultados de um estudo recente são apresentados, mostrando o padrão por meio do qual os meninos restringem a expressão de suas emoções. As respostas às pesquisas e às entrevistas com adultos sobre as emoções dos meninos também são descritas. Essas respostas fornecem perspectivas sobre a expressão emocional dos meninos e possivelmente pistas sobre como mudar os padrões atuais.

O Capítulo 5, "Empatia dos meninos: uma característica importante da saúde emocional", é leitura obrigatória. A capacidade de sentir as próprias emoções e as dos outros é chamada de empatia – e essa capacidade é fundamental para o desenvolvimento de relações interpessoais saudáveis. Também é a capacidade que separa os humanos dos monstros e das máquinas. Sem a bússola interna da empatia, os meninos não podem estar totalmente presentes em suas relações consigo mesmos e com os outros. Acredito que a empatia consigo mesmo preceda a empatia com os outros. Como a empatia se desenvolve e como ela é "escorraçada" pelos meninos é discutido em detalhes. Talvez o mais importante seja a apresentação de maneiras para promover a empatia nos meninos.

O Capítulo 6, "Raiva dos meninos: alternativas à agressão", começa com uma pergunta retórica: "A raiva dos meninos precisa sempre acabar em agressão"? Creio que, se há uma resposta real, ela seja: "Sim, a raiva dos meninos continuará acabando em agressão, a não ser que as normas vigentes mudem". Nesse capítulo, apresento um modelo para compreender a raiva e a agressão interpessoal dos meninos no contexto do medo (uma emoção que os meninos não têm "permissão" para sentir). Refiro-me a esse modelo como Ciclo de Medo → Raiva → Agressão. Discutido detalhadamente e apresentado como um gráfico, o modelo relaciona o medo e a raiva com a importância de um raciocínio claro e consciente. De fato, esse raciocínio pode interromper o ciclo de violência interpessoal de modo a permitir que os meninos optem interiormente por controlar sua raiva sem fazê-la "desaparecer" dentro deles ou transformá-la em agressão.

Os Capítulos 7 e 8 foram escritos para os agentes de mudança que todos nós podemos ser para os meninos. No Capítulo 7, concentro-me exclusivamente em como os pais podem contribuir para o desenvolvimento emocional da família. Mostro idéias que podem ajudar as famílias a tornarem-se lugares seguros para os meninos expressarem suas emoções. São apresentadas sugestões específicas para criar e apoiar as emoções dos meninos numa base diária em casa, na escola e com os amigos. O que os pais podem fazer em casa é muito importante, pois é assim que – e o lugar onde – as emoções dos meninos começam a se desenvolver.

O Capítulo 8 é para os muitos homens e mulheres diferentes que influem na vida dos meninos. Também se recomenda que os pais leiam esse capítulo, pois ele descreve o ambiente maior ao redor dos meninos, que pode (ou não) apoiar suas emoções. Esse capítulo apresenta seções específicas para pais adotivos, professores, orientadores, avós, tios, terapeutas, médicos, mentores e líderes religiosos ou espirituais. Orientações e sugestões práticas são fornecidas para que esses adultos possam ajudar os meninos a se desenvolver de maneira emocionalmente saudável. O ponto central é a expressão emocional, pois é um modo eficaz de enviar aos meninos a mensagem de que suas emoções são importantes. Sugestões específicas são fornecidas para reforçar as habilidades de expressão emocional. Isso inclui ser um modelo para a expressão emocional sadia e ajudar os meninos a expressar suas emoções no dia-a-dia.

O objetivo principal deste livro é permitir que os meninos trabalhem ao mesmo tempo suas emoções e sua masculinidade. Espero que você comece a discutir o assunto com outras pessoas. *Conversando com Meninos* é uma questão importante a ser debatida.

Por que as Emoções dos Meninos São Importantes

As emoções não feminizam os meninos; ao contrário, os sensibilizam para que estejam totalmente ligados a si mesmos e aos outros.
– John Lynch, *The Pain Behind the Mask*

Jeremias é um menino ativo de quatro anos que sempre batia em sua irmã recém-nascida. Depois que foi encorajado a dizer as palavras "estou bravo porque a mamãe não pode brincar comigo agora", os atos agressivos de Jeremias diminuíram pela metade em apenas dois dias. Os pais não conseguiam acreditar nisso. Há semanas pediam que ele parasse, porém nada adiantava. De modo semelhante, quando Miguel, de doze anos, conseguiu revelar aos pais que a namorada o havia deixado e por isso se sentia mal, sua irritabilidade acabou – imediatamente. Os pais também perceberam como os músculos do rosto de Miguel estavam diferentes, mais relaxados, depois que ele conversou sobre seus sentimentos.

Pode-se aprender com qualquer idade a identificar e expressar as emoções. Crianças muito pequenas expressam os sentimentos por meio de seu comportamento porque ainda não adquiriram habilidades verbais. No entanto, até mesmo crianças de dois anos, em vez de comportamentos, podem empregar palavras que descrevam sentimentos, *caso essas palavras lhes sejam ensinadas*. Jeremias e Miguel expressaram inicialmente suas emoções de maneira comportamental. Isso, no entanto, não persistiu, pois os pais prestaram atenção e responderam ao seu chamado. Esses são os tipos de experiência cotidiana em que os meninos aprendem lições sobre suas emoções. Pequenos passos, como ensinar a Jeremias o que dizer para expressar seus sentimentos e ouvir Miguel expressar sua tristeza, tiveram efeitos significativos e positivos.

Quando as emoções são bloqueadas por falta de expressões verbais conscientes, elas procuram expressões comportamentais ou somáticas. De fato, sintomas físicos, como dores de cabeça e problemas digestivos ("dores de barriga"), são bastante comuns entre crianças e adolescentes. Essa relação entre a mente e o corpo está recebendo cada vez mais atenção da medicina comportamental, e por essa razão grande parte deste capítulo aborda a fisiologia da relação cérebro-emoção-corpo.

No momento em que Terrance Real (1999) perguntou a um ancião africano o que faz um bom homem, ouviu como resposta: um bom homem é aquele que ri, chora e protege – *e faz cada coisa quando é preciso*. Essa visão ampla da masculinidade é diferente do modo como nossa cultura restringe as emoções dos meninos e dos homens. E, embora nossa cultura possa ser emocionalmente mais expressiva do que muitas outras, as emoções dos meninos ainda não são tão valorizadas quanto as das meninas hoje nos Estados Unidos. É necessária uma compreensão dessa resistência às emoções dos meninos para que você se sinta à vontade para lhes ensinar as habilidades necessárias para identificar e expressar de modo eficaz as emoções. Antes de me ater às emoções dos meninos, é importante examinar o propósito geral das emoções na experiência humana.

O Propósito das Emoções

Embora seja correto dizer que ao longo da história os seres humanos sempre tiveram emoções e as expressaram de uma maneira ou de outra, essa afirmação não é suficiente. Pesquisadores e médicos continuam identificando o que acontece quando as emoções são ignoradas, assim como descrevem as habilidades e as abordagens necessárias para se lidar eficiente e produtivamente com elas. Sem uma compreensão do *propósito* das emoções, a resistência pode assumir o controle de modo razoavelmente fácil. Uma forma de resistência aparece no modo como as emoções dos meninos são dissimuladamente negligenciadas e abertamente rejeitadas em nossa cultura.

Pense por um momento. Por que *qualquer* um de nós tem emoções? Qual é o propósito de senti-las? Uma resposta é que as emoções existem a serviço da sobrevivência humana, para promover um crescimento completo. Tendo essa função geral em mente, observe que há pelo menos quatro propósitos para a existência das emoções. Eles envolvem as necessidades, a identidade, o relacionamento e o pensamento.

As emoções comunicam nossas necessidades. Os bebês poderiam morrer de fome se não conseguissem comunicar seu desconforto por meio do choro. Nascem com a capacidade inata de reconhecer o rosto humano e responder a ele, além de precisar também de bem-estar. Conforme crescem, desenvolvem-se. No entanto, suas emoções continuarão a demonstrar essas necessidades ao longo da vida.

As emoções nos individualizam. Elas são parte da experiência de vida e ajudam a criar o caráter único de nossa identidade. Toda pessoa vive o momento de maneira única. Normalmente conhecemos as pessoas pelo modo como as "vemos", mas nos conhecemos por aquilo que "sentimos". Esses sentimentos legitimam nossa identidade.

As emoções comunicam e ligam as pessoas umas às outras. Você sabe que não está sozinho (ou que está) em decorrência de suas emoções. Todos compartilham essas experiências, mesmo que às vezes elas sejam completamente interiores. As emoções nos ajudam a viver com mais relacionamentos e significados.

As emoções estão integradas aos nossos pensamentos. Alguns estudiosos afirmam que é impossível ter um pensamento sem uma emoção concomitante. Entre diversas funções, esse poderoso trabalho em equipe resulta em emoções que auxiliam (ou interferem) a memória e outras habilidades cognitivas a nos ajudar no controle de nossas emoções.

De Meninos a Homens

Como seria a vida dos meninos se não pudessem demonstrar suas necessidades, não compreendessem totalmente sua singularidade, não estivessem ligados a outros e seus pensamentos e emoções não estivessem integrados? Se qualquer uma dessas situações ou todas elas ocorressem, os meninos teriam de se tornar artificialmente auto-suficientes e nunca pedir ajuda. Eles sentiriam insegurança e medo em relação a sua identidade e competência básicas. Também se sentiriam sozinhos e teriam apenas respostas parciais (sem emoções) aos acontecimentos em suas vidas.

De fato, muitos escritores na área do estudo masculino argumentam que é *exatamente* desse modo que os meninos crescem até se tornarem adultos (Kimmel, 1987; Levant, 1995; Lynch e Kilmartin, 1999). Os homens se vêem isolados dos outros, incapazes de identificar ou expressar suas emoções e, muitas vezes, não estão totalmente conscientes da relação entre seus pensamentos e emoções. Esses problemas não resultam da *masculinidade* em si, mas, sim, da *adesão rígida a características associadas à masculinidade* (isto é, força, independência, competitividade, insensibilidade etc.). Ser esportista ou prover o sustento da família são outros exemplos de papéis relacionados ao sexo que definem a masculinidade em nossa cultura. Essa forma de masculinidade é valorizada pelos meninos e pela maior parte de nossa sociedade.

No entanto, distorções ocorrem em algum momento ao longo do caminho. Uma distorção é a forma como ser "forte" e "não falar sobre os sentimentos" erroneamente se tornaram sinônimos, não apenas entre si, mas da masculinidade. Não creio que a masculinidade seja responsável por isso, mas sim a *polarização* da masculinidade. Essa falta de flexibilidade em nossa percepção da masculinidade e as normas em torno dessa percepção influem nos meninos. Simplificando, as meninas podem ser tanto masculinas como femininas, porém os meninos só podem ser masculinos. Ao aceitar essas normas rígidas para inserir-se ou serem aceitos, muitos meninos perdem a liberdade de experienciar e expressar uma variedade maior de comportamentos e características humanas (isto é, afetividade, vulnerabilidade, interdependência, emotividade etc.). O resultado são meninos que se tornam homens que perderam parte de sua humanidade.

A Resistência às Emoções dos Meninos: Desvendando o Medo

A resistência às emoções dos meninos está em todo lugar e afeta todo o mundo. Sempre que falo sobre o assunto deste livro, vejo como pais, colegas, meninas, mulheres e homens parecem se sentir desconfortáveis. (Os únicos que não se sentem desconfortáveis são os meninos – eles na verdade parecem aliviados.) Aqueles que têm maior resistência são os pais. É como se dizer as palavras "meninos" e "emoções" juntas não fosse correto... ou contrariasse algum tipo de regra.

A princípio, essa resistência me surpreendeu. Entretanto, quando considerei as regras culturais que determinavam como os meninos deviam lidar com suas emoções, isso fez sentido. Conforme entrevistava os pais, aprendi muito sobre o que as emoções dos meninos representam para os pais. Parece que a resistência dos pais se baseia no *medo do que pode acontecer com seus filhos se eles expressarem emoções*. Os pais querem protegê-los da rejeição, do deboche e de outras formas de abuso que podem enfrentar *por não serem suficientemente masculinos*. Todos sabem que meninos que não são "suficientemente masculinos" (empregando essa definição limitada de masculinidade como padrão de comparação) estão em último lugar na classificação de seus colegas. Esses meninos podem se ferir, tanto física como psicologicamente.

Obviamente, a cultura define o que é masculinidade. Nos Estados Unidos, as regras culturais para demonstrar emoções sempre foram mais restritivas para meninos do que para meninas. Portanto, não é surpresa que essa cultura associe a falta de expressão emocional com ser masculino. Desse modo, embora os pais tenham a intenção positiva de proteger seus filhos do deboche por parte de outros meninos, o resultado desastroso é que a resistência às emoções dos filhos mantém esse ciclo funcionando. A história a seguir ilustra como o ciclo de resistência às emoções dos meninos, mesmo sob a proteção bem-intencionada dos pais, pode afetá-los de maneira adversa.

Pedro

Helio é um pai inteligente que sabe se comunicar com seus dois filhos, Flavio, de quinze anos, e Pedro, de catorze. Helio também sabe da importância de os meninos expressarem suas emoções. Entretanto, ao criar os filhos, cometeu o mesmo erro da maioria dos pais ao proteger

Pedro da rejeição, em vez de proteger sua capacidade de expressar as emoções. Como Helio explica, ele fez a "escolha consciente de respeitar o temperamento de Pedro". O filho mais velho, Flavio, era bastante sensível e demonstrava seus sentimentos facilmente, enquanto Pedro raramente manifestava emoções positivas *ou* negativas. Além disso, Pedro tornou-se amigo de um grupo fechado de meninos rudes na pré-escola. Eles também não demonstravam suas emoções. Esses meninos, que ficaram conhecidos como "o bando", continuaram a ser amigos ao longo do ensino fundamental.

Ouvi cuidadosamente enquanto Helio se lembrava de como Pedro deixou de dar um beijo de despedida nos pais na pré-escola. Tanto Helio como sua esposa, Teresa, viam com inveja as garotinhas darem desinibidamente um beijo de despedida nos pais, ao passo que os meninos não. Seu filho rude não estava interessado em seus abraços e beijos, assim como ninguém no resto do grupo. Helio e Teresa não insistiram. Em vez disso, respeitaram sua necessidade de não demonstrar afeto em público. Como o grupo não aprovava esse tipo de comportamento, toda manifestação pública de afeto acabou em pleno outono, naquele dia de aula da pré-escola. Infelizmente, o afeto de e para Pedro também era cada vez menos manifestado em casa.

Deixar de lado o carinho físico de Pedro foi um sacrifício para Helio e Teresa, pois ambos demonstravam bastante seu afeto fisicamente. Eles gostavam de abraçar seu filho mais velho e "sensível", que também gostava das manifestações físicas de afeto. Os pais de Pedro diziam a si mesmos que ele e seu grupo de amigos tinham apenas um tipo diferente de temperamento. Embora isso possa ser correto até certo ponto, não significava que as emoções dos meninos não eram importantes, mas, sim, que eles tinham mais dificuldade em expressá-las.

Durante essa discussão, comentei sobre como seria para uma criança de quatro anos *não ser capaz de demonstrar livremente seus sentimentos*, de modo especial em relação aos pais, a quem amava profundamente. Depois de dizer isso, ficamos em silêncio por um instante. Helio respondeu primeiro, dizendo que eles respeitaram os limites de Pedro. Concluíram que seria difícil e inadequado *forçar* o filho de quatro anos a dar-lhes um beijo de despedida. De fato, respeitar os limites é extremamente importante para o desenvolvimento de um sentimento saudável em relação a si mesmo. No entanto, igualmente importante é a capacidade de sentir e expressar emoções. Em seguida, percebemos, ao mesmo tempo, o que havia acontecido. Helio e Teresa agiram exatamente como a maioria dos pais. Evitaram encorajar o filho a expressar as emoções porque, se o fizessem, a atitude dele não estaria de acordo com as regras de comportamento do "bando".

Michaela

Os pais de Michaela, vizinhos de Helio, tinham uma história parecida, mas com resultado diferente. Quando a filha completou quatro anos, recusou-se a abraçar ou beijar os pais na pré-escola *ou* em casa. Os pais de Michaela descreveram-na como uma criança rude que preferia se esquivar a dar ou receber um abraço. Como Helio e Teresa, esses pais também respeitaram os limites de Michaela e não a forçaram a expressar afeto. Com oito anos, entretanto, ela já abraçava e beijava tranqüilamente os pais e continuou a fazê-lo ao longo do ensino fundamental. O que provocou essa diferença?

Como as Crianças Se Tornam – Ou Não – Emocionalmente Expressivas

É impossível identificar um único fator que crie definitivamente características de personalidade ou comportamento. Mesmo assim, as teorias de psicologia do desenvolvimento fornecem algumas pistas. Embora as teorias a seguir possam parecer abstratas, encare-as como um guia útil e esperançoso para o desenvolvimento emocional dos meninos.

Perspectivas de Desenvolvimento

Um dogma geral da psicologia do desenvolvimento é o da "continuidade e mudança". Algumas características e certos comportamentos permanecem ao longo do desenvolvimento da pessoa, enquanto outros mudam. A teoria transicional (Sameroff e Chandler, 1975) e a teoria do genótipo-ambiente (Scarr e McCartney, 1983) combinam-se para sugerir que, conforme se altera o desenvolvimento das crianças, o mesmo acontece com o ambiente. Desse modo, a criança e o ambiente interagem continuamente no decorrer da vida, como numa dança coordenada. O desenvolvimento das crianças (cognitivo, emocional, temperamental etc.) provoca respostas específicas de seu ambiente (pais, família, colegas, escola etc.), enquanto o ambiente, por sua vez, responde e influi no desenvolvimento das crianças. Isso não pára por aí. Em seguida, a criança influencia o ambiente, e o processo continua funcionando de um lado para o outro. Esse processo transicional ocorre em determinada cultura ou contexto, que modela tanto o ambiente como as respostas das crianças. Embora tudo isso possa parecer complicado, traz muitas esperanças: a criança e o ambiente continuam a desenvolver-se e a mudar juntos.

Aplicando a Teoria

Agora vamos aplicar esse esquema teórico a Michaela e Pedro. Quando Michaela estava inflexível em demonstrar emoções afetivas, os pais (parte do ambiente) responderam de determinada maneira. Eles não forçaram a situação. Desse modo, ela continuou a não lhes demonstrar afeto. Os pais de Michaela, contudo, *não deixaram de manifestar carinho por ela,* como Helio e Teresa fizeram com o filho Pedro. Em vez de parar com todo o carinho, ou forçar Michaela a abraçá-los, os pais "sopravam" abraços e beijos à noite, na pré-escola e, mais tarde, no ensino fundamental. Eles também criaram, uns para os outros, nomes especiais que transmitiam afeto. A resposta do ambiente familiar a Michaela continuou a promover expressões de afeto, enquanto respeitava seu desejo de não ser tocada ou beijada.

O resultado da aversão de Michaela e de Pedro à expressão do afeto foi visivelmente diferente. Pode ser que, a princípio, seu temperamento ou integração sensorial impedisse que eles gostassem de carinhos físicos. Não está claro que aspecto único *deles* causou a rejeição inicial. Também não está claro se foi a maneira como os pais e os colegas reagiram, que resultou nas diferenças de comportamento em relação ao afeto verificado mais tarde em sua infância.

O que está claro é que Michaela eventualmente demonstrou afeto pelos pais e Pedro não. Se os pais de Michaela deixassem de enviar-lhe sinais de afeto, acreditando que "ela simplesmente não é do tipo sensível", o comportamento dela poderia não ter se alterado e ela talvez continuasse a ser insensível como Pedro. No entanto, se o desenvolvimento emocional é um processo contínuo no decorrer da vida (e ele é), há oportunidades infinitas de mudar o comportamento familiar e ensinar a meninos como Pedro as recompensas por identificar e expressar os sentimentos.

Encarando o Medo

Quando consideramos tanto a situação de Michaela como a de Pedro, a questão mais clara para mim envolve a intenção dos pais de cada um. Eles estavam fazendo o que acreditavam ser o melhor para os filhos em uma cultura que tem regras diferentes de manifestação emocional para meninos e meninas. É aí que o medo começa. Há uma pressão cada vez maior da cultura dominante para que os pais protejam seus filhos de serem vistos como "emocionalmente sensíveis". Ter um filho fracote pode ser perigoso para o menino e vergonhoso para os pais. O mesmo não acontece em relação às meninas. Os pais de Michaela tinham uma permissão cultural muito maior do que os pais de Pedro para continuar "conquistando" o afeto da filha no decorrer de sua infância.

Não é preciso raciocinar muito para concluir qual criança teve a experiência de vida mais rica. Alguém pode até afirmar que foi também a experiência mais saudável. E não é necessário observar muito para perceber que o *medo* se esconde sob a resistência dos pais à expressão emocional dos filhos. Acredito que os pais que tentam "endurecer" seus filhos "sensíveis" ou que os vêem como o tipo rude, e não fazem nada, mesmo assim são bons pais, pois têm a melhor das intenções. Entretanto, também acredito que é esse mesmo medo que os impede de considerar a importância das emoções de seus filhos.

Telescopar

Alguns medos que os pais sentem podem estar relacionados com a tendência a "telescopar". Esse é o termo que emprego para descrever como os pais olham para seus filhos, ou seja, eles antecipam o futuro a partir do quadro presente. Por exemplo, um menino de três anos chora freqüentemente e seus pais podem se preocupar com a possibilidade de ele ser um "chorão" quando estiver no final do ensino fundamental. Em vez de vê-lo como ele é (na idade tenra e vulnerável de três anos) e dar respostas de acordo com a *idade dele*, os pais que telescopam vão ignorar o choro e endurecer seu garotinho. Se esses pais deixarem o telescópio de lado, verão que o modo adequado de responder a uma criança de três anos é primeiramente reconfortá-la e depois ensiná-la a reconfortar-se e acalmar-se. (O mesmo vale para criar meninas emocionalmente saudáveis.) Entretanto, muitos pais tentam endurecer os filhos, com medo de que eles sejam "emotivos demais" ou fracotes, quando forem mais velhos.

Telescopar não é justo para as crianças, de qualquer ponto de vista. Todos nós temos comportamentos diferentes de quando tínhamos três anos. No entanto, o medo sobre o qual o ato de telescopar se baseia não é irracional. Que pai não está familiarizado com a punição e a rejeição cultural que os meninos recebem por expressar suas emoções? Especialmente suas emoções vulneráveis e delicadas. *O medo dos pais está justificadamente fundamentado em uma crença cultural dominante e reforçada de que, na melhor das hipóteses, as emoções dos meninos são desnecessárias e, na pior, não devem ser sentidas ou manifestadas.* Essa crença está de acordo com "As Regras do Bando" que exponho com maior profundidade no capítulo seguinte.

Denominando a Resistência

Quando considero a resistência dos pais às expressões de emoção dos filhos, a verdadeira questão não é o que os pais de Michaela e de Pedro fizeram de diferente para que as crianças tivessem níveis opostos de expressão emocional. A verdadeira questão é esta: *as emoções dos meninos são importantes?* Se são, os pais e outros adultos interessados devem superar seu medo e prestar mais atenção às emoções dos meninos. Isso inclui avós, professores, treinadores, amigos... todos.

É a *resistência cultural* à expressão das emoções por parte dos meninos que os impede de expressar – ou simplesmente sentir – suas emoções. É preciso encará-la, pois ela exige uma resposta contra a cultura. Essa resposta deve encorajar e ajudar os meninos a sentirem, possuírem e expressarem suas emoções. Além disso, caso não recebam atenção ou lições que os ensinem a expressar suas emoções no decorrer da vida, os meninos vão lidar com sentimentos que não sabem expressar e então a manifestação ocorrerá por meio de recursos nocivos, como dores de barriga, estoicismo ou comportamento agressivo.

Como e Por que Sentimos Emoções

A fisiologia das emoções é fundamental para qualquer discussão sobre emoções. Por quê? Uma razão é que a fisiologia torna mais concreta uma experiência que de outro modo seria intangível – um sentimento passageiro, por exemplo. Outra é que, quando se entende as bases fisiológicas das emoções, é menos provável que se ignorem as emoções dos meninos por considerá-las pouco importantes. De fato, todo o corpo humano vive preparado para a estimulação e a recepção emocionais. Como está pronto para sentir emoções e os meninos têm corpos e emoções, é útil saber algo sobre a fisiologia complexa que envolve as emoções.

O propósito dessa explicação geral é proporcionar uma introdução às complexidades do comportamento emocional e não apresentar um curso abrangente. Com algum conhecimento da fisiologia das emoções, você estará mais bem preparado para compreender por que é difícil argumentar com meninos quando eles estão chateados, por que ajudá-los a expressar sua tristeza é importante para a saúde mental e física, e por que um exercício físico pode ajudar a controlar as emoções.

Embora eu tenha procurado tornar o material a seguir acessível aos leigos, ele contém muitos jargões científicos. Assim, sinta-se à vontade para ignorar qualquer termo científico que interrompa a leitura. Você pode até mesmo pular toda a seção e ler apenas o resumo ("A fisiologia de esconder-se atrás da máscara"). No entanto, antes de fazê-lo, por favor, entenda que incluí informações sobre a "preparação" das emoções para ressaltar a *realidade* das emoções humanas. Com toda a pressão cultural para que os meninos não sintam nem expressem suas emoções, considerei necessária uma força contrária igualmente poderosa: a ciência!

A Fisiologia dos Sentimentos

Emoção vem de uma palavra latina que significa "mover". Na psicologia, refere-se a sentimentos, reações fisiológicas e padrões de respostas comportamentais. Vários volumes de pesquisa foram escritos sobre as origens específicas da emoção no cérebro e no corpo (sim, as emoções se localizam em todo o seu corpo!). A maioria das pessoas está familiarizada com o sistema nervoso central, mas não com esse "segundo sistema nervoso", espalhado pelo corpo (Pert e Chopra, 1997). Ele é constituído de muitos circuitos ligante-receptores.

Ligantes são mensageiros químicos, normalmente proteínas combinadas, que carregam informações para células localizadas em órgãos espalhados pelo corpo. Os receptores são espaços especiais nessas células, que recebem as informações desses ligantes. Esses circuitos ligante-receptores podem ser responsáveis pela maioria das informações emocionais enviadas a vários órgãos e sistemas (Pert e Chopra, 1997). Um grande número de receptores de emoção está localizado no estômago. Não é de admirar que crianças estressadas tenham dor de estômago ou sintam aquele "frio na barriga" em certas ocasiões.

Muitos neurocientistas respeitados (por exemplo, Damasio, 1994; LeDoux, 1992; 1996) conduziram pesquisas para ajudar a mapear parte desse circuito emocional nos seres humanos. Até agora, a pesquisa mais persuasiva que encontrei sobre a "relação cérebro–emoção–comportamento" refere-se a pacientes de cirurgias cerebrais. Esses pacientes permaneceram conscientes, enquanto seu cérebro era sondado com instrumentos cirúrgicos. Mais tarde, eles descreveram sua experiência sob o bisturi do cirurgião. Quando parte do córtex de um paciente era tocada, ele relatava uma sensação de raiva ou medo. Portanto, é bastante provável que a parte do cérebro estimulada fosse responsável pelas emoções que ele estava sentindo.

Um Manual do Proprietário: Como as Emoções Funcionam

Sabe-se atualmente que a relação cérebro–emoção–comportamento é, de modo geral, análogo, ao funcionamento dos computadores. Tanto o sistema nervoso central como o sistema nervoso autônomo são comparáveis ao *hardware* de um computador. O sistema central de processamento de um computador é análogo ao *sistema límbico* no cérebro. O sistema límbico consiste em várias estruturas cerebrais, incluindo a amídala, o giro cingulado, o tálamo e o hipotálamo e suas interconexões. O sistema é ativado pelo comportamento e por estímulos, que influenciam os sistemas endócrino e motor autônomo. Para continuar a analogia com o computador, nossas experiências e comportamentos são como os *softwares* que rodamos no *hardware* do computador. As mensagens, transmitidas por meio de circuitos de neurotransmissores e hormônios, são recebidas por diferentes regiões de nosso corpo.

A amídala foi relacionada com o processamento da raiva e do medo (Whalen, Shin, McInerney, Fischer, Wright e Rauch, 2001), enquanto o giro cingulado parece processar tanto as emoções positivas como as negativas (Damasio, 1994). Pesquisas de LeDoux (1992; 1996), além de ligar o córtex pré-frontal (a parte do cérebro responsável pelo pensamento e raciocínio) e o sistema límbico às emoções. Todas essas partes do cérebro recebem informações sensoriais (visão, audição, tato, cinestesia, paladar) do ambiente e processam uma resposta emocional. Dessa maneira, como você vê, cada estrutura pode ter uma função específica, mas também está interligada, de modo complexo, a outras estruturas cerebrais.

Circuitos Cérebro-Emoção-Comportamento Específicos: Como Sentimos

A ligação entre o córtex pré-frontal e o sistema límbico é uma interface importante. Por quê? Porque é onde os pensamentos se ligam aos sentimentos. Os cérebros dos meninos, como os de qualquer outra pessoa, estão organizados de maneira que seus pensamentos conscientes possam influenciar os aspectos fisiológicos de suas emoções e vice-versa. É possível ensinar habilidades de inteligência emocional aos meninos em virtude dessa interface. Simplificando, a presença dessa interface pode ajudar os meninos a entender e controlar suas emoções.

O *sistema nervoso autônomo* (SNA) é um grande circuito que influencia as emoções humanas. Ele atua, de maneira separada, em dois subsistemas: o simpático e o parassimpático. (Você notou que a palavra emocional "simpatia" aparece em ambos?) O sistema nervoso simpático (SNS) acelera os batimentos cardíacos e a circulação sangüínea e aumenta a energia muscular. Você tem medo de falar em público ou de que um Rottweiler o persiga em sua corrida diária? As sensações fisiológicas que você sente quando está assustado (boca seca, estômago embrulhado, batimentos cardíacos fortes) são comunicações de seu SNS. Quando você está assustado, ele automaticamente envia mensageiros químicos pelo seu corpo, preparando-o para a ação. Ele está relacionado com o "sentimento" ou emoção do medo.

O *sistema nervoso parassimpático* (SNP) contrabalança seu equivalente acelerador. O SNP diminui os batimentos cardíacos e a pressão sangüínea e alivia o estômago nervoso. Quando você sente o corpo relaxar, isso se deve à ativação do SNP por uma combinação complexa de mensageiros químicos. O SNP aparentemente tem papel importante na "resposta de relaxamento". Acredita-se que ele também reduza os efeitos negativos de estresses prolongados (Benson, 1975).

Além do sistema nervoso autônomo e seus dois subsistemas (SNP e SNS), outro sistema importante, que regula as reações emocionais de qualquer pessoa, é o *sistema endócrino*. As glândulas endócrinas secretam hormônios que são levados pelo sangue, sistema linfático ou células nervosas, e transportados para o órgão-alvo. As glândulas endócrinas incluem as supra-renais, a tireóide, a paratireóide, a hipófise, o hipotálamo, a epífise, o pâncreas, os testículos e os ovários.

Emoções em Ação

Agora vamos observar como o SNA e o sistema endócrino podem trabalhar juntos em uma situação real. Suponhamos que uma bola de beisebol seja jogada propositalmente no rosto de um menino. A reação automática do SNS sinalizará seu transtorno. Seu coração disparará e a pressão sangüínea subirá. As glândulas supra-renais vão enviar mais energia para os músculos, para facilitar o movimento. Se todos os sistemas estiverem funcionando adequadamente, a conhecida resposta simpática de "lutar ou fugir" será ativada.

Com tantos processos acontecendo internamente, além da dor e do choque de ser atingido no rosto, é fácil entender por que o menino tem o ímpeto de chorar, fugir ou revidar. No entanto, uma vez que todos esses efeitos fisiológicos sejam ativados, a resposta dependerá do temperamento e do condicionamento social individual. Alguns meninos teriam uma reação forte, outros possivelmente não. Quanto mais velho for o menino, independentemente de seu temperamento individual, maior será a probabilidade de que ele oculte ou disfarce o que de fato está sentindo.

Nessa situação, um ferimento ou percepção de ameaça ativa o SNS. Para relaxar, o menino deve ser reconfortado. Ele precisa ter a sensação de segurança para estimular seu SNP. Uma vez restabelecida a segurança, o SNP desacelerará o ritmo cardíaco e diminuirá a pressão sangüínea, enquanto o sistema endócrino deixará de liberar adrenalina. Ativar o SNP é particularmente importante para ajudar os meninos a interromper o ciclo muito comum de Medo → Raiva → Agressão (veja o Capítulo 6).

Um Olhar Mais de Perto nos Mensageiros Químicos

A teoria de James-Lange sugere que experienciemos nossas emoções por meio da resposta fisiológica mediada pelo sistema límbico, que resulta em reações comportamentais (Carlson, 1992). Essa relação entre a fisiologia, as estruturas cerebrais e a reação comportamental baseia-se nas células que se comunicam umas com as outras por meio de mensageiros químicos. Há vários tipos diferentes de mensageiros químicos. Até agora, foram identificados dois tipos relacionados às emoções: os hormônios e os neurotransmissores.

Como foi mencionado, os hormônios (incluindo os de estresse e sexuais) são secretados pelas glândulas endócrinas e enviados por meio da corrente sangüínea até as áreas receptoras espalhados pelo corpo. Os neurotransmissores são substâncias químicas liberadas pelo cérebro. Eles incluem a serotonina, a dopamina, a epinefrina (adrenalina) e a acetilcolina. As áreas receptoras do cérebro detectam as mensagens químicas. Essa atividade química no cérebro parece ter papel importante nas emoções e humores.

Além disso, as células, espalhadas pelo corpo, contêm tipos diferentes de sítios receptores. Algumas partes do corpo, como o estômago, os ombros, as costas e o peito, têm células com uma concentração maior de receptores. Outras áreas do sistema límbico, localizadas no cérebro, como o hipocampo (ligado à memória), contêm uma *variedade* enorme de regiões receptoras, enquanto a amídala (ligada ao medo e à raiva) apresenta *variedade menor,* mas uma *concentração maior* de células com receptores para emoções. Uma estimativa afirma que, quando você está consciente de sua emoção, 98% da informação vem de células localizadas por todo o seu corpo e apenas 2% de receptores em seu cérebro (Pert e Chopra, 1997).

O tipo de mensageiro químico enviado parece depender do tipo de mensagem que você recebe do ambiente. Por exemplo, um acontecimento em particular pode estimular a amídala e fazer você sentir raiva ou medo. Um acontecimento diferente pode estimular o giro cingulado e fazê-lo sentir-se alegre. As emoções certamente se desdobram em uma rede complexa, regulada com precisão e orquestrada pelos mensageiros químicos.

Quando os Sentimentos Se Tornam Estranhos: A Fisiologia de *Não* Sentir Emoções

Agora que explicamos um pouco sobre o *"hardware"* e o *"software"*, é importante considerar a seguinte questão: *O que acontece com os meninos quando aprendem a desligar seus sentimentos?* Virar a chave para a posição desligada pode resultar em comportamentos familiares. Vêm à minha mente as vozes de muitos meninos, especialmente no começo das sessões de terapia: *"Eu não ligo"* (depois de mostrar vários machucados provocados pelo "brigão" da escola); *"Isso não me preocupa"* (após o divórcio dos pais); *"Foi a melhor coisa que já me aconteceu"* (depois de se lembrar da surra que levou do padrasto).

A Energia Emocional Precisa Ir para Algum Lugar

Nos breves exemplos anteriores, os meninos podem sinceramente não ter sentido medo ou raiva. Quando esses sentimentos são ignorados por períodos prolongados, é possível não *sentir* uma emoção. No entanto, agora você sabe que mensageiros químicos e circuitos neurais criam uma variedade de respostas fisiológicas no corpo, quando elas são ativadas pelo ambiente. Conseqüentemente, toda a energia fisiológica resultante deve ir para *algum lugar*. Acredito que ela escape por um "caminho alternativo" de problemas comportamentais ou sintomas somáticos (físicos).

De fato, as histórias de muitos meninos, descritas neste livro, repetem esse mesmo padrão. Os sentimentos dos meninos são ignorados por eles mesmos e pelos outros – apenas para serem liberados mais tarde de maneira diferente, como um sintoma prejudicial.

Outra questão importante é: o que acontece com o outro sistema nervoso, o sistema parassimpático que acalma os meninos, quando as mensagens emocionais são ignoradas? Uma resposta geral a essa questão é que os meninos estão desligando uma parte muito valiosa de si mesmos. Seja na escola, seja praticando esportes, parece que a capacidade dos meninos de se acalmar e se controlar é fundamental para o aprendizado e a atenção, assim como para habilidades mais óbvias de como lidar com os outros. Meninos que não sentem suas emoções podem ser menos capazes de ativar o sistema nervoso parassimpático e acalmar-se. Os meninos, como todos os seres humanos, beneficiam-se da capacidade de sentir suas emoções para que possam aprender como utilizar esses sinais internos para regular o aspecto fisiológico das emoções.

Desligando – e Ligando! – Os Circuitos Emocionais dos Meninos

Se os circuitos emocionais existem para nos ajudar a sentir nossas emoções, e se tudo estiver em ordem, o menino que está triste ou assustado com o divórcio dos pais, realmente *sentirá* essa experiência. No entanto, o condicionamento cultural também afeta a fisiologia e o pensamento. Os meninos que aprendem a ignorar seus sentimentos podem fazer com que seus sistemas cérebro–emoção–comportamento entrem em "curto-circuito". Isso pode levá-los a interpretar erroneamente seus sinais corporais internos, desenvolvendo uma percepção distorcida do que é normal ou saudável. Por exemplo, meninos que ignoram continuamente sua tristeza, podem se ajustar a esse estado. Em vez de expressar a tristeza e retornar a uma situação inicial normal (não triste), eles podem permanecer tristes e talvez até mesmo ficar deprimidos. Esse mesmo processo também pode acontecer com o medo e a raiva. A não ser que aprendam a reconhecer quando estão sentindo medo e raiva e saibam expressar essas emoções de maneiras saudáveis, eles poderão ser afetados negativamente por um sistema nervoso que dispara constantemente.

Auxílios para a Consciência Básica

É preciso ter consciência dos estados fisiológicos, das emoções e dos pensamentos, para controlar as emoções. Se os meninos aprendem a desligar seus sentimentos, não serão capazes de se acalmar. Esses meninos são descritos como impulsivos, irrequietos ou agressivos demais. Problemas de atenção e comportamento são comuns naqueles que ignoram suas emoções, principalmente porque não aprenderam a controlá-las.

Felizmente, os meninos *podem* aprender a regular suas emoções. Uma abordagem multissistêmica é necessária para que isso ocorra. De modo geral, é importante saber que os pensamentos e os comportamentos influenciam a maneira como o cérebro e o corpo respondem. As interpretações cognitivas (pensamentos) são uma parte muito importante do circuito cérebro–emoção–comportamento. Isso inclui o modo como os meninos podem raciocinar com suas emoções. Por exemplo, dizer objetivamente: "estou chateado porque você zombou de mim, não faça isso de novo", é raiva conformada pela razão, mas bater violentamente na cabeça do companheiro com um livro, não.

Isso Funciona nos Dois Sentidos

Muitos dos capítulos a seguir incluem formas específicas de ajudar os meninos a controlar suas emoções, em vez de ser dominados por elas. Por enquanto, é importante apenas entender a questão como um todo. A maioria das pessoas já sabe como o cérebro influencia os comportamentos. Poucas, entretanto, percebem que os comportamentos e as experiências têm um impacto sobre o funcionamento do cérebro e sua resposta ao ambiente. Os cientistas descobriram há muito tempo que as experiências emocionais afetam o cérebro. As pessoas, em geral, estão demorando mais para compreender esse conceito. Não sei exatamente por que. A relação entre o cérebro e o ambiente, entretanto, é definitivamente *bidirecional* (funciona nos dois sentidos):

Cérebro ←——→ Ambiente

(Emoções e Corpo)   (Comportamentos e Experiências)

Essa relação bidirecional é particularmente relevante no que diz respeito às emoções dos meninos. Por quê? Ora, se os meninos aprendem a esconder suas emoções desde uma idade bastante precoce, é muito provável que a prática comportamental de esconder as emoções tenha um efeito fisiológico no circuito cérebro–emoção–comportamento. Simplificando, *é* possível que os meninos aprendam a *não* sentir suas emoções. Uma condição psicológica conhecida como alexitimia (sem palavras para os sentimentos) é mais comum em homens do que em mulheres (Lynch e Kilmartin, 1999). Isso sugere que adultos do sexo masculino aprenderam bem sua lição. Eles não apenas deixam de falar sobre seus sentimentos, como também deixam de senti-los. Eles não conseguem mais defini-los – nem para si mesmos.

A Fisiologia de Esconder-se Atrás da Máscara

As emoções dos meninos são tão reais quanto seus órgãos internos. Se algo acontece com um menino de doze anos, como uma bola que o atinge com muita força, uma ameaça física, deboches constantes, olhares irritados ou rejeição social, ele vai se sentir intimidado ou bravo. Seu cérebro imediatamente se comunica com receptores em seu estômago. Os hormônios e neurotransmissores fazem sua parte, facilitando a comunicação entre as células e entre os órgãos. O sistema nervoso simpático é ativado. Os músculos se enrijecem e a respiração se altera. A atividade neuroquímica aumenta entre seu sistema límbico, seu sistema nervoso autônomo e seu sistema endócrino. Seu circuito cérebro–emoção–comportamento é ativado. O sistema nervoso parassimpático é alertado e preparado para responder e acalmar a situação.

A expressão no rosto do menino, no entanto, pode não demonstrar grande parte dessa atividade ou até mesmo nenhuma. Se você perguntar a ele o que está sentindo, ele poderá responder "nada". E, se perguntar "você está bem?", ele poderá responder "claro". E pode não estar mentindo. Ele pode realmente não sentir nenhuma dessas atividades fisiológicas. *Isso é o que acontece quando as emoções dos meninos não são consideradas importantes.*

Habilidades de Inteligência Emocional

Mayer e Salovey (1997) criaram um modelo teórico para compreender as habilidades de inteligência emocional. Eles identificam quatro categorias gerais que ajudam muito no mapeamento das habilidades emocionais que os meninos precisam: (1) percepção e expressão das emoções, (2) integração das emoções aos pensamentos, (3) análise das emoções e (4) controle das emoções.

Percepção e Expressão das Emoções

É importante a capacidade de identificar e expressar com precisão os sentimentos, identificar as emoções dos outros e perceber as emoções em formas abstratas como arte, literatura, música e assim por diante. Para serem emocionalmente abertos, os meninos precisam ser capazes de enxergar a emoção sob todas essas formas. Uma incapacidade de perceber a emoção em uma área pode se tornar um elo perdido em uma cadeia importante de experiências. O aspecto interpessoal da percepção das emoções nos outros tem implicações evidentes no cotidiano escolar e familiar... o menino que consegue "ler" *com precisão* os sentimentos dos outros tem probabilidade maior de ter um bom convívio com seus professores e colegas. Dessa maneira, a precisão com que os meninos lêem suas próprias emoções e as dos outros é fundamental. Quanto mais um menino praticar, maior a probabilidade de distingui-las com precisão. Simplificando: para que os meninos expressem suas necessidades, eles devem ser capazes de perceber seus sentimentos com precisão. Além disso, a capacidade de identificar as próprias emoções está intimamente ligada à capacidade de identificar as emoções dos outros.

Integração das Emoções aos Pensamentos

A integração nada mais é do que a maneira como a percepção das próprias emoções ajuda a priorizar o raciocínio e auxilia na decisão, na memória e no desempenho: "Quero me sair bem nessa prova, então vou estudar, em vez de assistir ao final do jogo" e "Não quero ser expulso da escola, então não vou me descontrolar e deixar o Marcio me tirar do sério outra vez" são dois exemplos de integração entre emoção e raciocínio que ajudam na decisão.

O estado de humor emocional também afeta o raciocínio e o desempenho, como se vê claramente no caso de um menino que se sente feliz e fica mais criativo ou produtivo. De modo semelhante, quando está deprimido, ele não quer estudar ou fazer a lição de casa. O humor pode afetar o raciocínio, assim como o raciocínio pode afetar o humor. Pessimistas e otimistas caminham freqüentemente por esse caminho de mão dupla.

Parece que a capacidade de integrar os pensamentos e os sentimentos automaticamente, assim como compreender a relação entre os dois, é uma capacidade emocional que também desenvolve capacidades cognitivas. É óbvio que um menino de dois anos não consegue raciocinar a ponto de deixar de lado seu mau humor, quando percebe que isso não lhe permite conseguir o brinquedo que deseja. No entanto, conforme o córtex frontal (responsável pelo raciocínio complexo) continua a crescer e a se desenvolver (aproximadamente até os dezoito anos), os meninos "acumulam" mais poder de raciocínio. Quando a cognição é integrada à emoção, eles obtêm mais dados para formular decisões esclarecidas e saudáveis.

Análise das Emoções

A capacidade de identificar emoções complexas e determinar a relação entre sentimentos e experiências diferentes é desenvolvida com a idade e com a prática. Por exemplo: Mateus, um menino de sete anos, fica magoado quando seu avô não pode ir à pescaria habitual de domingo, porque não entende que o avô está doente. Três anos antes, podia apenas se sentir bravo ou triste. É claro que a maioria dos relacionamentos é emocionalmente complexa e multifacetada. "Estou bravo, mas ainda amo você, papai" ou "Mamãe me ama, mesmo estando chateada comigo agora" ilustra isso bem. (Você pode notar que os fatos estão ligados à integração das habilidades.)

Outro aspecto da capacidade de analisar emoções complexas envolve prever prováveis mudanças de emoção. O medo pode dar lugar ao alívio quando se tem segurança; a raiva se transforma em empatia quando se considera o ponto de vista do outro; e a ansiedade pode virar repentinamente orgulho e alegria quando o projeto escolar é considerado bem-sucedido. Como a análise dessa mudança prevista envolve habilidades cognitivas abstratas, crianças menores não conseguem fazê-la sozinhas. No entanto, assim como no caso das habilidades emocionais, ela pode ser ensinada e é possível treinar os meninos para que aprendam. Vale a pena, pois a capacidade de reconhecer que uma pessoa está sentindo amor e raiva ao mesmo tempo é um marco da saúde mental.

Controle das Emoções

Ser capaz de controlar as emoções é um sinal de maturidade. Envolve perceber as emoções positivas e negativas e pensar na melhor maneira de expressá-las. Se um menino ignora continuamente suas emoções positivas e negativas, não vai *senti-las* (veja a seção anterior sobre fisiologia). Para regular, controlar ou influenciar esses sentimentos de modo consciente, os meninos devem primeiramente ser capazes de senti-los, percebê-los e analisá-los.

Os principais objetivos são controlar as emoções negativas e aproveitar as positivas. O controle emocional eficaz exige a capacidade de intensificar, manter e conter as emoções, conforme o necessário. Desse modo, o menino que está muito bravo, sem necessariamente se descontrolar, ou que pode se sentir empolgado com a dança que vai acontecer na escola, e ainda assim se concentra no projeto de ciências, está controlando suas emoções de maneira bem-sucedida.

Diferentes "Tipos" de Emoção

Neste momento, você pode estar se perguntando quais são as emoções *básicas*. Os estudiosos, os médicos e os pesquisadores têm respostas diferentes para essa pergunta. Embora seja difícil saber precisamente o que os recém-nascidos sentem, pesquisadores contemporâneos do desenvolvimento (Shaffer, 1999) concluíram que, antes de completar dois meses e meio, os bebês parecem demonstrar interesse, aflição, nojo e satisfação. Entre dois meses e meio e sete meses, surgem as emoções primárias de raiva, tristeza, alegria, surpresa e medo. Todas essas emoções primárias aparecem aproximadamente na mesma época. Depois de um ano de idade, surge uma segunda série de emoções: orgulho, vergonha, culpa e inveja.

Todos experienciamos tipos diferentes de emoções e poucas pessoas não conseguem distingui-las. Entretanto, a razão das aspas no título "Diferentes 'tipos' de emoções" refere-se à orientação *teórica* dos psicólogos e ao propósito e à aplicação de seu trabalho, que podem ser e realmente são diferentes. Por exemplo: Heidi Kadusan (1998), um psicólogo clínico e terapeuta, que trabalha com jogos, insiste que as quatro emoções básicas que as crianças devem expressar na terapia são alegria, tristeza, raiva e medo.

Outros psicoterapeutas, no entanto, gostam de acrescentar "mágoa" a essa lista. A frase "isso me deixa magoado" é uma experiência comum que todos entendem sem a necessidade de uma tradução científica. Muitas vezes, percebemos essa sensação de mágoa no estômago ou no peito (graças aos receptores de emoções), caracterizando realmente uma experiência emocional e fisiológica. Entretanto, quando observo atentamente, percebo que a emoção do medo está por trás do sentimento de mágoa.

Evidentemente, o "aspecto" dessas emoções às vezes depende de fatores *internos*, como idade e temperamento individual. Mais tarde, à medida que as crianças crescem, fatores *externos*, como as regras de manifestação do grupo e a particularidade da situação, parecem modelar o aspecto de suas emoções para um observador. Como já foi sugerido neste livro, as emoções dos meninos são modeladas de tal maneira que, às vezes, nem sequer percebemos seus diferentes sentimentos.

Desafiando a Crença de que as Emoções dos Meninos Não São Importantes

Pesquisas recentes sugerem que sentir e expressar emoções, em vez de guardá-las ou fazê-las "desaparecer", é fundamental para um desenvolvimento saudável. Por exemplo: Richard e Gross (2000) conduziram um estudo que comparou a maneira como a expressão e a supressão das emoções afetam a memória. Esses pesquisadores concluíram que se policiar constantemente para disfarçar emoções como a raiva, a ansiedade e a tristeza podem desviar nossa atenção e comprometer nossas habilidades de raciocínio.

Outros dois estudos relevantes mediram os efeitos psicológicos de disfarçar emoções positivas e negativas fortes. No primeiro estudo, quando as emoções eram disfarçadas, foram registradas mudanças mensuráveis no sistema cardiovascular. Essas mudanças não foram observadas no grupo-controle, que não disfarçava suas emoções (Gross e Levenson, 1997). Alterações fisiológicas semelhantes foram observadas em outro estudo, em que foi pedido aos participantes que disfarçassem seu nojo. Atividade somática (física) e ritmo cardíaco reduzidos foram observados, assim como uma diminuição do piscar dos olhos e da atividade do sistema nervoso simpático (Gross e Levenson, 1993).

O Que essa Pesquisa Significa para os Meninos?

A pesquisa sugere que suprimir ou esconder as emoções pode interferir no raciocínio, nas lembranças e na saúde física. Desse modo, quando os meninos aprendem a fazer suas emoções "desaparecerem", podem experienciar efeitos fisiológicos negativos. Dada a base fisiológica das emoções, isso faz muito sentido. É importante ressaltar que não são as *emoções* em si que interferem no raciocínio e na saúde, (como sugeriu o sr. Spock, de Jornada nas Estrelas) mas sim *deixar de expressar* as emoções.

Na última década, a atenção clínica voltou-se para a relação entre expressão emocional e saúde física (Pennebaker, 1995; 1997), assim como entre emoções e distúrbios psicológicos como ansiedade, depressão e distúrbios de comportamento (Gross e Munoz, 1995).

Embora as descobertas proporcionadas por esses estudos não possam ser generalizadas para *todos* os meninos, tais pesquisas podem nos informar sobre o que acontece quando a expressão emocional é bloqueada. Dada a relação aparente entre a supressão de emoções, as funções cognitivas e a saúde, mais pesquisas precisam ser feitas para explorar a relação entre a supressão das emoções e os distúrbios que costumam ser diagnosticados em meninos, como o transtorno de déficit de atenção/hiperatividade (TDAH), dificuldades de aprendizado e uso excessivo de substâncias químicas.

Conclusão

Recentemente, vi um menino de seis anos ser atingido no rosto por um lançamento errado em um jogo da Liga Infantil. O menino chorou desinibidamente, pois a bola o machucara bastante. No auge da dor, correu em direção ao pai. Vi quando o homem tomou o filho nos braços e sussurrou palavras que o acalmaram e reconfortaram. Apenas alguns segundos depois de ouvir "Está tudo bem", o menino machucado parou de chorar. Quando o pai o colocou naquele gramado gasto, próximo ao banco de reservas, o menino correu ansiosamente de volta ao campo, pronto para jogar outra vez. Tudo estava bem.

Vendo aquele pai embalar seu filho, pensei sobre o quanto devem ter dito a esse garotinho: "Meninos grandes não choram" ou "Não está tão ruim assim, isso não dói" ou "Vamos, volte lá e jogue!" No entanto, foi permitido que ele sentisse e expressasse sua dor e fosse consolado. Conforme escrevo, lembro-me dos diversos homens e meninos com quem trabalhei na terapia e que não sabem mais como chorar ou como receber esse tipo de consolo. Eles aprenderam a fazer seus sentimentos "desaparecerem", assim como Bruno, de oito anos, que afirmou não ter chorado, quando seu pai morreu... ou Miguel, de onze anos, cujo melhor amigo lhe ensinou "como não chorar" arrastando-o sobre o asfalto diversas vezes, até que ele se machucasse em silêncio.

Se as emoções têm como propósito sinalizar as necessidades humanas básicas, é importante que esses sinais não sejam ignorados. O próximo passo lógico é comunicar essas necessidades aos outros, que podem responder e ajudar. Para os meninos, o processo costuma ser interrompido nesse ponto. Eles precisam ser capazes de expressar e controlar suas emoções de maneira adequada, o que vale também para meninas e adultos. No entanto, as regras de manifestação das emoções são tão rígidas para os meninos que as formas e as situações em que eles podem expressar livremente suas emoções não são apenas injustas, mas igualmente desumanas.

Desafiar a crença de que as emoções dos meninos não têm importância vai contra os fundamentos da cultura dominante. Esse desafio faz com que os pais se sintam ansiosos, pois não pretendem machucar os filhos ao colocá-los em uma situação na qual sejam socialmente rejeitados por não serem "suficientemente masculinos". Esses pais têm medo de contribuir para que seus filhos sejam vistos pelos colegas como "fracotes, filhinhos da mamãe ou maricas", se encorajarem seu desenvolvimento emocional. No entanto, todos os estudos científicos no mundo não conseguem provar aos pais o que eles intuitivamente sabem ser verdade: as emoções dos meninos são importantes e nem todos recebem o mesmo tratamento.

Felizmente, a expressão emocional é uma habilidade que pode ser ensinada. Os pais e os outros adultos precisam saber como socializar jovens meninos para que possam sentir e expressar emoções – e como intervir quando meninos mais velhos já aprenderam a fazer suas emoções "desaparecerem".

CAPÍTULO 2

Socialização dos Meninos: As Regras do Bando

Embora os estereótipos sobre como são os meninos e como devem se comportar continuem a ser perpetuados, no fundo de nossos corações sabemos que essas idéias ultrapassadas simplesmente não são verdadeiras.

– William Pollack, *Real Boys*

Os Meninos Também São Pessoas

Recentemente, vi um menino que cursava a segunda série do ensino fundamental. As aulas haviam acabado e ele estava no corredor de entrada da escola com um grupo de amigos e amigas que pareciam ansiosos para voltar para casa. O menino, ao ver o pai, correu ao seu encontro. Sua mochila balançava a cada passo, e, mesmo assim, ele pulou nos braços do pai. O anseio do menino transformou-se em completa alegria. E o pai parecia igualmente alegre. Tive a sensação de que aquele tipo de "olá" era comum entre eles.

Esse menino e o pai transgrediram aquilo que chamo de Regras do Bando, uma visão distorcida da masculinidade saudável, que exige que meninos e homens disfarcem seus sentimentos, inclusive os positivos. É muito comum que os adultos se esqueçam de que os meninos também são pessoas. Igualmente comum é o fato de os adultos não perceberem que os meninos e as meninas são mais parecidos do que diferentes quanto às necessidades psicológicas. Essa semelhança se baseia na simples constatação de que tanto meninos como meninas estão vivos e são seres humanos.

Neste capítulo, apresento uma visão da vida emocional íntima dos meninos, enquanto mostro como a cultura influencia suas necessidades psicológicas. Discuto como a socialização e suas conseqüências afetam os meninos dentro e fora da família. A primeira seção descreve as Regras do Bando, um importante agente de socialização das emoções dos meninos. O termo *Regras do Bando* tem dupla utilização. Como substantivo, é uma lista de regulamentos a serem seguidos. Acompanhado de um verbo, como na expressão o "bando dita as regras", ele demonstra como a vida íntima dos meninos acaba sendo dominada por esses regulamentos. Ambos os usos são descrições apropriadas de como os meninos freqüentemente aprendem a ser homens na cultura ocidental dominante.

Embora existam muitas variações para as Regras do Bando, voltei-me basicamente para a restrição da experiência e da expressão emocionais. Outras regras serão discutidas, mas essas duas se destacam como as principais amarras da camisa de força emocional dos meninos. As forças de socialização e a punição para comportamentos "fora do padrão" (ações fora dos padrões culturalmente determinados para o sexo masculino) também são descritas, assim como a sexualidade dos meninos. O principal objetivo deste capítulo é reforçar o valor da expressão emocional dos meninos e mostrar como as influências sociais afetam suas emoções e comportamentos.

As Regras do Bando

O *Bando* é uma metáfora precisa para um agente primário na socialização dos meninos. Esse termo se refere aos meninos que surgem em sua cozinha, escritório, porão ou garagem com um olá gutural e o menor contato visual possível, apenas para desaparecerem em seguida, em suas bicicletas, rumo ao próximo entreposto de civilização (comida, calor e video games). O Bando também pode ser alguns meninos que formam um grupo pequeno bastante unido, em uma sala de aula ou em outro ambiente em que se estabeleçam grupos, seguindo os comandos uns dos outros sobre a hora de prestar atenção, rir ou levantar a mão. O Bando reflete o fato de essas pessoas estarem psicológica e fisicamente juntas, o que pode fornecer aos meninos uma sensação de identidade, comunidade, relação com os outros, desafio e diversão. Entretanto, o Bando também limita as experiências.

De que modo? Como qualquer grupo social, o Bando possui regras explícitas e implícitas. As Regras do Bando são normas masculinas distorcidas, que podem fazer com que os meninos fiquem juntos. Na infância, eles aprendem que há normas utilizadas para julgar os outros e a si mesmos. Em seu livro revolucionário sobre as emoções dos meninos, *Real Boys*, William Pollack (1998) refere-se a um fenômeno semelhante como "código dos meninos", enquanto Kindlon e Thompson (2000) o chamam de "cultura da crueldade" em seu livro *Raising Cain*. São nomes diferentes para o mesmo processo. Acredito que não importa como o chamemos, desde que todos continuem abordando o assunto.

Embora as Regras do Bando possam ser a cola que mantém o Bando unido, um menino não precisa ser membro de um bando para conhecer e seguir essas regras. Estejam dentro ou fora de um bando, os meninos seguem essas regras porque sabem quais são as conseqüências de não segui-las... eles têm medo de não serem meninos de verdade, não serem *masculinos* e não se tornarem homens de verdade.

Não é incrível como todos reconhecem as Regras do Bando sem nunca ter lido um único livro de "regras"? É isso que a cultura faz. Ela repassa as informações de geração em geração e de grupo em grupo sem que nunca precise ser compilada formalmente. As experiências dos meninos, uns com os outros, aparentemente transmitem as Regras do Bando também para a masculinidade. Embora em determinados momentos algumas regras sejam divertidas ou apropriadas, elas não são saudáveis para os meninos quando seguidas rigidamente.

É por isso que se faz referência às Regras do Bando neste livro. Elas podem influir nas emoções dos meninos de modo prejudicial, especialmente quanto a sua expressão. Mas, quais são essas regras? Aqui estão algumas que observei ou aprendi com meninos e homens.

- ★ **Meninos mais jovens:** *não chore quando você se machucar; meninos brincam com meninos; meninas são nojentas; meninos são fortes; ser forte e poderoso faz de você um menino de verdade; vencer é bom, perder é ruim.*

- ★ **Início da adolescência:** *não chore quando você se machucar; não demonstre empolgação, a não ser que você faça um gol; não fale sobre seus sentimentos com outros caras; não demonstre medo ou insegurança a outros caras; nada o chateia; não fique muito íntimo de um menino, pois todos vão pensar que você é gay (e ser gay é ruim); evite qualquer coisa feminina; meninas são sexy; meninos são fortes; ser um atleta faz de você um menino de verdade; vencer é bom, perder é ruim; não há problema em ser agressivo; zombe dos outros, especialmente se eles forem fracos ou se você não estiver à vontade; ria quando não se sentir à vontade; disfarce os verdadeiros sentimentos.*

- ★ **Meio da adolescência:** *não chore quando você se machucar; não demonstre empolgação; não fale sobre seus sentimentos com outros caras; não demonstre medo ou insegurança a outros caras; nada o chateia; não fique muito íntimo de um menino, pois todos vão pensar que você é gay (e ser gay ainda é ruim); evite qualquer coisa feminina; meninas e mulheres são realmente sexy; conte piadas e histórias de conotação sexual; ser um atleta faz de você um menino de verdade; vencer é bom, perder é ruim; os meninos são demais; não há problema em ser agressivo; zombe dos outros, especialmente se eles forem fracos ou se você não estiver à vontade; ria quando não estiver à vontade; sempre pareça tranqüilo; utilize respostas curtas ("Hã?", "Tá" e "Sei lá"); disfarce os verdadeiros sentimentos.*

- ★ **Final da adolescência:** *não chore quando você se machucar; não demonstre empolgação; não fale sobre seus sentimentos com outros caras; não demonstre medo ou insegurança a outros caras; nada o chateia; evite qualquer coisa feminina; não fique muito íntimo de um menino, pois todos vão pensar que você é gay (isso ainda é ruim); contar piadas e histórias de conotação sexual e fazer sexo fazem de você um homem de verdade; meninas e mulheres são sexy; ser um atleta faz de você um homem de verdade; vencer é bom, perder é ruim; o mundo é dos homens; saia pelo mundo e conquiste reputação por si próprio; beber é legal; não há problema em ser agressivo; zombe dos outros, especialmente se eles forem fracos ou se você não estiver à* *vontade; ria quando não estiver à vontade; sempre pareça tranqüilo; seja estóico; disfarce seus verdadeiros sentimentos.*

★ **Todas as idades:** *não fale sobre as Regras do Bando.*

Certamente há mais regras e variações delas. Essas são algumas que definem com mais rigidez a masculinidade atualmente para muitos meninos nos Estados Unidos. Elas podem afetar profundamente a vida emocional e relacional dos meninos. Mesmo quando os meninos ou os homens afirmam que não seguem esses preceitos rígidos de masculinidade, em certo grau ainda são influenciados, pois o Bando ecoa dentro de suas cabeças, e as regras se baseiam umas nas outras. Podem diferir um pouco, mas permanecem fiéis ao mesmo princípio básico: meninos devem ser e agir mais como máquinas do que como pessoas.

Quando o Bando Dita as Regras para a Cabeça e o Coração dos Meninos

Infelizmente, os meninos acreditam que o aspecto perigoso dessas regras está em transgredi-las e não em livrar-se delas. O custo de ser rejeitado e chamado de fracote, maricas ou *menina* provoca um medo profundo na essência da identidade dos meninos. Peço, entretanto, que você pense no perigo real do que acontece com a cabeça e o coração dos meninos quando eles *realmente* seguem essas regras.

Quando os meninos interiorizam as Regras do Bando, eles não as seguem apenas quando fazem parte dele. *Eles seguem as regras o tempo todo.* Se os meninos acreditam que não devem compartilhar seus sentimentos confusos ou entusiásticos com outros meninos, também deixam de compartilhar esses sentimentos com qualquer pessoa, principalmente com a família. Seria diferente se escondessem seus sentimentos uns dos outros apenas dentro do Bando. No entanto, parece que as Regras do Bando ecoam em sua mente o tempo todo. E, se os meninos ouvem essas regras e desligam os sentimentos em seguida, a fim de escondê-los, não é saudável. Esse é o começo do processo no qual os meninos fazem seus sentimentos *desaparecerem.*

Independentemente do temperamento ou da idade, o menino que aprende com o Bando que apenas maricas choram quando se machucam e só as *meninas* falam sobre o divórcio dos pais, também aprenderá a não falar com ninguém sobre seus sentimentos. Sem instrução sobre habilidades de inteligência emocional ou intervenção por parte de adultos interessados, esse menino seguirá as Regras até a idade adulta. Essa restrição da expressão emocional talvez seja o exemplo mais prejudicial de como o Bando dita as regras na vida dos meninos.

Os Meninos Saem Perdendo

Terrence Real (1997) descreve um processo de dois passos por meio do qual os meninos são socializados em nossa cultura: primeiramente os esvaziamos, livrando-os de suas emoções; em seguida "recheamos" os meninos com privilégios masculinos. Acredito que essa descrição seja particularmente forte porque vem de um homem, alguém que "esteve lá" e está disposto a falar sobre isso. Esse método de desumanizar os meninos traz resultados potencialmente perigosos. Se você pensa em livrar qualquer pessoa de seus sentimentos e conceder-lhe em seguida privilégios especiais, saiba que é uma receita perigosa. Em vez de pensar que esses meninos são perigosos, prefiro vê-los como pessoas que tiveram roubadas partes inestimáveis de sua sensibilidade.

Em nossa cultura, a atitude dos meninos de não demonstrar ou compartilhar facilmente suas emoções pode ser um dos maiores riscos mentais que enfrentam, pois contribui para uma variedade de problemas de saúde psicológica e física. Pesquisas com adultos indicam que a expressão emocional restrita está associada à depressão, a saúde física debilitada, aos relacionamentos insatisfatórios e ao uso excessivo de substâncias químicas (Pennebaker, 1995). Argumenta-se que muitos problemas comportamentais dos homens e dos meninos estejam ligados ao modo como disfarçam suas emoções.

Apenas Observe

No cinema. Uma boa maneira de entender como os meninos perdem o contato com o que estão sentindo é simplesmente observá-los. Você pode fazê-lo em qualquer lugar e a qualquer momento. No meu caso, dois incidentes que vou relatar aconteceram em um único final de semana. A primeira situação ocorreu no sábado, na sessão de matinê de *Simon Birch*, um filme baseado no livro *A prayer for Owen Meany*, de John Irving. É uma história sobre um menino com deficiência física que nasce prematuro e permanece anormalmente pequeno por toda a vida. Ele tem um metro de altura no começo da adolescência. Assim, o filme trata de sua situação complicada numa idade que é muito difícil para os meninos.

Durante os primeiros quinze minutos de projeção, quatro meninos de dezesseis anos (um bando) forçavam-se a rir ruidosamente toda vez que Simon, o jovem fisicamente deformado, surgia em cena. As intervenções sonoras dos meninos ocupavam o cinema de maneira poderosa e estranha. Por que tinham vozes de homem, se eram tão meninos? Aparentemente, estavam utilizando um poder recém-descoberto, de maneira falsa e ensaiada como aquelas risadas nos seriados da TV. Ou talvez a falsidade fosse resultado dos diversos ensaios que tiveram de fazer exatamente para essa situação: *quando você se sente desconfortável (triste, vulnerável, horrorizado), finja que não sente isso. Esconda isso. Disfarce isso. Ria disso. Regras do Bando.*

Perguntei a meu marido, John, se tudo era apenas minha imaginação. Ele confirmou minhas impressões. Sim, os meninos agiam de modo inadequado. Ele também estava aborrecido pelas mesmas razões. Toda a platéia aderia à maneira como os meninos se defendiam de sua sensação de desconforto. Precisamos nos esforçar para vivenciar a experiência de Simon, um personagem assustador e envolvente. Mais tarde, tive a impressão de que essa era a sensação de viver de acordo com as Regras do Bando. Você é compelido a ignorar sentimentos verdadeiros para pertencer ao grupo, o Bando.

Se eu não estivesse na fileira mais distante de onde saíam as demonstrações ruidosas dos meninos, teria chamado o gerente. Não queria que eles influenciassem a impressão que minha família teria de Simon. Sentada ali, um minuto após o outro, me imaginava aproximando de um dos meninos e sussurrando no seu ouvido para que parasse com aquela tolice, do mesmo modo que faz um bom professor para evitar uma demonstração de poder e, ainda assim, silenciar com sucesso o valentão da classe.

Fiquei feliz, pois nem o gerente nem eu tivemos de abordar os meninos. Por fim, eles fizeram sozinhos o que era preciso. Durante a segunda hora, eles se acalmaram e assistiram ao filme. Quando a mãe do melhor amigo de Simon morreu, eles não riram. Na noite em que Simon estava sozinho próximo ao mar e, dirigindo-se aos céus, gritou languidamente "Desculpe", eles não riram. Como as pessoas não se distraíam mais com o riso dos meninos, pudemos nos sentir tristes e desamparados, que são respostas apropriadas para esse filme.

Em uma igreja. Nesta segunda situação, também houve a necessidade de "respostas apropriadas". Era um evento religioso para jovens de dezesseis anos, no qual eu estava presente. A reunião envolvia várias meninas, dois meninos e duas mulheres adultas. O ritual e as atividades exigiam que os adolescentes refletissem e sentissem, à medida que explorassem sua fé. Tratava-se de uma reunião séria e íntima, planejada para promover emoções profundas e positivas. Vi como as meninas pareciam estar à vontade com a experiência, enquanto os meninos não. Tudo o que eles podiam fazer era tentar evitar o riso, aquele tipo de risada histérica que você não consegue controlar, não importa o quanto tente.

Se o lugar fosse amplo, ou houvesse mais pessoas, os meninos poderiam ter sido bem-sucedidos na tentativa de livrar a si mesmos – e a nós – daquele desconforto. Às vezes, quanto maior o Bando, mais poderoso ele se torna. No entanto, nesse grupo pequeno, os dois meninos não tinham poder, apenas reações inadequadas. E não havia modelos masculinos presentes para ensinar a esses meninos que as Regras do Bando não funcionavam ali. Eu gostaria de poder dizer que eles se recuperaram ao final da experiência religiosa, mas não posso. Enquanto dávamos as mãos em um círculo, durante a última prece, eles não conseguiam controlar as risadas. Mesmo que quisessem não poderiam, pois percebi que os meninos haviam praticado muito para momentos como aquele. Quando você não se sente à vontade, disfarce seus verdadeiros sentimentos. (Regras do Bando)

Agora, a relação entre os dois acontecimentos deve estar clara para você. Ambas as situações envolviam meninos que tiveram de experienciar ou expressar momentos emocionais íntimos em um grupo social. Conversando mais tarde com o líder religioso, descobri que o comportamento dos meninos fora problemático o ano todo. Quando voltei para casa, senti tristeza não apenas por eles, mas por nós. Todos perdemos quando nossa cultura aceita as máscaras emocionais dos meninos como se fossem inevitáveis. *Meninos são meninos.* Imaginei uma cultura que permitisse aos meninos se assustar e competir, ser gentis e fortes, espirituais e mundanos. Então me lembrei do modo como meninos de sete anos participam fervorosamente da liturgia das crianças em nossa igreja, explorando os sentimentos e a espiritualidade em público, diante de outros meninos. Humm...

O que acontece, então, entre a infância e a adolescência? Como perdemos esses meninos e como eles perdem a capacidade de sentir ou demonstrar o que sentem? O que poderia ser feito para impedir que esses adolescentes se envolvam com drogas ou se voltem para as Regras do Bando, para poder lidar com sentimentos desconfortáveis como, por exemplo, ser sensibilizado por um encontro espiritual ou um filme comovente, sem ter de recorrer às risadas?

Peter Pan e os Outros Meninos Perdidos

Há muitos anos os psicólogos e os educadores têm feito as mesmas perguntas. E estamos conseguindo algumas respostas com a ajuda de pesquisadores e escritores (Gurian, 1996; 1999; Kindlon e Thompson, 2000; Pollack, 1998). Acredito, no entanto, que o primeiro passo fundamental será os *pais* fazerem essas mesmas perguntas e em seguida respondê-las por si mesmos. Para diminuir a influência que as Regras do Bando exercem sobre os jovens meninos, os pais devem examinar como contribuem para as Regras do Bando e como podem evitar que os filhos interiorizem essas regras. Caso contrário, continuarão promovendo uma cultura de meninos perdidos.

No clássico de James Barrie e no filme, Peter Pan e os Meninos Perdidos vivem na Terra do Nunca sem os pais. Não sabemos por que os meninos não estão com os pais; sabemos, apenas, que estão perdidos. Os meninos vivem dias repletos de emoções, passando de uma aventura a outra, enquanto seguem cegamente o líder Peter Pan. Seu jeito fanfarrão é evidente nas fugas destemidas e nas situações em que escapa, por pouco, do perigo.

Os meninos, no entanto, ainda sonham com algo especial que existe na infância com os pais: alguém que leia histórias para eles na hora de dormir. Conforme a trama se desenrola, descobrimos que não sentem falta do entretenimento, ou seja, ouvir histórias. O importante é aquilo que a experiência representa para eles. Por baixo da ousadia agitada de seus modos marginais, os Meninos Perdidos desejam ser *reconfortados fisicamente e cuidados emocionalmente*. (Histórias na hora de dormir podem ser um dos símbolos universais que englobam essas necessidades.) De fato, é exatamente por essa razão que o determinado Peter Pan voa toda noite para ficar no parapeito da janela do berçário: ele ouve enquanto Wendy lê histórias para os irmãos menores. Também é desse modo que Peter perde sua sombra uma noite. Ele deixa o berçário rápido demais, para não ser pego. Do ponto de vista psicológico, talvez a sombra de Peter contenha as necessidades emocionais que apenas seu lado fanfarrão não consegue satisfazer.

Levar Wendy para a Terra do Nunca parece ser a solução perfeita para os Meninos Perdidos. Dessa maneira, eles poderiam brincar o dia todo e ainda assim ouvir histórias na hora de dormir... uma vida repleta de independência, mas com um pequeno toque de bem-estar. Entretanto, quando Wendy e seus irmãos admitem, na Terra do Nunca, que estão com saudades de casa e começam a chorar porque sentem falta da mãe, os Meninos Perdidos também choraram.

Durante essa cena do filme, todos os meninos choram juntos enquanto Wendy descreve, com muitos detalhes, os cuidados e o bem-estar de que ela e seus irmãos sentem falta. Percebemos então como Wendy *define* a tristeza dos meninos *para* eles. Ela faz a ligação entre os sentimentos maravilhosos de bem-estar e o sentimento de perda. Talvez seja isso que a maioria de nossos filhos perde cedo demais: essa ligação com suas emoções. Nesse sentido, "Meninos Perdidos" é um nome adequado para os personagens da história, pois eles *estão* perdidos, sem seus sentimentos e o cuidado verdadeiro dos pais. Acredito que os meninos emocionalmente perdidos de Barrie não sejam tão diferentes de muitos meninos em nossa cultura nos dias atuais.

O Papel dos Pais para Encontrar Meninos Perdidos

No esforço para encorajar a idéia de que os homens podem fornecer os mesmos cuidados emocionais que as mulheres, acredito que a "mãe", que Wendy e os Meninos Perdidos desejavam, pode ser personificada por um homem; uma "mãe masculina", se assim pudermos definir (Dinnerstein, 1976). No entanto, para que isso ocorra, nossa cultura precisa mudar em relação aos *homens* (não apenas aos meninos) que demonstram sensibilidade e zelo. "Ser mãe" é perfeitamente possível para um homem. Soa impossível? Isso não apenas é possível como também fundamental. Especialmente se os meninos aprenderem melhor com modelos, o que parece ser verdade.

Quando estava na faculdade e minha atenção era consumida por livros, artigos e pesquisas, meu marido, John, "foi mãe" de nossa segunda filha, Morgan. Ao contrário da primeira, de quem cuidei enquanto John terminava a faculdade e ao mesmo tempo trabalhava, Morgan criou um vínculo com sua "mãe masculina". O vínculo entre eles era evidente para qualquer pessoa. Ninguém sabia, entretanto, quanto isso era importante para Morgan, até que completasse quatro anos. Um dia, quando ela e eu olhávamos seu álbum de bebê, Morgan viu uma foto sua de quando era recém-nascida. Ela estava na altura do peito do pai, com a cabeça repousando no canto do ombro dele. Observando essa foto, Morgan perguntou: "Ah... isso foi quando eu saí da barriga do papai?"

A experiência de Morgan, em relação à capacidade dos homens de criar uma criança, provavelmente difere da experiência de outras crianças em relação aos homens em nossa sociedade. A maior parte da literatura e dos textos religiosos normalmente associa as características do bem-estar emocional e do zelo às mães, não aos pais. Isso é verdade em diversas culturas e com certeza ainda é assim na mídia contemporânea (especialmente nos comerciais).

Nesse ponto, é importante observar que, em algumas culturas nas quais os homens estão envolvidos com os cuidados com a criança ("ser a mãe masculina"), há menos indícios de violência (Coltrane, 1998). Espero que você compreenda e aprecie a razão de eu ter propositadamente substituído a palavra "pai" por "mãe" neste livro.

Ao terminar esta seção, preciso dizer como é maravilhoso quando um menino consegue contar uma piada engraçada para aliviar a tensão ou entreter seus colegas enquanto comem uma pizza. Também é maravilhoso que os meninos sejam independentes, confiantes e competitivos. De fato, ser forte quando se precisa de força é uma experiência humana construtiva. No entanto, surgem problemas quando ser forte é a única alternativa permitida aos meninos e homens. E isso é o que determinam as Regras do Bando.

Livrando os Meninos de Suas Emoções

Pense nestas palavras: "meninos não choram", "garotinho da mamãe", "fracote" e "maricas". Você sabe que elas muitas vezes se referem a um menino que demonstra emoções. Quando um menino não obedece ao roteiro tradicional para seu sexo, psicólogos sociais chamam isso de comportamento "fora do padrão". Para um menino, o comportamento fora do padrão significa desobedecer às Regras do

Bando. As meninas também apresentam comportamentos fora do padrão, mas, em uma cultura patriarcal (dominada pelos homens), há mais punições para meninos que fogem do padrão imposto ao sexo masculino. Naturalmente, eles não querem ter comportamentos fora do padrão, pois temem ser punidos. Dessa maneira, os meninos são efetivamente recompensados por seguir as Regras do Bando.

Aprendendo desde Cedo a Não Ter Medo

O que acontece com os meninos quando não conseguem sentir suas emoções? O Capítulo 1 sugere que há consequências fisiológicas. Aqui a questão principal é o fato de que livrar os meninos de suas emoções os torna menos sensíveis. Tanto as Regras do Bando como as sanções da cultura dominante contribuem para livrar os meninos de suas emoções e tirar parte de sua sensibilidade.

A ruptura com os sentimentos começa quando se diz pela primeira vez a um menino que chora ao sentir-se assustado ou magoado que "meninos grandes não choram". Ele aprende a dissociar seus sentimentos reais de suas experiências. Quando essa ruptura é reforçada inúmeras vezes durante sua vida por outras pessoas que seguem as Regras do Bando, ele aprende a não se sentir vulnerável. E quando os humanos negam seguidamente sua vulnerabilidade, eles se tornam... pessoas sem medo. (Os fabricantes realmente sabiam o que estavam fazendo quando lançaram certa vez no mercado o logotipo "Sem Medo" para os meninos...)

Quando o típico adolescente perturbado busca aconselhamento, ele já perdeu muitas das ligações com suas emoções. Isso porque a família, a escola, a mídia e toda a cultura têm socializado suas emoções desde o nascimento. Para demonstrar a força dessa socialização, considere os estudos do "Bebê X" (Stern e Karraker, 1989). Esse bebê, vestido de amarelo, foi apresentado como menino para um grupo de participantes da pesquisa e em seguida como menina para outro grupo. Pediu-se que os participantes descrevessem o bebê. As respostas do grupo seguiram linhas estereotipadas: a "menina" provocou descrições como "meiga", "bonita" e "delicada", enquanto o "menino" foi descrito como "forte" e "determinado". Estudos semelhantes demonstram o poder dos padrões e dos estereótipos sexuais ao denominar e modelar o quão determinado ou delicado cada um de nós será.

Mensagens Culturais para os Meninos: Disfarce Suas Emoções

Mensagens de socialização estão em todo lugar. Aonde quer que vão, os meninos recebem mensagens sobre o comportamento que se espera deles. E o que se espera depende dos olhos de quem vê. Quantas pessoas pensam que é normal... correto... um menino ter medo? Ficar triste? Nervoso? Comparativamente, quantas pessoas pensam que é correto um menino sentir raiva? Ser forte? Confiante? Por meio do processo de socialização, a cultura dominante ensina os meninos a serem fortes quando se sentem sensíveis, a serem estóicos quando precisam chorar, a serem agressivos em vez de diplomáticos, e a disfarçar suas emoções em vez de expressá-las. No começo da infância, os meninos aprendem a rejeitar qualquer semelhança com a "feminilidade" estereotípica, particularmente a expressividade emocional. Não é surpresa o fato de essas normas culturais contribuírem para a falta de características estereotipicamente femininas, como zelo e expressividade emocional.

O Silêncio dos Meninos Pode Ser Ouvido

A magnitude do modo como a cultura livra os meninos de suas emoções chamou minha atenção de maneira surpreendente. Deparei-me com essa questão quando fazia outra pesquisa para minha dissertação (Polce-Lynch, 1996). Originalmente estava interessada em saber se a auto-estima das meninas diminuía durante a adolescência. Como minha amostra indicava que não, então me interessei pela experiência dos meninos, pois meus resultados indicaram uma diminuição drástica na capacidade de eles expressarem as emoções (positivas ou negativas) desde o final da infância até o final da adolescência. A situação contrária era observada nas meninas. Isto é, ambos os sexos tinham níveis semelhantes de expressividade emocional no final da infância, mas na metade e no final da adolescência as meninas registravam uma capacidade maior de expressar emoções do que os meninos. (Veja o Capítulo 4 para mais informações sobre essa pesquisa.)

Então, não deveria ser surpresa o fato de que muitos meninos adolescentes ficam quietos quando ouvem uma pergunta assim: "Como você se sentiu quando sua namorada terminou com você?" ou encolhem os ombros quando questionados: "Como você se sente quando seus pais ficam bêbados e brigam todo fim de semana?". Muitas pessoas não reconhecem o silêncio emocional como um problema para os meninos. Ele é tão familiar que parece normal... é como as coisas deveriam ser. Afinal de contas, silenciar as emoções dos meninos permitiu que grandes guerras fossem travadas e terras distantes fossem conquistadas.

Como os Estereótipos Masculinos Afetam a Vida dos Meninos

Há muitos aspectos positivos na masculinidade. No entanto, a perpetuação de *estereótipos* masculinos pode ter papel importante na restrição da expressão emocional dos meninos. Os estereótipos masculinos são crenças rígidas e atitudes consideradas adequadas para meninos e homens, construídas a partir da definição cultural da masculinidade. As Regras do Bando são manifestações rígidas e inflexíveis desses preceitos. Você não precisa se esforçar muito para notar como os meninos aprendem as Regras sobre a expressividade emocional com estereótipos masculinos encontrados na vida real e na cultura popular.

De fato, raramente se vê meninos ou homens que desafiam esses estereótipos, seja na vida real, seja na cultura popular. Entretanto, de vez em quando, surge um "destruidor" de estereótipos. Embora o filme *Jerry McGuire* sustente estereótipos femininos tradicionais, o personagem de Cuba Gooding Jr. desafiou os estereótipos masculinos tradicionais. Um jogador profissional de futebol americano que joga com seu coração? Um atleta que chora quando é entrevistado na televisão, gritando "amo minha mulher!". E para completar, na vida real, Cuba Gooding Jr. faz a mesma coisa quando diz que ama sua mulher. (Ele rompeu com as Regras do Bando e recebeu um prêmio por isso. Precisamos de mais modelos masculinos desse tipo.)

Outro destruidor de estereótipos que conheci foi um menino de seis anos, cujos pais decidiram criá-lo "sensível" em vez de endurecê-lo. Entrevistado no *Oprah Winfrey Show* (5 de abril de 2001), esse menino descreveu como estava chateado pelo fato de as crianças na Ruanda não terem água limpa, como ele tinha. Desse modo, realizou tarefas extras por quatro meses para economizar setenta dólares destinados à compra de um poço para uma aldeia. Mais tarde, isso acabou provocando uma onda de apoio e, até o momento, ajudou a angariar dinheiro para a abertura de mais de cinqüenta poços em Ruanda. Caso seus pais tivessem seguido as Regras do Bando ou aderido a outro estereótipo masculino inflexível para criá-lo, isso poderia nunca ter acontecido.

O Contexto e a Situação Importam

É importante explicar que as discussões sobre as emoções dos meninos e os estereótipos sexuais dependem de cada contexto. Por exemplo, Cuba Gooding recebeu muitos créditos e talvez até mesmo alguns contratos adicionais no cinema por fugir do Bando no âmbito do entretenimento. E determinado menino de seis anos acabou no programa da Oprah. No entanto, muitos meninos que expressam suas emoções no dia-a-dia sofrem duplamente: eles são rejeitados por transgredir as Regras do Bando e não recebem dos pais ou da sociedade o apoio de que precisam. Para que a expressividade emocional seja útil para os meninos, aqueles que os ouvem devem legitimar e aceitar as mensagens deles. Isso pode soar como senso comum, mas, se você for um menino nessa cultura, isso será um acontecimento muito improvável.

A Vergonha Disfarça as Emoções dos Meninos

Considere esta situação: Tiago fica cara a cara com o temido valentão da escola, que tem o dobro de seu tamanho e faz gestos de estrangulamento em direção ao pescoço de Tiago. Eles estão sozinhos no vestiário. Tiago está aterrorizado, foge do valentão e entra são e salvo na aula de ciências. Tiago conta a um colega, Henrique, o que aconteceu. Ele descreve o quanto estava assustado e o quão rápido correu para fugir. Se Henrique disser "Eu também ficaria assustado. Fico contente que você tenha conseguido escapar", isso afetará Tiago positivamente. Ele vai se sentir tranqüilizado e no futuro estará mais propenso a falar sobre sua experiência emocional de medo com alguém em quem confie.

No entanto, se Henrique disser a Tiago "Seu covarde. Eu teria ficado e brigado com aquele @#*%! Agora ele sabe que você está *assustado*", Tiago aprenderia que: (1) não é bom demonstrar medo; (2) ter medo e fugir não é uma atitude masculina; (3) é melhor usar uma máscara e fingir que tudo isso nunca aconteceu; (4) da próxima vez simplesmente fique e machuque-se. A vergonha pode ser realmente poderosa como modo de silenciar as emoções dos meninos.

Menos traumático, mas igualmente esclarecedor é este breve incidente na aula de matemática da quinta série. Os dedos de Rafael estão na beirada de sua carteira. O aluno que se senta à sua frente acidentalmente prensa os dedos de Rafael ao empurrar a cadeira para trás, contra a carteira e os dedos dele. Os olhos de Rafael rapidamente se enchem de lágrimas *porque isso dói*. Imediatamente, as primeiras palavras dos outros meninos são: "Ei, cara... não chore... não seja uma *menina*". Então Rafael pára de chorar. Esconde sua vulnerabilidade sob o olhar atento do Bando e sente vergonha de seus sentimentos. Nesse instante, Rafael e todos os que o observam traçam a seguinte relação: *se um menino demonstra o que realmente está sentindo, então, não é "macho"*. Quando os meninos se machucam, *não está certo sentir dor ou chorar*. Muitas pessoas (inclusive meninas) não gostam de chorar em público, mas os meninos são instruídos especificamente a não chorar em público e ficam envergonhados quando o fazem.

A Socialização da Sexualidade dos Meninos

A sexualidade é uma força poderosa que impulsiona os meninos para a masculinidade. Nos Estados Unidos, a sexualidade dos meninos parece ser amplamente mediada por uma cultura sexualmente saturada. Se você pensar sobre isso, o axioma familiar de que "meninos são meninos", relativo a sua atividade sexual, é extremamente rígido e injusto. Ele concede a permissão para fazer sexo, mas não para ter uma experiência de intimidade e resposta emocional. O famoso sistema de "pontuação" utilizado por meninos que fizeram sexo para descrever suas "conquistas" sexuais é apenas um exemplo da rigidez em torno da sexualidade. O sexo não pode estar relacionado com intimidade, e sim com vitória. Esse tipo de socialização sexual encoraja os meninos a equiparar e limitar sua sexualidade a um "garanhão".

De fato, os meninos são impedidos de ter muitas emoções e comportamentos diferentes com o intuito de alcançar uma definição estreita de masculinidade. Embora eu acredite que esse processo muitas vezes impede que os meninos tenham a oportunidade de se tornarem seres humanos completos, Christina Hoff Sommers (2000) e outros não concordam, argumentando que os meninos devem ser socializados de modo diferente das meninas, particularmente em relação às emoções e à sexualidade. Esse ponto de vista essencialista (biológico) freqüentemente reforça os papéis e os comportamentos masculinos tradicionais.

A visão biológica da sexualidade masculina também parece afetar os sentimentos e os atos sexuais dos meninos. Perdi a conta do número de vezes em que ouvi falar, em um encontro, do desejo sexual "incontrolável" de meninos (ou homens) como razão para comportamentos sexuais criminosos, como estupro. Esse raciocínio faz sentido se você considerar como a sexualidade dos meninos normalmente começa e continua em meio a um terreno emocional complicado de intimidade sexual sem qualquer tipo de mapa para orientá-los – além das regras do Bando. Meninos (e também meninas) precisam evidentemente de mais aconselhamento para desenvolver uma sexualidade saudável.

O Começo da Socialização Sexual dos Meninos

Há inúmeros exemplos que relatam como meninos e meninas são inocentemente iniciados em sua sexualidade. Lembro-me de uma amiga que me descreveu como a filha de oito anos, Sabrina, foi apresentada publicamente a sua sexualidade (ao estilo das Regras do Bando). Isso aconteceu em um encontro na praia. Sabrina passava por dois meninos, que conhecia desde a pré-escola, quando os ouviu sussurrarem: "Ela é sexy!". Sabrina não falou nada para eles. (O que uma jovem menina poderia dizer? "Não, eu não sou!" ou "O que você quer dizer com isso?") Sabrina contou mais tarde a sua mãe que se sentira desconfortável quando os meninos disseram aquilo e que sabia o que significava "sexy". Alguém pode até se perguntar se mesmo os meninos *realmente* sabiam. (As Regras do Bando não fornecem definições, apenas regras.)

Esses meninos sabiam que Sabrina era inteligente, boa nadadora e excelente jogadora de futebol, mas, sentados juntos, na praia, o único aspecto dela sobre o qual *eles se sentiam à vontade* para comentar era sua sensualidade. O que é mais irônico nisso tudo e serve para enfatizar a influência das Regras do Bando sobre os meninos é que

Sabrina nem mesmo havia chegado à puberdade! Ela não tinha sequer um *traço* de característica sexual secundária. Mesmo assim os meninos se sentiram limitados em relação ao que podiam dizer sobre ela. Eles não poderiam dizer: "Ela é realmente esperta"... ou uma "nadadora rápida"... ou uma "grande jogadora de futebol". Em vez disso, eles permaneceram leais à Regra do Bando: *meninas são sexy*. Sem outras regras, os meninos seguem essas.

Como a Socialização Sexual dos Meninos Continua

A socialização sexual dos meninos muitas vezes leva ao "hipersexualismo", um termo que se refere à sexualidade excessiva associada à idéia de múltiplos parceiros sexuais ou domínio sexual (isto é, contar o placar das "conquistas sexuais") ou comportamentos menos extremos, mas ainda assim prejudiciais, como o assédio sexual. Embora o assédio freqüentemente tenha como alvo meninas e mulheres, os meninos também podem sofrer assédio de outros meninos.

Alunos em minhas classes de psicologia do sexo invariavelmente descrevem como testemunharam *diversos* casos de assédios de meninos em relação a outros meninos. Esse assédio assume a forma de críticas sexuais, aquelas palavras ofensivas e questionadoras da masculinidade que muitos de nós já ouvimos. Muitas vezes, essas palavras insultam um menino porque ele não é "homem suficiente" em termos de atividade sexual ou tamanho físico. Quase como um círculo vicioso, o hipersexualismo se perpetua à medida que eles continuam a excluir uns aos outros por meio de assédios que ditam exatamente o quão sexualmente ativos ou dominantes eles devem ser.

Outro aspecto do hipersexualismo se manifesta no modo como os meninos recebem informações técnicas sobre o comportamento sexual, muitas vezes antes de estarem prontos ou sem o contexto de um relacionamento íntimo. Isso pode assumir a forma de pornografia ou outro material de sexo explícito para o público adulto. Existem teorias diferentes para explicar a atividade sexual dos homens (inclusive a teoria da evolução, que enfatiza a biologia e a propagação das espécies), mas defendo que, quando um jovem menino encontra uma pilha de revistas *Playboy* no armário, ele não está biologicamente pronto ou preparado para fazê-lo.

Em sessões de terapia, ouvi muitos homens refletirem exatamente sobre essa experiência com muito arrependimento, pois eles *não queriam falar com ninguém* sobre aquele misto de choque, excitação e confusão. Em vez disso, mantiveram tudo dentro de si e seguiram as Regras do Bando. Mais tarde, alguns desses homens secretamente se tornaram viciados em pornografia, devido ao modo como bateram de frente com o conhecimento sexual prematuro. Esse é um exemplo não apenas de hipersexualismo (sob a forma de pornografia) como também de seus efeitos potencialmente nocivos para a própria sexualidade dos meninos e dos homens.

Sem intervenção ou educação, os meninos são lançados na vida adulta com a versão de sexualidade das Regras do Bando. Quando você observa a cultura contemporânea, faz sentido os meninos se identificarem com o hipersexualismo. Às revistas da *Playboy* somou-se o acesso à pornografia por meio da Internet, 24 horas por dia, sete dias por semana. Na realidade, os meninos encontram esses preceitos sexuais sem que precisem espiar na rede ou assistir a praticamente qualquer seriado, comercial de TV, videoclipe ou filme. O hipersexualismo permeia a cultura popular e está onde quer que os meninos olhem.

Outra questão central interessante no hipersexualismo dos meninos envolve a homofobia, ou medo de ser gay. Isso não apenas parece exercer uma pressão tremenda para que os meninos provem sua masculinidade por meio de atividades heterossexuais, como também limita o grau de intimidade permitido em um relacionamento entre meninos. Observei duas alunas da faculdade que caminhavam de braços dados pelo campus em um dia de primavera. Uma aparentemente estava aflita, enquanto a outra parecia reconfortá-la. Isso parecia ser natural e encorajador. Pensei como seria improvável ver dois alunos da faculdade fazendo o mesmo, por medo de transgredir as Regras do Bando e serem rotulados de gay. Para mim, ser gay é outra expressão do ser humano, mas, para a maioria dos meninos heterossexuais representa um tabu aterrorizante.

Considerando as pressões culturais e sociais exercidas sobre os meninos para que provem que não são gays, faz sentido que eles utilizem a atividade heterossexual para demonstrar aos outros sua "macheza". É difícil não se perguntar como todos se sentiriam mais seguros se os meninos não sofressem tanta pressão para seguir as Regras do Bando. (Relações heterossexuais provavelmente seriam muito menos estressantes para os pais.) Infelizmente, você já deve ter ouvido relatos de meninos que estupraram meninas por acreditarem que não haveria problema no estupro porque "na verdade ela queria". Como esses crimes podem ser compreendidos sem considerar a socialização sexual dos meninos – o processo em que se vitimam – pelas Regras do Bando?

Às vezes encontramos respostas na vida real, às vezes, em histórias. Encontrei uma resposta no romance campeão de vendas de Wally Lamb (1998), *I know this much is true*. Em determinado momento, o personagem principal, Dominic, reflete sobre sua experiência de sexualidade na infância. Ele observa como a intimidade sexual "ligava" os meninos a outra pessoa, mesmo que apenas por alguns instantes. À primeira vista, seu testemunho parece refletir mais sobre o isolamento emocional dos meninos do que sobre sua sexualidade, mas acredito que esses dois pontos muitas vezes sejam inseparáveis para eles.

Um dos objetivos desta seção é fornecer uma anatomia emocional sobre como os sentimentos dos meninos são socializados. Espero que uma compreensão do que acontece quando as expressões emocionais dos meninos são presas por uma camisa de força em suas famílias e na cultura dominante faça com que recebam mais orientações sexuais dos pais e de outros adultos.

Lucas

Um modo de explorar a socialização sexual dos meninos é familiarizando-se com estudos de casos. Considere o seguinte caso. Lucas é um "típico menino americano". Os pais dele, Hebe e Miguel, são pessoas que poderiam ser seus amigos, seus vizinhos ou até mesmo você. Lucas era amado e tratado muito bem pelos pais, desde o momento em que nasceu. Os avós também o amavam. Dessa maneira, se Lucas tem uma família tão carinhosa como antecedente, você deve estar se perguntando qual seria seu problema. Como poderemos observar, até mesmo famílias carinhosas podem criar filhos que se perdem em nossa cultura hipersexualizada... e nas Regras do Bando.

Aos dezoito anos, em uma festa, Lucas coloca a droga rohypnol (conhecida como "ruffi") na bebida de Jenifer. Ele conheceu Jenifer, também de dezoito anos, por meio de um amigo comum. Ele a convidou para sair algumas vezes, mas ela sempre o rejeitou. Ele não sabia exatamente o porquê. Estava confuso, pois ela sempre parecia ser muito amigável. Lucas supôs que Jenifer estivesse se fazendo de difícil. Afinal de contas, se você tem televisão a cabo e assiste bastante a MTV, VH1 e BET, pode ver que todas as meninas e as mulheres nos videoclipes querem fazer sexo... o tempo todo. (E, quando elas dizem "não", na realidade querem dizer "sim", de acordo com os roteiros dos clipes). Desse modo, quando Lucas soube que Jenifer viria para a festa, decidiu "dar um empurrãozinho" ao "colocar ruffi sem que ninguém percebesse" na bebida dela, para que pudesse "fazer sexo" com ela. Todos os amigos, que ele conhecia desde o jardim de infância, concordaram que esse seria um bom modo de fazer sexo com Jenifer.

Estupro no Encontro

Esse era o problema. Lucas realmente acreditava que estaria apenas "fazendo sexo" com Jenifer. Ele nunca imaginou que poderia estar estuprando-a. Tampouco pensou que colocar essa droga em seu corpo sem seu conhecimento ou permissão fosse um crime. Lucas só pensou em fazer sexo, e nunca chegou a considerar os sentimentos de Jenifer. Ele nem mesmo via Jenifer como uma pessoa. Afinal de contas, os amigos de Lucas faziam sexo regularmente e nenhum deles falava sobre os relacionamentos com as meninas, falavam somente sobre sexo. Como Lucas só tinha "feito sexo" duas vezes, achava que isso o afastava do grupo (o Bando). Era como se não fosse um homem de verdade. E ninguém disse a Lucas que isso não era verdade.

Alguns de vocês podem estar pensando que Lucas era apenas como os outros meninos, tentando conquistar alguém (isso é verdade). Afinal de contas, eles estavam na festa e Jenifer estava bebendo e flertando (isso é verdade). Então, ele não a "estuprou" de verdade (isso *não* é verdade). Por definição, muitas leis estaduais nos Estados Unidos estipulam que, uma vez que a pessoa esteja mentalmente incapacitada (a influência de drogas ou álcool conta como incapacitação), ela não terá condições de permitir uma relação sexual. Portanto, qualquer relação que ocorra é considerada estupro, isto é, um crime.

Incidentes de estupro em encontros ocorrem com mais freqüência do que se imagina. As estatísticas não são confiáveis, pois as jovens têm medo de registrar os abusos sexuais. Além disso, quando a droga rohypnol está envolvida, as vítimas, em geral, não conseguem se lembrar dos detalhes do abuso sexual, pois essa droga apaga completamente as lembranças. Aparentemente, o rohypnol não faz com que a vítima desmaie. Desse modo, se uma mulher estiver ingerindo bebida alcoólica em uma festa, pode nem mesmo perceber quando a droga começa a fazer efeito, tampouco parecer diferente para seus amigos ou para o rapaz que planeja "fazer sexo" com ela.

O Processo Cultural que Vitima os Meninos

De um ponto de vista possivelmente controverso, não acho que as meninas ou as mulheres são as únicas vítimas. Também vejo os meninos e os homens como vítimas. Embora esteja claro que Lucas não tenha sentido empatia, muito menos simpatia, por Jenifer, é importante estudar sua falta de sentimentos num contexto cultural mais amplo.

Lucas nunca aprendeu a ver as meninas e as mulheres como pessoas, e sim como objetos sexuais. Ele foi iludido ao ser impedido de ter a possibilidade de experienciar integralmente sua própria sexualidade. Pense nisso. Se um menino acredita que uma relação sexual com uma menina incapacitada possa ser considerada saudável ou satisfatória, então ele desenvolveu uma visão distorcida, não apenas de sua parceira sexual como também de si mesmo, o que mais tarde poderá levá-lo a ter problemas de sexualidade e intimidade.

É preciso prestar muita atenção à socialização sexual dos meninos em nossa cultura. Isso é demonstrado claramente pelo fato de que, a princípio, Lucas acreditava que aquilo que estava fazendo não era errado. Ou em suas palavras: "Os rapazes fazem sexo com meninas o tempo todo, mesmo quando elas não querem. É assim que acontece". Tragicamente, essa visão mostra que a pessoa com quem se faz sexo é um mero objeto de satisfação, e não uma pessoa com sentimentos e necessidades próprias. Os meninos e os homens que aceitam essa visão não causam um dano terrível apenas às meninas e às mulheres, mas também a si mesmos.

Como você sabe, a situação de Lucas não é um caso isolado. Esse tipo de estupro que ele cometeu ocorre em escolas e campus de faculdade em todos os lugares. Em 1993, houve oito prisões e mais de dezessete casos de estupro e relação sexual ilegal em Lakewood, Califórnia, (Smolowe, 1993). Muitos meninos "populares" no ensino médio eram membros do Spur Posse, um bando de rapazes que marcavam pontos por todas as meninas com as quais "faziam sexo", independentemente de elas quererem ou não. Quando sete das meninas estupradas decidiram prestar queixas, o pai de um dos acusados afirmou: "Meu menino não fez nada que qualquer outro menino americano normal de sua idade não faria". (Às vezes, o Bando ainda dita as regras na vida dos adultos.)

A Contextualização do Dilema Sexual dos Meninos

Onde esse pai errou? Onde os pais de Lucas erraram? Que papel direto ou indireto tem a cultura nisso tudo? As respostas a essas perguntas são complicadas. Os pais também são socializados pela mesma cultura que mostra cenas extravagantes de sexo na TV, como se essa fosse a única atividade que valesse a pena ser feita. Além disso, os pais juram secretamente obedecer às Regras do Bando por medo (veja o Capítulo 1). Esses dois fatores provavelmente são as principais razões para o hipersexualismo se tornar tão comum entre os jovens meninos. Em seguida, acrescente o fato bastante conhecido de que os indivíduos mudam seus comportamentos quando estão em grupo. Um menino pode não cometer sozinho o mesmo crime que cometeria se fizesse parte de um grupo. Quando os meninos interiorizam as Regras do Bando em suas mentes, a combinação com os "aumentos" de hormônio na juventude pode trazer conseqüências tragicamente dolorosas, como o estupro.

Desvendar as causas que levam ao estupro e encontrar a razão para a falta de empatia de Lucas por Jenifer exigem que observemos com atenção os diversos fatores sociais e individuais. Certamente Hebe e Miguel o criaram da mesma maneira como muitos meninos são criados hoje nos Estados Unidos: Liga Infantil, aulas de percussão, férias em família, muita TV e *video game* e assim por diante. No entanto, nem todos os meninos praticam estupro. Muitos meninos, contudo, têm uma visão distorcida do comportamento sexual e do que constitui a permissão.

Outro modo de identificar o que deu errado exige que consideremos o que estava faltando na vida de Lucas. Dois fatores sobressaem. Um é a afirmação de Lucas sobre a necessidade de fazer sexo: "Porque todos os outros rapazes estavam fazendo". Eu me pergunto se o resultado seria diferente se Lucas fosse capaz de falar com alguém sobre seus sentimentos sexuais. Em outras palavras, o que aconteceria se Lucas pudesse falar com o pai (ou outro homem adulto) sobre a pressão que estava sentindo para ser sexualmente ativo? E o que aconteceria se o pai o ouvisse e fosse capaz de lhe dar bons conselhos? Talvez Lucas tivesse aprendido outras maneiras de lidar com seus sentimentos sexuais, apesar das Regras do Bando.

O outro fator que sobressai é como Lucas via as meninas. Jenifer simplesmente não era uma pessoa para ele. Ela era um objeto sexual. O que aconteceria se os pais tivessem sido capazes de falar com ele sobre como as meninas gostam de conhecer os meninos com quem saem, antes de fazer sexo? O que aconteceria se eles tivessem ajudado Lucas a desconstruir as inúmeras mensagens culturais da mídia que mostram as meninas como objetos sexuais (isto é, questionar a realidade ou a validade disso)? Talvez Lucas pudesse ter uma chance maior de ver Jenifer como uma pessoa completa e com sentimentos próprios.

O dilema sexual dos meninos é: Como eles podem ser fiéis a seus sentimentos e pensamentos verdadeiros sem se tornarem sexualmente dominantes e ainda assim serem vistos como meninos ou homens "de verdade" por seus colegas? Quando você considera o modo como os meninos normalmente são socializados em nossa cultura, não é difícil entender por que as restrições à maioria das formas de expressão emocional e a permissão culturalmente implícita para ser sexualmente agressivo interagem para produzir, na pior das hipóteses, comportamentos sexuais criminosos e, na melhor das hipóteses, um assédio insensível. A menos que os meninos aprendam outras maneiras, por que eles pensariam, sentiriam ou agiriam de modo diferente?

As Necessidades Psicológicas dos Meninos e das Meninas

Acredito que muitos dilemas sexuais e sociais dos meninos tenham origem na suposição incorreta de que suas necessidades psicológicas são diferentes das necessidades das meninas. Na realidade, o contrário é verdadeiro: as necessidades psicológicas dos meninos e das meninas são semelhantes. Obviamente é verdade que eles não têm os mesmos hormônios, massa muscular ou estrutura óssea. Muitas vezes eles não recebem a mesma educação e oportunidade atlética. Entretanto, acredito que eles realmente tenham as mesmas *necessidades psicológicas básicas*.

Essas necessidades incluem, mas não estão limitadas a: necessidade de ter segurança; pensar e agir por si mesmos; expressar pensamentos e sentimentos, quando necessário; amar e serem amados; dominar a raiva; orgulhar-se de quem eles são; ser responsáveis por seus atos; confiar e ser confiáveis; necessidade de... a lista poderia continuar indefinidamente. As necessidades psicológicas dos meninos e dos homens simplesmente são as mesmas que as meninas e as mulheres apresentam.

Os meninos também têm as mesmas emoções das meninas. Como não poderiam ter? No entanto, há séculos criamos e tratamos os meninos como se não tivessem. Outra maneira de pensar sobre isso é perguntar-se o seguinte: "Se os meninos não choram (ou não têm permissão para fazê-lo), o que podem fazer?" Lembro-me de uma vez, por volta de 1970, em que fui babá de um menino de seis anos chamado Ricardo, que adorava colares. Obviamente, isso não era visto com bons olhos pelo pai (que tinha apenas a melhor das intenções e não queria que o filho fosse rejeitado pelas outras crianças). Um dia, quando usei um colar de contas, Ricardo falou algo que nunca vou esquecer. Com toda a sabedoria de seus seis anos, tocou meu colar e disse: "deve ser bom poder gostar do que você quer gostar". Eu tinha apenas doze anos naquela época, mas entendi o que ele quis dizer. Entendo ainda mais agora que tenho "óculos dos sexos" para permitir que eu veja como os estereótipos e padrões sexuais nos restringem. Ricardo precisava ter seus pensamentos e sentimentos refletidos de volta para si mesmo. Ele precisava que alguém enxergasse dentro dele e refletisse *quem ele realmente era.*

Espelhando o Eu Verdadeiro dos Meninos

Espelhamento refere-se ao processo de refletir os pensamentos, os sentimentos e os comportamentos de uma pessoa de volta para si mesma. Como você pode imaginar, essa é uma forma muito importante de socialização. O termo tem origem nas pesquisas sobre vínculos de Mary Ainsworth (1973; 1978) e de John Bowlby (1969). No dia-a-dia, espelhamento é aquilo que os pais fazem com seus bebês. "Ah, como você está feliz", espelham os pais enquanto o bebê baba com um sorriso de orelha a orelha. "Sim, eu sei que você está bravo, mas me bater não está certo" ou "Marcelo foi malvado com você; aposto que você ficou magoado" são exemplos de espelhamento com crianças maiores. Há inúmeras oportunidades para espelhar – ou não – os mundos interiores e emocionais das crianças.

Por Que o Espelhamento é tão Importante

Se os mundos interiores das crianças não forem espelhados ou refletidos de maneira precisa, ou seja, nelas mesmas, elas terão mais dificuldade para pensar os próprios pensamentos ou sentir as próprias emoções. Suas identidades verdadeiras podem tornar-se distorcidas, especialmente quando os adultos, com freqüência, mandam que elas pensem ou sintam de um modo diferente daquele que estão pensando ou sentindo.

Em sua forma mais simples, o espelhamento é um modo de ensinar os meninos sobre si mesmos. Ele ajuda os meninos a formar sua identidade. (Lembre-se de que a identidade é uma das principais razões para a importância das emoções.) Na complexidade da vida psicológica, o espelhamento também é uma peça fundamental para a construção da empatia. Os meninos devem ser capazes de identificar os próprios pensamentos e sentimentos antes que possam ter empatia. Tudo começa olhando no "espelho" dos pais ou das pessoas que cuidam deles. Entre dois e quatro anos de idade, é particularmente importante ensinar os meninos sobre seus sentimentos e os sentimentos dos outros. Infelizmente, essa também é a idade em que os meninos pequenos em geral aprendem a "ser meninos crescidos" (isto é, ignorar seus sentimentos de medo ou dor). Quando você pensa sobre isso, é quase como um treinamento militar sem o consentimento daqueles que estão sendo militarizados.

Muitas das necessidades psicológicas interiores dos meninos nunca são espelhadas de volta. Considere o exemplo de Lucas. Ele foi amado, alimentado e vestido e jogava na Liga Infantil. Entretanto, algumas de suas necessidades psicológicas não foram espelhadas. (Se tivessem sido, ele teria mais empatia com relação a Jenifer.) A pior parte é o que os meninos fazem com os sentimentos quando eles não são espelhados de maneira precisa: *os meninos aprendem a fazer seus sentimentos "desaparecerem". No entanto, eles não desaparecem realmente; são liberados de forma alternativa como comportamentos prejudiciais.*

O espelhamento inclui refletir, além das emoções, os pensamentos e os comportamentos. Quando Ricardo disse que deve ser bom quando se pode "gostar daquilo que você gosta", um comentário de espelhamento que refletiria seu mundo interior de volta para ele seria: "Você realmente repara em coisas bonitas... como os colares". Um comentário que espelharia seus sentimentos poderia ser: "Você realmente quer ter coisas bonitas". Em vez disso, o que Ricardo teve do pai foi: "Não seja tolo... colares são para meninas... Você não pode gostar deles!".

Simplificando, o ato de espelhar significa que uma pessoa foi realmente vista e ouvida. Esse ato simples parece ser um fundamento emocional para que o funcionamento psicológico saudável, a identidade e a capacidade de relacionar-se com os outros, sejam desenvolvidos.

O Temperamento dos Meninos

Como foi explicado no Capítulo 1, o ambiente transforma as crianças e estas transformam seu ambiente, e esse processo transacional continua durante o desenvolvimento delas e por toda a vida. O temperamento é discutido neste livro pelo papel interativo que representa no desenvolvimento como um todo e particularmente no desenvolvimento emocional.

O temperamento pode ser considerado a tendência ou inclinação a certas manifestações de sentimento ou comportamento; ele determina grande parte de nossa personalidade. Alguns meninos são naturalmente mais expansivos do que outros ("extrovertidos") e alguns são mais tranquilos e contidos ("introvertidos"). Características de personalidade relacionadas ao temperamento incluem ser agradável, aberto a novas experiências, emocional/sensível e preocupado. Há outras características de personalidade, no entanto, essas são conhecidas pelos estudiosos da personalidade como as "cinco principais".

Por Que o Temperamento é tão Importante e o que Fazer com Ele

Para os pais e outros adultos, é importante conhecer temperamentos diferentes, pois os temperamentos dos meninos exigem respostas diferentes por parte dos adultos ao seu redor. Ou seja, temperamentos diferentes exigem formas de espelhamentos e práticas de socialização diferentes. Por exemplo: alguns meninos choram com muita, muita facilidade. Seus pais tendem a reagir de modo diferente dos pais de meninos que ficam quietos e calmos quando se machucam. O mesmo vale para meninos tímidos. O menino de sete anos que quer esquiar em uma montanha, depois de seu primeiro dia de lições, receberá respostas diferentes das respostas dos pais de um menino da mesma idade que quer ficar encolhido, "grudado como cola", entre as pernas de seu pai, enquanto descem pela rampa de principiantes. A verdadeira questão é como os sentimentos de cada menino são espelhados de volta para ele.

Alguns meninos têm muita facilidade para falar sobre seus sentimentos, enquanto outros, na mesma situação agem como se fossem arrancar um dente. Faz sentido que as reações dos adultos variem de acordo com a facilidade dos meninos em identificar e expressar suas emoções. Entretanto, como biologia *não* é destino, não importa qual seja o temperamento do menino, ele pode aprender a "abrir-se", de modo que possa sentir e expressar suas emoções de maneira saudável, quando for preciso.

O temperamento dos meninos está relacionado com o espelhamento e as Regras do Bando. Como? Se um menino tem um temperamento que não leva prontamente à expressão emocional, torna-se fácil demais para os pais e outros adultos concluírem que ele não *tem* sentimentos ou que seus sentimentos não são importantes. Por outro lado, um menino capaz de expressar suas emoções intensamente pode promover a resposta "ignore isso para endurecê-lo" por parte de seus pais e outros adultos.

Independentemente do temperamento individual dos meninos, é fato que, por serem humanos, eles têm sentimentos que precisam ser honrados e espelhados. Assim, o desafio é encontrar meios de honrar o temperamento de um menino, respeitar seus sentimentos e descobrir como ele pode aprender a expressá-los de maneira saudável... tudo em face das Regras do Bando.

Forças Sociais que Determinam as Emoções dos Meninos

Os relacionamentos e as situações sociais são elementos importantes para determinar o desenvolvimento emocional dos meninos. E o custo de fugir dos rígidos padrões masculinos (isto é, das Regras do Bando) nos relacionamentos e nas situações sociais também parece ser um elemento importante para determinar o desenvolvimento dos meninos. Expressar as emoções é parte fundamental de qualquer relacionamento, não importa se estamos falando sobre relacionamentos com outros meninos, meninas, pais, irmãos, colegas de equipe, professores, colegas de trabalho... absolutamente qualquer tipo. Isso deve ser bastante evidente. No entanto, a importância de expressar as emoções, muitas vezes sucumbe ao peso de outras questões, especialmente para os meninos. Por exemplo: muitas vezes considera-se que o menino que tem problemas em "lidar com os outros" simplesmente está com problemas comportamentais. As pessoas raramente param para se perguntar se ele pode estar chateado com algo em casa ou na escola.

Da mesma maneira, de um modo mais positivo, o menino popular, que se relaciona bem com adultos e colegas, é considerado apenas um "bom menino". Raras vezes se pensa nele como alguém emocionalmente saudável ou capaz de identificar e controlar seus sentimentos em situações sociais. Esse menino obviamente identifica e controla suas emoções melhor do que outros. No entanto, o aspecto emocional de seu desenvolvimento social é totalmente ofuscado.

Experiências Socioemocionais

As sugestões sociais, ou seja, as respostas dos outros, podem ajudar os meninos a aprender expressões emocionais saudáveis ou a esconder seus sentimentos. Com base nessas sugestões, os meninos desenvolvem habilidades sociais, ou seja, conjuntos de comportamentos que nos ajudam a saber o que fazer ou dizer e o que não fazer ou dizer em certas situações sociais. Os meninos sempre estão recebendo sugestões sociais específicas sobre seu comportamento. O que muitas vezes falta, entretanto, é a informação sobre a importância de expressar as emoções nas interações sociais.

Desse modo, não é surpresa o fato de que as habilidades socioemocionais de alguns meninos estejam deficientes. Por exemplo: um menino que esperneia recebe muitas sugestões sociais negativas em relação às suas emoções. Ele é ignorado, isolado socialmente, insultado e/ou mandam que pare de espernear. Enquanto ele (ou os pais) não descobrir o que está por trás dessa atitude (medo, tristeza, raiva?), provavelmente não vai parar, ou vai fazê-lo sem que suas necessidades emocionais sejam consideradas. Ensinar um menino que esperneia a expressar seus sentimentos diretamente, para que esse comportamento não se expanda, na verdade é fácil, além de trazer resultados positivos. Isso exige uma intervenção que lhe mostre como combinar seu raciocínio e suas emoções para ser mais claro sobre suas necessidades. Ensinar essa habilidade socioemocional exige o apoio de um pai, professor ou conselheiro.

Muitas vezes, quando os sentimentos intensos dos meninos não são manifestados diretamente ou não são ouvidos, eles são liberados de forma alternativa, por meio de comportamentos como espernear. "Emoções alternativas" (veja o Capítulo 4) normalmente resultam em comportamentos que não cativam ninguém. Elas também não ajudam os meninos a satisfazer suas necessidades emocionais. Espernear é um tipo de emoção alternativa, mas há outros: agressão, ostentação e provocação, apenas para citar alguns. Freqüentemente é possível traçar a origem de todos esses comportamentos até uma emoção subjacente. Além disso, todos esses comportamentos podem determinar as relações sociais que, por sua vez, determinam o desenvolvimento emocional dos meninos.

Agressão. Essa é uma emoção alternativa que causa problemas sociais para os meninos, na escola ou no esporte. O menino de dez anos que fica frustrado com uma jogada ruim volta ao banco e chuta todas as garrafas de água. Sua raiva (medo?) está sendo manifestada de forma alternativa. O controle da raiva é uma habilidade social que pode ser ensinada. Esse menino precisa aprender a controlar melhor suas emoções. Se seus companheiros de equipe o rejeitam em resposta à sua explosão de raiva, essa reação pode ajudá-lo a controlar seu comportamento e suas emoções, se ele estiver sendo "treinado" por um adulto. Outro resultado poderia ser que, se todos simplesmente ignorassem suas explosões de raiva e ninguém lhe ensinasse o que fazer, ele não aprenderia a controlar sua raiva.

Ostentação. O menino que se gaba com freqüência de seus triunfos no beisebol ou no basquete provavelmente também recebe respostas negativas de seus companheiros de equipe ou de seus colegas. Se ele estiver prestando atenção, ou se um adulto lhe explicar isso, ele vai "se tocar" e parar. Isso exige as habilidades socioemocionais de compreensão daquilo que os outros meninos estão sentindo e do que ele mesmo está sentindo. Toda interação interpessoal está carregada com algum tipo de energia emocional. Essas energias precisam ser reconhecidas e compreendidas como forças poderosas que são. Essa é outra razão importante para treinar os meninos sobre o que fazer com as emoções, em vez de ignorá-las.

Provocação. Uma explicação comum para um comportamento provocador é a expressão da necessidade de atenção, poder ou vingança ou o fato de que isso reflete sentimentos de inferioridade. Acredito que o menino que provoca, na verdade não é diferente de ninguém. Ele quer se sentir melhor, mas procura satisfazer e expressar suas necessidades emocionais machucando os outros. Muitas escolas dos Estados Unidos desenvolveram programas de prevenção à provocação (Olweus, Limber e Mihalic 1999), em parte pelas recentes tragédias em escolas, que foram associadas a provocações. Embora os esforços de intervenção escolar sejam importantes, não haverá mudanças de fato se os pais e os adultos não responderem diretamente às necessidades e às emoções dos meninos (em vez de responder a expressões "alternativas", como a provocação). Primeiramente devemos apoiar os meninos a expressar seus sentimentos e necessidades para que possamos responder a estes.

Também é muito importante reconhecer os efeitos do comportamento provocativo. As vítimas da provocação também devem ser capazes de expressar seus sentimentos para os outros, de modo que essas experiências não se agravem ou sejam interiorizadas (isto é, "talvez eu realmente *seja* um perdedor"). Uma das razões inerentes pelas quais a provocação "funciona" é o fato de que quanto mais jovens formos, maior será a probabilidade de acreditarmos naquilo que os outros falam sobre nós. Embora falar sobre uma experiência negativa, como ser provocado, seja senso comum, para os meninos isso envolve transgredir as Regras do Bando (*se você não se sente à vontade, disfarce seus verdadeiros sentimentos*). A intervenção nas vítimas de provocação é a mesma da intervenção nos provocadores: os meninos devem ser capazes de expressar seus sentimentos e necessidades diretamente aos pais ou outros adultos de confiança.

Esportes e Competição

Relacionamentos de equipe e/ou de esportes competitivos representam uma grande parte do processo de socialização dos meninos. Independentemente de eles praticarem esportes ou não, isso ainda os afeta, pois a identificação com um atleta ou equipe é uma das Regras do Bando. Meninos que praticam esportes, ou aqueles que não o fazem, são avaliados pelos mesmos padrões. Alguns são bem avaliados e outros não – conheça a Regra do Bando do *vencer a todo custo*.

Acho que a frase "vença ou perca" deveria ser "vença *e* perca". A competição pode desenvolver o caráter, mas também pode ter um lado sombrio. Isso se deve em parte a essa dicotomia "vencer/perder". Quando os esportes ou as provas de atletismo são associados apenas à competição com um oponente, o único resultado possível é ser um vencedor ou um perdedor. Se você pensar bem, essa é uma forma insuportável de viver: estar no topo *ou* no fundo do poço. Esse tipo de raciocínio "isso/ou aquilo" não deixa espaço para que se possa ser igual a qualquer um. Acredito que na verdade tanto os vencedores como os perdedores são desumanizados. Um por ser sobre-humano (super-herói) e o outro por ser menos que um ser humano.

Se a essência da identidade de uma pessoa está ligada ao ato de vencer, isso exigirá defesas psicológicas formidáveis, talvez agressão e hipervigilância constantes, para defendê-la do medo de perder. Esse foco constante na vitória cobra seu preço do desenvolvimento emocional. Vencer a todo custo, todas as vezes, certamente não deixa muito espaço para a empatia.

Felizmente, a experiência da competição também é positiva. Os esportes em equipe são bons exercícios para muitas emoções: frustração, raiva, alegria, orgulho, vergonha, determinação e assim por diante. Na prática de esportes há inúmeras oportunidades para a expressão e o controle emocionais. Qualquer pessoa que já tenha jogado tênis, golfe ou basquete tem consciência de que essas oportunidades surgem repetidamente durante um jogo ou partida. (Um amigo descreveu certa vez o golfe como um jogo que faz com que você tenha vontade de se atirar na frente de um trem depois de uma tacada ruim ou pular de alegria depois de uma boa.) De fato, quando os meninos utilizam a competição para construir uma identidade com base no esforço, na perseverança e em sempre fazer o melhor – independentemente do resultado – a competição, por meio do esporte, pode se tornar um exercício maravilhoso para o desenvolvimento emocional sadio.

Amizade

A capacidade de ter intimidade está na essência da maioria das grandes amizades e dos relacionamentos duradouros. A intimidade envolve muitas experiências e habilidades diferentes. Uma delas é a capacidade de confiar. Outra é a capacidade de ter empatia por si mesmo e pelos outros. Muitos meninos, no entanto, são socializados porque constroem suas amizades fazendo algo junto com outros. (Maccoby, 1990). Isso não se aplica necessariamente aos aspectos mais "interiores" de uma amizade, como conversas íntimas. De fato, muitos meninos constroem amizades nos esportes, nos *video games*, em mais esportes e em mais *video games*. Lembro-me de ter visto duas meninas de sete anos que assistiam um vídeo. Elas estavam jogadas no sofá, uma repousando a cabeça no ombro da outra. Como isso seria incomum para meninos da mesma idade! As razões sociais e biológicas para essas diferenças continuam a ser discutidas. Aqui gostaria apenas de sugerir que os meninos, assim como as meninas, também precisam ser capazes de construir amizades com base na intimidade, na confiança e na empatia. Por que não o fariam?

Quando os meninos têm um amigo em quem podem confiar e com quem podem conversar, essa amizade normalmente serve como um pára-choque para a saúde mental. Ela fornece um campo neutro em que podem relaxar quando outros acontecimentos da vida estejam provocando dificuldades emocionais. Quando atendo crianças e adolescentes em minhas consultas, invariavelmente aqueles com mais dificuldades são os que não têm grandes amigos. Entretanto, encontrar um amigo não é uma tarefa fácil e manter uma relação requer muito tempo, atenção e habilidades socioemocionais.

Talvez o mais relevante para que os meninos expressem suas emoções seja a necessidade de ter alguém a quem possam "contar tudo". Quando os meninos não sabem com quem podem falar sobre suas emoções íntimas ou "assuntos importantes", muitas coisas podem acontecer. Um resultado possível seria manter as emoções trancadas dentro deles, as quais sairiam de maneira alternativa por meio de comportamentos negativos (espernear, provocar etc.) ou, possivelmente, de sintomas de saúde física.

Outro resultado possível seria a escolha inadequada de pessoas para conversar de maneira segura. Eles podem escolher alguém que não seja confiável para respeitar o seu eu interior. As conseqüências de escolher alguém em quem não se pode confiar podem ser devastadoras, especialmente se um menino transgride as Regras do Bando para falar com alguém. Uma experiência ruim, depois de compartilhar sua vulnerabilidade, pode tornar as Regras do Bando ainda mais atraentes.

Desse modo, os meninos precisam praticar as habilidades básicas da amizade. Se não praticarem essas conversas íntimas com alguém em quem possam confiar, eles vão se abrir com pessoas pouco confiáveis ou aprender a silenciar suas emoções. Se um menino tem amizades "apenas de atividades" que seguem rigidamente as Regras do Bando, isso não será o mesmo que uma amizade íntima. Parece que um menino precisa ser treinado para ter e manter um "melhor amigo". A experiência de ter um melhor amigo na infância é essencialmente uma prática de habilidades para relacionamentos posteriores na vida: falar, ouvir, criar vínculos, apoiar, confortar, perdoar... e todas as emoções associadas a elas, desde o medo até o amor.

Comportamentos Fora do Padrão

Qualquer discussão sobre as práticas de socialização dos meninos e seus relacionamentos deve considerar os comportamentos "fora do padrão". Isso se refere a qualquer comportamento que difere dos padrões tradicionalmente prescritos para os sexos. Comportamentos fora do padrão para os meninos são aquelas ações que não são consideradas estereotipicamente masculinas, ou seja, comportamentos que transgridem as Regras do Bando.

A punição para os meninos que fogem dos estereótipos e padrões masculinos ocorre cedo demais na vida, é severa e dura demais para eles (Lynch e Kilmartin, 1999). O mesmo não vale para as meninas. Uma menina no ensino médio pode participar de esportes como softball e corrida e receber menos punições por estar fora dos padrões do que um menino no ensino médio que estude balé e faça aulas de jazz ou que adore poesia.

As denominações fracote/maricas e o medo de ser chamado de menina são estorvos para o desenvolvimento da identidade masculina dos meninos. Considero que o medo de punições por comportamentos fora do padrão seja o que cause mais danos às capacidades dos meninos de expressar suas emoções. Em algum momento da vida, todos serão rejeitados ou zombados por serem diferentes. No entanto, a vergonha e a punição que os meninos sofrem por comportamentos fora do padrão provavelmente contribuirão de maneira significativa para o motivo de suas emoções "desaparecerem" e para o modo como eles o fazem. Eles se furtam às próprias emoções por medo de serem punidos.

Conclusão

As emoções freqüentemente são vistas apenas como os sentimentos negativos da raiva, da tristeza e do medo. Em nossa cultura, "não seja tão emotivo" é uma afirmação pejorativa. Isso nos mostra que as emoções positivas da alegria e do orgulho também não são muito valorizadas. Se você é um menino, ter e expressar freqüentemente emoções positivas ou negativas constitui um estigma – um motivo de vergonha. Mesmo assim, as emoções continuam sendo parte do ser humano. E os meninos também são pessoas. A capacidade de sentir alegria e tristeza, orgulho e medo está relacionada com a possibilidade de sermos humanos integralmente. Acredito que a permissão para ter e expressar emoções seja um direito inato de todos, inclusive dos meninos.

À medida que você refletir sobre a socialização dos meninos e a punição que recebem por fugir dos padrões masculinos definidos de maneira rígida, como as Regras do Bando, será importante observar constantemente o que falta no processo de socialização deles e em seguida lhes fornecer isso. Se os meninos não aprendem a ser integralmente humanos em seus lares, escolas ou vizinhanças, onde vão aprendê-lo?

Depois de apontar os efeitos negativos das Regras do Bando, julgo que seja importante esclarecer alguns pontos. Não estou dizendo que os meninos não devam desfrutar de seu bando de amigos ou que, às vezes, certas Regras do Bando não sejam úteis. Algumas experiências de vida exigem uma máscara, uma atitude de "vencer a todo custo" e muita força. No entanto, estou alertando que o desenvolvimento emocional dos meninos estará comprometido se as Regras do Bando forem as *únicas*. Eles precisam, pelo menos, de algumas regras alternativas.

CAPÍTULO 3

Desenvolvendo os Meninos e Suas Emoções

As emoções dos meninos ficam ameaçadas em algum momento entre o nascimento e a adolescência. Nosso objetivo é evitar que essas emoções sejam extintas.

Marcos era o tipo de menino de quem todo mundo gostava. Embora tivesse dificuldades com a leitura no ensino fundamental, era bem-sucedido no futebol e naturalmente divertido. Você não conseguia olhar para ele e não sorrir. Quando Marcos entrou no ensino médio, seu jeito cativante logo desapareceu. Ele trocou o futebol pelo skate e deixou o cabelo mais comprido do que seus pais gostariam. Depois de tirar a carteira de motorista, freqüentemente era visto dirigindo pela cidade em alta velocidade, com os dizeres **Sem Medo** desenhados no pára-brisa do carro novo. O logotipo parecia adequado à imagem que ele estava projetando. Ironicamente, ao mesmo tempo em que dirigia proclamando coragem, seu pai sofria na fase terminal de uma doença.

Este capítulo discute o desenvolvimento emocional dos meninos ao concentrar-se em questões reais, como: "O que os meninos sentem?"

e "Como podemos ajudá-los a se desenvolver de forma saudável?" O logotipo Sem Medo que enfeitava o pára-brisa do Marcos (e as camisetas de muitos outros rapazes) sugere que os meninos não sentem medo. Ver esse logotipo em carros e roupas parece natural para eles, mas, se uma menina vestisse uma camisa com os dizeres Sem Medo, isso não pareceria natural. Por que não? Uma explicação pode ser o fato de que nossa cultura permite que as meninas tenham medo, enquanto nega a mesma permissão aos meninos. O logotipo Sem Medo se encaixa no estereótipo "natural" da masculinidade, mas está longe da natureza humana. Enquanto uma pessoa estiver viva, ela ocasionalmente sentirá medo.

Acredito que o logotipo Sem Medo seja um símbolo para a socialização contemporânea dos meninos. Além disso, é um oximoro psicológico que resume de maneira concisa o dilema no desenvolvimento emocional dos meninos: eles não têm permissão para sentir medo, mas ao mesmo tempo precisam sentir seu medo... ou qualquer outra emoção, para que permaneçam psicologicamente sadios e vivos.

O Papel do Temperamento no Desenvolvimento Emocional

O temperamento, apresentado no capítulo anterior, também pode ser descrito como um estilo ou predisposição para padrões gerais de resposta e reação emocional, mudanças de humor ou sensibilidade a determinados estímulos (Dworetzky, 1996). Como as emoções, o temperamento envolve componentes tanto fisiológicos como psicológicos. A maioria dos estudiosos e pesquisadores reconhece que existe uma forte predisposição genética para certos temperamentos. Alguns acreditam que 50% do temperamento seja determinado geneticamente (Carey, 1999). De fato, há algumas evidências de que certas crianças herdam uma tendência fisiológica a experienciar estados específicos de medo (Robinson, Kagan, Reznick e Corley, 1992).

Tipos de Temperamento

Uma função importante do temperamento é o modo como ele regula o desenvolvimento emocional. Um exemplo disso envolve os níveis de reatividade das crianças. Aquelas que apresentam o que

Werner (1993) chama de temperamento "fácil" parecem ter menos reatividade do sistema nervoso simpático (aumento da pressão sangüínea, batimentos cardíacos mais rápidos) a acontecimentos ameaçadores. Elas também demonstram menos sinais comportamentais de aflição. Do ponto de vista científico, isso sugere que esse tipo de temperamento modera ou inibe de alguma maneira a reação fisiológica do sistema límbico. Do ponto de vista psicológico, um menino com esse tipo de temperamento pode não experienciar ou demonstrar sinais de aflição, quando se assusta, do mesmo modo que um menino "sensível". Ele também tem uma probabilidade menor de tornar-se um adulto com ansiedade ou distúrbios de fobia, especialmente em comparação com um menino com temperamento tímido ou ansioso.

O temperamento das crianças foi estudado por várias décadas. Thomas, Chess e Birch (1970) são pioneiros na pesquisa do temperamento e examinaram sua estabilidade ao longo do tempo. Jerome Kagan (1978) é um psicólogo infantil que pesquisou o temperamento contínuo "ousado-tímido" (Kagan, Reznick e Gibbons, 1989; Kagan e Snidman, 1991). Recentemente, pesquisadores escreveram livros sobre o temperamento das crianças para leitores leigos (Carey, 1999; Greenspan e Salmon, 1996; Neville, Johnson e Cameron, 1997). Não apresento informações sobre temperamento, para que você possa mudar o temperamento dos meninos. Na verdade, acredito que seja importante para os pais e outros adultos estarem cientes das diferenças temperamentais, pois essa consciência pode ser uma ferramenta útil para lidar com os diferentes estilos utilizados pelos meninos para interagir com seu mundo. Finalmente, os pais também vão querer ajudar os filhos a entender o próprio temperamento e a lidar com ele.

Resultados desse estudo pioneiro de Thomas, Chess e Birch (1970) classificam as crianças em três categorias amplas (Criança Fácil, Criança que Demora-para-Esquentar e Crianças Difíceis) e avaliam cinco qualidades temperamentais, que incluem: *ritmo* (padrões para comer e dormir), padrões de *aproximação/reclusão* (facilidade de separar-se dos pais, tentar novas atividades), *adaptabilidade* (a mudanças no ambiente), *intensidade das reações* (a experiências pequenas ou grandes) e *qualidade do humor* (extensão do sentimento: triste quando acontece algo desagradável, feliz com acontecimentos alegres).

William Carey (1999) conduziu pesquisas mais recentes sobre o temperamento e reconheceu aspectos adicionais, como nível de atividade, distração, reação inicial, duração da persistência e da atenção, regularidade e sensibilidade. Consistente com outras estimativas, ele também concluiu que aproximadamente 50% do temperamento é determinado geneticamente. Embora categorias anteriores de temperamento, como "fácil" e "difícil", ainda possam ser empregadas em pesquisas, houve uma tendência na cultura popular a utilizar frases como "a criança espirituosa" e "a criança obstinada". A expressão "criança desafiadora" foi até mesmo categorizada em cinco tipos diferentes (Greenspan e Salmon, 1996). Você provavelmente conhece crianças que se encaixam bem nessas categorias.

Os pesquisadores e os estudiosos normalmente consideram que as habilidades emocionais, como controle do afeto (a capacidade de controlar emoções) e acessibilidade emocional, fazem parte do temperamento. De fato, as emoções estão relacionadas intimamente ao temperamento em muitos níveis. O temperamento de um menino pode definir o quanto ele expressa suas emoções, enquanto as reações de seus pais a essa expressividade emocional vão, por sua vez, determiná-la.

Agora vamos ver como essas teorias se aplicam ao pequeno Raul, que tem temperamento "fácil". Nada parece perturbá-lo. Ele não se agitava muito quando bebê, suas respostas ao ambiente eram tranqüilas no começo da infância, a qualidade de seu humor era positiva e se adaptou bem a mudanças (inclusive viajar para acampar à noite, aos dez anos, sem uma lágrima sequer). Os pais de Raul observaram essa natureza tranqüila e concluíram que os aspectos emocionais de sua vida não exigiam muito apoio. Essa é uma resposta comum dos pais a crianças tranqüilas. Parece que tudo está bem, então não há necessidade de tocar na questão das emoções (ou "problemas", como são eufemisticamente chamadas). Essa atitude é resumida pelo ditado popular: por que consertar algo que não está quebrado? Entretanto, é exatamente nesse ponto que o bebê (emoções dos meninos) muitas vezes é jogado fora junto com a água do banho.

Relacionando as Emoções ao Temperamento

Quando os pais supõem que nada perturbe o filho, muitas vezes ignoram as emoções negativas *e* positivas do menino. Como resultado, ele não "pratica" muito sua reflexão ou conversa sobre si mesmo ou sobre as emoções de qualquer outra pessoa. Ele não aprende habilidades de inteligência emocional importantes, como analisar e perceber as emoções de si mesmo e dos outros. Desse modo, mesmo quando um menino tem temperamento fácil, caso suas emoções não sejam espelhadas de volta, haverá uma probabilidade menor de que desenvolva a capacidade para reconhecer, expressar e responder às emoções de maneira saudável. Isso se aplica a *todos* os meninos, independentemente do temperamento. Meninos com temperamento "difícil" (agressivo, impulsivo) e que "demoram-para-esquentar" (ansioso ou tímido) apenas têm chance maior de chamar a atenção dos pais. Como os pais respondem aos diferentes temperamentos dos meninos e suas emoções, depende de fatores como conhecimento do temperamento deles e o quanto estão conscientes e/ou influenciados pelas Regras do Bando.

Talvez o mais interessante sobre a relação entre as emoções e o temperamento dos meninos seja o fato de que, ao final da adolescência, a expressão emocional da maioria deles parece ser igual. Tanto os meninos extrovertidos como os tímidos seguem as mesmas regras de manifestação. A expressão direta das emoções normalmente se limita à calma, à agressão ou a um tapa amigo nas costas. Triunfos atléticos fornecem uma das únicas arenas em que os meninos podem expressar desinibidamente sua alegria e afeição. Esse conjunto limitado de expressões emocionais pode ser evitado se encorajarmos os meninos a conversar sobre seus sentimentos quando estiverem aprendendo a falar e continuarmos encorajando-os a fazer o mesmo durante a adolescência. (Veja o Capítulo 4.)

À medida que você ler este capítulo, será importante lembrar que, independentemente das qualidades temperamentais diferentes dos meninos (duração da atenção, níveis da atividade, sensibilidade, humores etc.), todos eles precisam de habilidades de inteligência emocional. O "aspecto" dessas habilidades emocionais vai depender da idade e do temperamento do menino. Acho que você vai se surpreender ao ler na próxima seção como reagem as crianças pequenas – desde o nascimento – quando conseguem sentir suas emoções.

Linha do Tempo do Desenvolvimento

As seções a seguir descrevem o desenvolvimento e a socialização das emoções dos meninos em cinco faixas etárias diferentes. São apresentadas várias habilidades emocionais, porém o ponto central está na habilidade de expressar emoções, pois é parte essencial para determinar um desenvolvimento emocional saudável para os meninos no decorrer da vida. *Você se animará a ler sobre todas as faixas etárias, para obterr uma perspectiva completa de onde os meninos estiveram, onde estão agora e para onde estão indo.*

Do Nascimento aos Três Anos

O período entre o nascimento e os três anos de idade é muito importante, pois muitos acontecimentos ocorrem nesse intervalo. Houve uma época em que as pessoas, principalmente os psicólogos e os pediatras, acreditavam que os bebês não sentiam nada além de fome e animação. Apesar das dificuldades em medir as emoções nos bebês (Izard, 1982), os psicólogos avançaram muito desde a época em que pensavam que os bebês e as crianças não podiam sentir emoções. Contemporâneos pesquisadores do desenvolvimento concluíram que diversas emoções comuns são desenvolvidas antes dos três anos.

Emoções (e Comportamentos Observados) de Zero a Três Anos

As emoções e os comportamentos relacionados de zero a três anos incluem: *Recém-nascido*: **Raiva** (chora e se debate); **Medo** (resposta a sustos); **Nojo** (caretas ou movimentos da língua ao provar algo amargo); **Felicidade** (sorriso); **Satisfação** (deixa de ficar inquieto) * *Três meses*: **Alegria** (em resposta a expressões de felicidade dos outros); **Aflição** (em resposta a expressões de tristeza ou raiva dos outros; pode ser um precursor da empatia) * *Dois meses e meio a seis meses*: **Tristeza** (expressões faciais); **Surpresa** (expressões faciais); **Medo** (expressões faciais) * *Oito a dez meses*: **Ansiedade social** (observa as pessoas que cuidam dele para ver se essa emoção é correta; pode ser um precursor do controle emocional); **Medo de estranhos** (chora e se recusa a conversar com pessoas novas ou olhar para elas) * *Um a dois anos*: **Exaltação** (gritos de alegria); **Determinação** (mau humor); **Embaraço** (o olhar se volta para outra direção, queixo encostado no peito, pode corar); **Vergonha** (o olhar se volta para outra direção, queixo encostado no peito, pode corar); **Culpa** (o olhar se volta para outra direção, queixo encostado no peito, pode corar); **Orgulho** (sorri ou aplaude após uma realização); **Raiva** (mais mau humor!) * *Três anos*: **Empatia** (responde e "sente" a tristeza, mágoa, alegria etc. dos outros); **Controle emocional** (disfarça alguns sentimentos com base em regras culturais de manifestação. Por exemplo: meninos *não* podem chorar quando se machucam porque aprendem que "meninos crescidos não choram"). (Fontes: Dworetzky, 1996; Greenspan, 1985; Izard, 1982; Shaffer, 1999)

Parece que os bebês e as crianças de colo não apenas *têm* sentimentos, como a capacidade de reconhecer ou perceber emoções em outros e controlar as próprias emoções, como também *compreender* as emoções dos outros. Essa é uma das principais premissas da "teoria das emoções discretas" na psicologia do desenvolvimento, que afirma que as emoções e as habilidades emocionais básicas estão presentes e são funcionais no nascimento ou logo após. Se isso for verdade, a importância da resposta dos pais e das pessoas que cuidam das crianças em relação às emoções destas começa *logo no princípio da vida*.

Como os Meninos São Socializados do Nascimento aos Três Anos

Os meninos com menos de três anos provavelmente recebem mais cuidados nessa época do que em qualquer outra da vida. É quando são embalados, acalentados e espelhados. Eles são beijados, acariciados e protegidos. Também é a época da vida de um menino em que ele busca esse tipo de afeto sem sentir medo ou vergonha. Não é surpresa o fato de que os meninos são mais propensos a *ser* carinhosos nessa fase do desenvolvimento. Pense nisso. Bebês, crianças de colo e meninos na pré-escola freqüentemente são vistos abraçando os pais e outros adultos e dando beijos (muitas vezes molhados) sem cerimônias. Gritar "eu te amo" para a mãe ou o pai não é incomum para meninos mais jovens. Também é comum que admitam sentir medo ou chorem espontaneamente quando estão tristes.

Demonstrar afeto e chorar são formas de expressão emocional. Nossa cultura é mais tolerante com a expressão emocional dos meninos nessa idade do que quando são mais velhos. Ou talvez seja mais correto dizer que nossa cultura se sente mais *à vontade* porque o medo de que "os meninos não sejam masculinos" quando demonstram seus sentimentos ainda não se consolidou. Isso não quer dizer que as Regras do Bando não influenciem as reações dos pais e de outras pessoas que cuidam dos meninos, quando eles estão em idade tenra. De fato, os estudos do Bebê X (discutidos no capítulo anterior) demonstraram como o sexo do bebê provoca estereotipagens sexuais desde o *nascimento*.

Lidando com o Temperamento dos Meninos do Nascimento aos Três Anos

Mesmo nessa idade tenra, qualidades temperamentais diferentes podem ser observadas. Muitas dessas características influenciam a expressão emocional de um menino e, conseqüentemente, como os outros respondem a ele. Por exemplo, o bebê que é "sensível" levará os pais ou as pessoas que cuidam dele a tratarem de seu bem-estar ou terem a resposta do tipo "endureça-o". Alguns adultos permitem que bebês e crianças de colo do sexo masculino chorem como modo de prepará-los para a pré-escola, "a vida real" ou a masculinidade, enquanto outros fornecem bem-estar ao bebê, o que lhe proporciona a sensação necessária de segurança. Muitos pais temem que, se prestarem muita atenção à sensibilidade do filho, ele será um "maricas" pelo resto da vida.

Importância do vínculo. Ironicamente, o oposto parece ser verdadeiro: reconfortar um menino sensível legitima seus sentimentos; faz com que ele não os reforce. Esse é um conceito difícil – e um conjunto de comportamentos que os pais de meninos sensíveis têm dificuldade em aceitar. Não importa o que os adultos façam, muitas características de temperamento permanecem essencialmente inalteradas. Dessa maneira, tentar endurecer um menino sensível não vai "curá-lo" de sua sensibilidade. A resposta mais terapêutica e saudável para um menino sensível de qualquer idade é a resposta contracultural: *dar atenção à sua tristeza, reconfortá-lo* e ensiná-lo a lidar com seus sentimentos intensos.

De fato, os resultados dos estudos de Ainsworth, Blehar, Waters e Wall (1978) sobre o vínculo longitudinal indicam que, ao serem reconfortados quando estão chorando, em vez de ignorados durante o primeiro ano de vida, os bebês choram menos – não mais – ao final desse período. Eles também parecem ser mais seguros, independentes e ter uma relação mais harmoniosa com as pessoas que cuidam deles. Outros estudos registraram os mesmos resultados (Sroufe, 1983). Essa pesquisa clássica sobre o vínculo ajudou a alterar a crença anterior de que deixar os bebês chorarem ajudava a ensiná-los como se reconfortar sozinhos. De fato, reconfortar os bebês quando necessário faz parte do importante processo de espelhamento, enquanto a abordagem do endurecimento parece promover (entre muitos outros efeitos) o desaparecimento das emoções dos meninos. E, quando as emoções desaparecem tão cedo, é preciso muito esforço para encontrá-las outra vez.

O que fazer. Escolhi a sensibilidade como exemplo inicial de temperamento porque é uma característica que muitas vezes preocupa os pais de meninos... em face das Regras do Bando. A sensibilidade pode levar a um comportamento de aproximação-reclusão em meninos que "demoram-para-esquentar" e "difíceis"; enquanto as emoções de crianças "fáceis" são ignoradas com mais facilidade (nessa e em qualquer outra idade) pela ausência de comportamentos intensos que chamem a atenção para os sentimentos. É fácil perceber que as qualidades temperamentais de meninos "difíceis" e que "demoram-para-esquentar" estão relacionadas com sua expressão emocional. Comportamentos intensos, como inquietação e choro, timidez, agressividade e outros comportamentos oposicionistas, são sinais claros, ao passo que meninos que não demonstram o que estão sentindo por meio do comportamento têm probabilidade menor de chamar a atenção das pessoas que cuidam deles.

Há duas abordagens principais quando se considera como responder às diferentes qualidades temperamentais dos meninos no estágio de zero a três anos:

- ★ **Confie em sua intuição e não nas Regras do Bando.** A maioria dos pais diz que, quando seu bebê, criança de colo ou da pré-escola, do sexo masculino, está chorando porque se machucou, querem reconfortá-lo (*sim, vá em frente!*). Entretanto, quando o filho está de mau humor, eles não querem reconfortá-lo (*certo, ele precisa de um tempo para acalmar-se, seguido pela imposição de limites*).

- ★ **Primeiramente acomode as qualidades temperamentais da criança,** *depois* **procure "conduzi-la" no sentido oposto.** Esse é um processo tedioso e exige muito tempo, tanto dos pais como da criança. Algumas pessoas podem dizer que leva uma vida inteira. Pense em um adulto tímido que você conheça. Ele pode ser um orador bem-sucedido porque "se conduziu" nessa direção. Esse tipo de condução exige muita energia, pois esse adulto tem como base uma personalidade tímida. Em termos de desenvolvimento, ele possivelmente teve um temperamento "demora-para-esquentar". Como criança de colo ou na pré-escola, meninos como ele inicialmente tendem a retrair-se quando enfrentam situações novas, com um humor e reações emocionais ligeiramente negativos. Os pais de um menino com esse tipo de temperamento podem expô-lo, de modo tranqüilo, a situações e pessoas com quem ele se retraia em vez de intensificar esse retraimento. Do mesmo modo, a criança "difícil" (impulsiva ou desatenta) precisará ser acalmada, ter um humor mais positivo e reações menos intensas. Conduzir o temperamento dos meninos no sentido oposto exige muito treinamento.

Como os Pais Podem Melhorar o Desenvolvimento Emocional dos Meninos do Nascimento aos Três Anos

Espelhamento. Uma das intervenções mais importantes para ajudar no desenvolvimento adequado das emoções dos meninos nessa idade é o "espelhamento". Apresentado no Capítulo 2, o espelhamento é um tipo de interação referente aos comportamentos específicos de um pai para refletir o que uma criança está sentindo, pensando ou fazendo. Ele pode ser feito com ou sem palavras. Quando um bebê está alegre e sorri e o pai sorri de volta com a mesma alegria, isso é espelhamento. Quando a criança está triste e a pessoa que cuida dela reflete uma expressão facial igualmente triste, isso também é espelhamento. Dizer frases como: "Você está tão feliz" ou "Você parece estar triste" são espelhamentos com palavras. Os pais utilizam naturalmente as expressões faciais para espelhar os bebês. Conforme as crianças crescem, esse processo é complementado e eventualmente substituído por palavras.

Os pais podem espelhar, ao mesmo tempo em que estabelecem limites para os filhos. Por exemplo: se uma criança de colo está brava e atira um objeto, os pais podem espelhar e estabelecer limites ao dizer: "Você pode ficar bravo, mas jogar coisas não está certo". O próximo passo, ao ensiná-lo como controlar a raiva, é explicar o que ele pode fazer quando está bravo: "Você pode me dizer que está bravo com palavras" ou "Você pode ir para o quarto, acalmar-se, e depois voltar para me contar com palavras". De ambos os modos, os meninos aprendem a utilizar palavras em vez de agressão física. No entanto, para fazê-lo, primeiramente precisam saber o nome das emoções e compreender como se sentem ao experienciá-las.

Dar nomes às emoções. Um menino nunca é jovem demais (ou velho demais) para ouvir os nomes dos sentimentos. Quanto mais cedo esse vocabulário for desenvolvido, melhor. Pode ser tão simples quanto dizer o nome de um sentimento quando um menino o experiencia (isso também é espelhamento). Ou, na falta da expressão emocional, é possível que os pais tenham de sugerir as emoções que o filho está sentindo. Por exemplo: se Gabriel vê seu quebra-cabeça favorito se desmontar quando sua terrível prima o joga lentamente (e de maneira intencional) para fora da mesa, é normal que se sinta bravo. Se Gabriel não disser ou fizer nada, os pais dele poderão falar: "Ah, Gabriel, sinto muito que seu quebra-cabeça tenha sido arruinado pela Lívia... Eu ficaria muito triste ou bravo se isso acontecesse comigo. Como você se sente?". Mesmo que Gabriel diga: "Eu não sei", você começou a importante prática das habilidades emocionais ao exemplificar as emoções apropriadas e nomeá-las.

Exemplificar. A exemplificação das emoções é outra maneira de nomeá-las. Isso envolve dar nomes às emoções por meio de nossos comportamentos e palavras. A exemplificação pode (e deve) ocorrer muito cedo para os meninos, desde o nascimento até a adolescência. Essa maneira de dar nomes às emoções pode ser o modo mais simples e profundo de encorajar o desenvolvimento emocional dos meninos. Por quê? Porque faz duas coisas ao mesmo tempo: (1) ajuda a desenvolver a habilidade de competência emocional de identificação das emoções, pois permite que os meninos observem outras pessoas com a mesma atitude; (2) normaliza as emoções para os meninos. Por exemplo: os pais podem compartilhar histórias de quando se sentiram da mesma maneira. Se Gabriel ouvir a voz do pai sussurrando em sua mente: "Não há problema em ficar bravo... Lembro-me de quando meu primo quebrou meus blocos de Lego e fiquei muito bravo", ele terá permissão não apenas para sentir como também para falar sobre seus sentimentos.

Como os Adultos Podem Influenciar as Comunidades em Relação ao Desenvolvimento dos Meninos do Nascimento aos Três Anos

Acredito que as famílias tenham a possibilidade de influenciar suas comunidades em relação ao desenvolvimento emocional dos meninos nessa idade. Na verdade, em qualquer idade. Como muitas das normas da masculinidade são construídas e mantidas em grande parte pelos homens, uma boa parcela da influência adulta na comunidade deve vir dos homens, que podem determinar a importância – e a aceitação – do desenvolvimento emocional dos meninos. Emoções e comportamentos afins não ocorrem do nada. De fato, a expressão emocional dos meninos e dos homens exige muita atenção e respostas em casa, na escola e em outros locais públicos.

O papel único dos homens. Imagine o seguinte: um encontro da vizinhança com aproximadamente quinze famílias reunidas para ouvir um palestrante. No meio da palestra, Mateus vai até o meio da sala, em frente do palestrante. Ele se estica no chão e começa a brincar com alguns bonecos. Isso parece estar bom para todos. De repente, Mateus começa a chorar. Sem hesitar, o pai de Mateus se aproxima, coloca-o no colo e começa a dar tapinhas de leve em suas costas. Ele sussurra no ouvido de Mateus algumas palavras que o acalmam. Depois de alguns segundos, Mateus pára de chorar e pede para ser colocado de volta no chão. Então ele retorna ao mesmo lugar e continua a brincar alegremente.

O que Mateus precisava (e conseguiu) é conhecido como "recarregamento" no estudo do vínculo. Uma criança de colo, em geral com doze a dezoito meses de idade, percebe repentinamente que está sozinha. Ela fica aterrorizada e precisa tocar uma base segura (pai ou pessoa que cuide dela) para obter seus "suprimentos" psicológicos. Nesse caso, foi seu pai quem forneceu os suprimentos. Três décadas atrás nos Estados Unidos (e ainda hoje em muitas culturas), as mães eram as únicas que forneciam esses suprimentos psicológicos.

As demonstrações públicas de cuidado emocional por parte de pais como o de Mateus ajudam a mudar a norma em relação ao papel dos pais na promoção de um desenvolvimento emocional saudável para os meninos. Programas que promovam o papel zeloso dos pais têm maior chance de encorajar a tolerância e a aceitação das emoções dos meninos. De fato, programas de prevenção e estudos de várias culturas mostraram que as comunidades e os países são menos violentos quando os pais se envolvem regularmente nos cuidados aos filhos.

Os pais podem apoiar o desenvolvimento emocional dos bebês e das crianças de colo. Sua influência determina a maneira como uma comunidade responde aos meninos. E, quando as normas mudam, os indivíduos percebem. Se houver uma mudança que vise à valorização das emoções dos meninos na comunidade, provavelmente os indivíduos farão o mesmo. A principal questão é que as emoções dos meninos precisam do mesmo espelhamento e respostas facilitadoras que as emoções das meninas recebem durante a infância e os primeiros anos de vida. Tanto os indivíduos como a comunidade podem ajudar a estabelecer essa norma.

Dos Quatro aos Sete Anos

No que diz respeito ao desenvolvimento, essa é a idade em que as crianças estão no topo do mundo. Stanley Greenspan (1993) refere-se a esse estágio do crescimento da criança como: "O mundo é minha ostra!". Eles sobreviveram ilesos aos primeiros anos de vida (um feito considerável), acabaram de descobrir a independência (entrada para a pré-escola e espaço para brincar sem os pais por perto), têm colegas que os apresentam ao grande mundo e (ainda) não precisam se preocupar com espinhas ou roupas de grife. Embora as regras de status social se apliquem a essa idade, todas as crianças têm uma chance equivalente de ser Rei ou Rainha do *Playground*.

A teoria cognitiva de Piaget (1952) situa as crianças dessa idade no estágio posterior de raciocínio pré-operacional, também conhecido como estágio intuitivo. Isso significa que as crianças se baseiam no que sentem, e não na lógica. Por exemplo: se virem água sendo jogada de um copo alto e estreito para um prato raso e largo, acreditarão que há "menos" água no prato porque nele *parece ter* menos água. Além disso, durante esse estágio do desenvolvimento cognitivo, as crianças ainda têm ilhas de "pensamento mágico" que flutuam em suas mentes... O pequeno Roberto sabe que pesadelos assustadores não são reais, mas fecha a porta do armário, deixa a luz do corredor acesa e espalha um *spray* repelente-de-pesadelos antes de dormir – *apenas por garantia*.

O que essas informações sobre a cognição têm a ver com o desenvolvimento emocional? Em primeiro lugar, sempre é importante considerar o desenvolvimento cognitivo em conjunto com o desenvolvimento emocional (um conceito ressaltado neste livro). Todas as emoções evidentes nos primeiros anos de vida dos meninos ainda estão aqui, mas as relações psicológicas são diferentes. Agora eles podem *pensar* sobre seus sentimentos. Desse modo, é importante que os pais forneçam muitas orientações emocionais durante esse estágio, enquanto mantêm as emoções anteriores sãs e salvas.

Conforme os meninos tomam ciência do que as Regras do Bando determinam quanto à expressão de suas emoções, o que os pais dizem para apoiar ou refutar essas regras agora é percebido e *registrado* de modo diferente. Por exemplo, quando Fábio descobre que não foi convidado para a aguardada festa de aniversário de seis anos do Luciano, fica magoado e caminha abatido pela casa. O modo como os pais respondem a seu comportamento (ele está expressando suas emoções de maneira alternativa ao caminhar abatido de um lado para o outro) ensina-lhe muito sobre como lidar com suas mágoas e sua vulnerabilidade no futuro. Os meninos precisam de orientações emocionais bastantes claras nesse estágio, pois estão observando, aprendendo e lembrando *tudo o* que os pais dizem ou fazem em relação aos sentimentos dos filhos.

Entre o nascimento e os três anos, grande parte do aprendizado ocorre no nível sensório-motor, conforme as conexões neurais se estabelecem no cérebro e experiências pré-verbais podem ser armazenadas somaticamente (no corpo). Por outro lado, entre os quatro e os sete anos, os meninos podem pensar sobre seus sentimentos e lembrar o que aprenderam com eles, utilizando formas distintas de cognição. Nessa idade, quando lhes dizem: "Seja um menino crescido... não chore", concluem que se sentir triste é um comportamento ruim e a tristeza deve ser escondida. Eles ainda não compreendem as regras de manifestação (ou mesmo as Regras do Bando), mas começam a pensar que há algo de errado em sentir o que sentem. Desse modo, aprendem a disfarçar os sentimentos. Muitas vezes, esse é o começo do processo que leva as emoções dos meninos a "desaparecerem".

Embora o mundo possa ser sua ostra, a própria visão imperfeita das crianças em relação ao seu poder pode assustá-las nessa idade. Por exemplo: quando o pequeno Leandro ficou bravo porque as coisas não foram feitas como ele queria, gritou para sua mãe e seu pai: "Eu queria que vocês sofressem um acidente de carro!" e foi para o quarto batendo o pé. Ao chegar no quarto, começou a se sentir extremamente assustado, pois *isso poderia acontecer*. Afinal de contas, ele era o Rei do *Playground* e o mundo era sua ostra.

Essa experiência terrível aconteceu realmente com um menino de dez anos que eu aconselhava. A mãe sofreu um acidente de carro alguns dias depois de o filho gritar exatamente essas palavras para ela. Foi extremamente difícil para essa criança de dez anos entender que não havia causado o acidente com suas emoções intensas. No entanto, sob estresse, as crianças (e os adultos) regridem. Dessa maneira, não foi surpresa o fato de que ele voltou para um nível cognitivo anterior (mais próximo dos seis anos) em seu raciocínio de causa e efeito. Em suma, os pais devem ter em mente o quão poderosas são as emoções dos meninos, especialmente à luz do estilo cognitivo intuitivo dessa idade.

Como os Meninos de Quatro a Sete Anos São Socializados

Dos quatro aos sete anos de idade, os papéis de cada sexo são mais flexíveis e as Regras do Bando têm menos poder do que terão mais tarde. Entretanto, as "sementes emocionais" plantadas na pré-escola e no primeiro ano do ensino fundamental podem se transformar em padrões sexuais de masculinidade rigidamente definidos. Além da família, nessa idade as experiências educacionais, os esportes em equipe e os clubes participam na determinação do grau de expressão emocional. No entanto, há aspectos em comum entre essas influências, que ligam as experiências diferentes à capacidade dos meninos de expressar suas emoções. Um desses aspectos em comum é a presença de meninas no mundo.

O Medo da Feminilidade Começa Cedo

Como as meninas estão relacionadas com o desaparecimento da expressão emocional dos meninos? Isso ocorre por meio de uma relação indireta. As meninas em si não fazem as emoções dos meninos desaparecerem. Na verdade, a questão é o que a cultura dominante diz aos meninos nessa idade *sobre* as meninas: as Regras do Bando afirmam explicitamente que as meninas não são "legais". Desse modo, ser parecido com uma menina é ruim. O que talvez seja ainda pior é que, como um menino *não* é uma menina, se ele agir como uma, não apenas não está sendo legal como está sendo ruim da pior maneira possível. Nesse estágio de desenvolvimento cognitivo e social, as meninas representam símbolos de vulnerabilidade, fraqueza e todas essas "coisas emocionais". Embora os meninos não sejam amigáveis com as meninas nessa idade, há menos problemas em uma menina agir como um menino de modos estereotipicamente masculinos (praticar esportes, brincar no bosque, saber a escalação das equipes esportivas profissionais) do que um menino agir como uma menina de modos estereotipicamente femininos (brincar de casinha/boneca, vestir fantasias, chorar). Esse contraste por si só demonstra quanta aprovação e permissão social as meninas recebem para praticar habilidades de desenvolvimento relacional e emocional em comparação com os meninos.

Nessa idade, a socialização dos meninos parece ser uma extensão dos antigos estereótipos e padrões sexuais mais rígidos vistos por todo lado. As Regras do Bando têm muito a ver com isso. E a cultura dominante ao mesmo tempo arbitra e promove esses valores.

Lidando com o Temperamento dos Meninos de Quatro a Sete Anos

Um menino tímido de seis anos de idade, que vive em um ambiente rural e cujos pais são introvertidos e um pouco taciturnos, pode não se sentir à vontade para falar, especialmente sobre questões particulares, como suas emoções. Desse modo, ele não "pratica" muito a conversação. Logo, outro menino tímido, que praticou um pouco conversas sobre emoções, vai se sentir mais à vontade em ambientes sociais. No entanto, falar sobre suas emoções nunca é a norma para os meninos. Um rapaz tímido pode aprender a falar sobre o placar dos jogos de futebol, mas isso não vale necessariamente para falar com alguém sobre seu medo dos trovões e dos relâmpagos. Falar sobre os sentimentos é uma conversa íntima, que exige confiança, um bom ouvinte e prática.

Prática de expressão emocional. A prática da expressão emocional precisa ocorrer diariamente em todas as idades. Dos quatro aos sete anos, grande parte dessa prática acontece simplesmente pela observação. Se um filho percebe que o pai esconde as emoções, ele aprende a fazer o mesmo. Exemplificar a expressão emocional de modo saudável é um ótimo método de ensino, pois não apenas nomeia os sentimentos dos meninos como também lhes mostra o que fazer com eles. Por exemplo: se um pai diz ao filho: "Estou preocupado porque a mamãe ainda não chegou... mas acho que ela está bem... provavelmente ficou presa do trânsito", essa exemplificação faz três coisas: (1) dá nomes aos sentimentos (em vez de escondê-los); (2) descreve os pensamentos; e (3) apresenta um modelo de habilidade para lidar com a preocupação ou com o medo. Não é por acaso que a exemplificação também estabelece uma relação íntima com outra pessoa. Essas são fórmulas poderosas e simples de ensinar os meninos sobre suas emoções e como lidar com elas.

Comecei essa discussão sobre o temperamento concentrando-me nas qualidades temperamentais ligadas à timidez, pois os pais de meninos tímidos ou sensíveis muitas vezes lidam com a vulnerabilidade dos filhos negando-a em vez de legitimá-la. O livro de Button (1969), *The authentic child*, inclui uma história que não esqueci, mesmo após dezoito anos. Acho que ela me marcou porque mostra, em breve relato, como a maneira mais comum de tranqüilizar as crianças pode ignorar completamente suas necessidades reais!

Nessa história, um menino de cinco anos está preocupado porque sua mãe não chegou em casa no horário. Ele começa a chorar na hora de dormir porque sente falta dela. O pai diz que não há nada com que se preocupar e que a mãe logo estará em casa. Ao ouvir isso, o menino chora ainda mais alto (pois seus sentimentos não foram ouvidos). Embora o pai diga coisas que, para ele, vão tranqüilizar o filho assustado, a verdade é que há algo para temer. Desse modo, o garotinho "fará seus sentimentos desaparecerem" ou continuará a chorar até que o pai legitime seu medo. Para legitimá-lo, ele poderia dizer: "Sim, é assustador que a mamãe não tenha chegado em casa no horário. Fica difícil dormir". Uma vez que o sentimento seja legitimado, *então* devem se seguir as estratégias para lidar com ele.

Os sentimentos devem ser espelhados para legitimar os mundos interiores dos meninos, a sua *autenticidade*. Sem a legitimação emocional de alguém que cuide deles, os meninos não conseguem dar o próximo passo e aprender o que fazer com suas emoções (além de fazê-las desaparecer). Muitas vezes os meninos têm apenas metade de sua experiência legitimada. Eles ouvem palavras tranqüilizadoras, mas não aprendem nada sobre seus sentimentos.

Prestando atenção diariamente aos sentimentos dos meninos. Além de exemplificar e espelhar, a prática da expressão emocional nessa idade necessariamente inclui nomear diretamente as emoções dos meninos e ajudá-los a nomear sozinhos os seus sentimentos. A prática diária ajuda os meninos a se familiarizar e até mesmo a se sentir à vontade com a linguagem das emoções. Por exemplo: um professor percebe que Joel está frustrado com sua letra. Ele segura o lápis de um modo estranho e a letra nunca fica muito boa. Joel não fala sobre nenhum dos problemas pelos quais está passando. Ele provavelmente nem sequer os entende. Apenas reclama constantemente por ter que fazer lições de casa manuscritas e faz o máximo para escapar delas. A prática da expressão emocional nessa situação seria tão simples quanto dizer: "Joel... faz sentido que você se sinta frustrado com sua letra. Eu também me sentiria. Como posso ajudá-lo?". Dependendo do temperamento de cada menino, os pais e os professores vão ter diversas respostas diferentes, desde um "Nada..." até um menino que começa a chorar copiosamente pelo peso de sua frustração. A principal questão aqui é dar nome aos sentimentos. Quando os adultos praticam esse ato de nomear os sentimentos junto com os meninos, acredito que não mais importa como eles responderão. Se uma emoção foi nomeada, esse objetivo foi cumprido.

Nessa idade, os adultos podem fazer muito para determinar as respostas emocionais e os comportamentos dos meninos, *independentemente do temperamento*. Não importa se os meninos são "fáceis", "demoram-para-esquentar" ou "difíceis", todos precisam praticar o ato de nomear e expressar suas emoções. Uma "criança difícil" pode evitar qualquer tipo de intrusão em seu mundo emocional interior. Os pais de crianças "difíceis" muitas vezes pensam em desistir da prática da expressão emocional. O mesmo vale para um menino muito ativo que não fique quieto na sala de aula e muito menos fale sobre seus *sentimentos*. Entretanto, ambos os meninos ainda precisam praticar o ato de nomear as emoções e entender o que sentem quando experienciam essas emoções.

Como os Pais Podem Melhorar o Desenvolvimento Emocional dos Meninos dos Quatro aos Sete Anos

Embora nessa idade as crianças se aventurem fora de casa com mais freqüência, a vida delas ainda se baseia principalmente na família. É muito importante que os pais tenham isso em mente. Eles (ainda) não perderam seus filhos para as Regras do Bando. No entanto, os meninos *estão* tomando consciência do que elas dizem a respeito da expressão emocional. E eles percebem atentamente o que os pais dizem para apoiar ou rejeitar essas regras. É por isso que, nessa idade, recomendo que os pais pratiquem com os filhos, todos os dias, especialmente a identificação dos sentimentos.

Fale sobre sentimentos. Essa prática é como uma vacina contra as Regras do Bando. Ela pode envolver a exemplificação ou a reflexão direta dos sentimentos dos meninos. Nessa idade, uma conversa geral sobre as emoções também é adequada. Sem a orientação dos pais, os meninos (e meninas) podem não entender que seus sentimentos são importantes, pois a cultura dominante ainda desvaloriza e freqüentemente ignora a expressão das emoções, exceto os filmes de terror.

Recentemente testei a capacidade intelectual de um menino de sete anos. Ele tinha um QI superior, mas era incapaz de definir "raiva" em um dos subtestes (a resposta correta seria simplesmente que a raiva é um sentimento ou emoção). Pensei como era estranho que uma criança inteligente não tivesse o conhecimento verbal de uma emoção tão comum. Nunca é demais ressaltar a importância de ensinar aos meninos o nome dos sentimentos. Além das conversas "à moda antiga", são comercializados jogos de tabuleiro e de cartas projetados para ensinar às crianças dessa idade algo sobre emoções e como lidar com elas. Muitos jogos são projetados para toda a família.

Não se esqueça de exemplificar emoções positivas. Os pais e outros familiares sempre devem ter em mente que as emoções positivas *e* negativas são importantes para o desenvolvimento emocional dos meninos. É extremamente importante que os pais legitimem e nomeiem todos os tipos de emoções. Como discutimos em todo este livro, a presença de emoções positivas não apenas é normal e saudável como também serve como um pára-choque para a saúde mental. Portanto, quando os meninos se sentem orgulhosos, empolgados, felizes etc., os pais agiriam corretamente se nomeassem e refletissem essas emoções de volta para seus filhos com a mesma freqüência com que reconhecem e espelham as emoções negativas (que chamam a atenção dos pais com mais freqüência por meio de comportamentos problemáticos).

Depois que os meninos aprenderam o nome dos sentimentos, o que já deve ter ocorrido ao final dessa faixa etária, a maneira mais fácil e eficaz de praticar a expressão emocional com os meninos é simplesmente perguntar: "Como você se sentiu em relação a isso?", seja qual for a experiência ou acontecimento. A prática de fazer perguntas precisas pode começar nessa idade (na verdade antes) e continuar na adolescência. É o equivalente emocional a: "O que você acha?", que também é uma pergunta que legitima bastante em termos de desenvolvimento da identidade.

Como os Adultos Podem Influenciar as Comunidades em Relação aos Meninos dos Quatro aos Sete Anos

Conforme os meninos se afastam da família e se aproximam do campo de futebol, da sala de aula e das atividades da igreja, da mesquita ou do templo, sua comunidade torna-se maior. Cada um desses ambientes ajuda prontamente a mudar ou reforçar as regras sobre a expressão das emoções dos meninos. É importante lembrar que qualquer lugar em que haja um encontro de meninos é controlado, em geral, pelas Regras do Bando, de maneira implícita. Portanto, toda vez que os adultos puderem desafiá-las ou fornecer normas diferentes para a expressão emocional dos meninos na comunidade, isso ajudará a promover um desenvolvimento emocional sadio.

Mudando as normas das Regras do Bando. Os adultos que são líderes ativos da comunidade estão em posições chaves para facilitar a "reformulação das normas" em favor da expressão emocional dos meninos. Isso inclui professores, treinadores, educadores religiosos, líderes da igreja e qualquer um com quem o menino passe algum tempo. Os treinadores desempenham papel singular na vida dos meninos. Eles servem como guardiões da Regra do Bando que fala sobre ser um atleta e vencer. É particularmente importante que os treinadores que utilizem as abordagens do "seja duro" e "ignore a dor" também ensinem os meninos a distinguir entre ser duro no campo e ser sensível em outros ambientes.

Se os treinadores não ajudarem os meninos a aprender como separar o etos competitivo dos esportes de todas as outras interações sociais, então os pais deverão fazê-lo. A menos que os meninos ouçam um adulto que lhes inspire respeito fazer essa distinção, o modo de pensar do "seja duro" vai ultrapassar o meio esportivo e invadir outras áreas. Uma vez aconselhei um jogador de futebol, do ensino médio, que jogava desde os sete anos. Quando ingressou no ensino médio, ele já havia efetivamente desligado todas as suas emoções. Freqüentemente tinha de fazer um corte no braço com uma faca para sentir a dor emocional que estava experienciando. Ele realmente ficou muito duro.

Os adultos que não são treinadores estão menos propensos a forçar *intencionalmente* os meninos a enterrar suas emoções mais sensíveis. Muitos treinadores têm metas específicas em mente (como vencer) quando dizem aos meninos para ignorar a dor ou o medo. Os outros adultos normalmente são tomados pela resistência cultural à expressão emocional dos meninos quando negam os sentimentos vulneráveis destes. Mesmo assim, quando os adultos interagem com meninos de quatro a sete anos de idade, é bom para os meninos que esses adultos reconheçam suas emoções em vez de ignorá-las. A maioria dos treinadores de elite sabe disso. Não apenas eles *enfatizam* o papel das emoções nos esportes como também ensinam os atletas a *fazer uso* delas. Em vez de ignorar a dor e o medo, esses treinadores ensinam os atletas a reconhecer essas emoções e transformá-las para melhorar seu desempenho.

Educação. Outra maneira pela qual as comunidades podem promover o desenvolvimento emocional dos meninos é por meio da educação "afetiva" nas escolas. A educação afetiva refere-se a um programa que ensine "todo" o aluno (inclusive sentimentos, habilidades para lidar com problemas, habilidades de comunicação etc.) em vez de ensinar apenas matérias acadêmicas. Programas de aconselhamento na escola são exemplos comuns de educação afetiva.

Esses esforços podem ajudar a "acabar" com as Regras do Bando e imunizar os meninos contra influências negativas em seu desenvolvimento emocional. Em seu livro popular, *Emotional Intelligence*, Daniel Goleman (1995) lista muitos programas escolares eficazes que foram implementados para cuidar das necessidades emocionais dos alunos em escolas do jardim-de-infância ao ensino médio.

Dos Oito aos Onze Anos

Assim como nas faixas etárias anteriores, as emoções que emergiram antes ainda estão presentes (ou deveriam estar). O que pode ser nova nessa idade é a capacidade de "combinar" emoções. A combinação refere-se à capacidade de misturar um pensamento com uma emoção ou duas emoções diferentes em relação à mesma pessoa, experiência ou objeto. Por exemplo: um menino pode sentir ao mesmo tempo raiva e amor por sua irmã; se estiver ciente dos *dois* sentimentos, ele estará muito menos propenso a bater nela quando ficar bravo. Os pesquisadores notaram a capacidade de combinar sentimentos positivos e negativos pela mesma pessoa durante essa faixa etária que vai dos oito aos onze anos (Harter e Whitesell, 1989), no entanto descobri que algumas crianças com até cinco anos podem aprender a combinar suas emoções.

A combinação é considerada uma habilidade madura e sadia que ajuda a controlar as emoções. Portanto, saber como combinar pensamentos com sentimentos é relevante para a saúde mental. Considere um menino que se sente assustado, mas que sabe como harmonizar um pensamento tranqüilizador com seu medo. Nesse caso, o medo não interfere no processo. Ao contrário da abordagem desumana do "Sem Medo", quando um menino aprende a combinar seus pensamentos e sentimentos, descobre que pode sentir medo e lidar com ele.

De fato, uma maneira eficaz de psicoterapia, que desenvolvi a partir de minha experiência profissional, baseia-se nesse tipo de combinação. Ela é chamada de CEB-T (Cognitive–Emotional–Behavioral Therapy), Terapia Cognitiva-Emocional-Comportamental. Como o nome indica, envolve intervenções em três áreas: pensamento, sentimento e ação. Descobri que crianças e adultos se beneficiam ao identificar e processar as emoções subjacentes relacionadas aos seus pensamentos interiores e seus comportamentos exteriores. Isso é muito útil para resolver problemas e desenvolver habilidades de inteligência emocional. Técnicas com base na CEB-T podem ser adaptadas e utilizadas em casa ou na sala de aula.

Os meninos estão mais bem preparados para combinar seus pensamentos e sentimentos entre os oito e os onze anos de idade, pois "desenvolveram" novas habilidades cognitivas. Eles não precisam mais se basear apenas em seus sentidos ou intuições. Podem observar, deduzir e concluir. Podem ver e compreender que a mesma quantidade de água que está em um copo alto e estreito pode ocupar um prato raso e largo. Dadas essas observações mais precisas da vida a sua volta, os meninos naturalmente começam a procurar pistas sobre o que fazer com suas emoções. Sem informações diferentes dos pais, eles vão se basear nas Regras do Bando.

Como os Meninos de Oito a Onze Anos São Socializados

Depois dos sete anos de idade, os meninos têm um contato mais freqüente com amigos, colegas e outras pessoas fora da família. Provavelmente é uma época de envolvimento contínuo em esportes de equipe. Nesse estágio, os meninos podem preferir equipes apenas de meninos às equipes mistas de anos anteriores. Além disso, podem estar desenvolvendo alguns hobbies sérios (arte, música, coleções) pela primeira vez. Eles estão começando a descobrir quem são e do que gostam ou não. Também é a época em que o Bando pode começar a ditar as regras.

Influência maior das Regras do Bando. Por que o Bando ditaria mais as regras nesse estágio do que nos anteriores? Pode ser em virtude do contato maior com outras pessoas fora da família que seguem essas regras, particularmente outros meninos. Dependendo da atividade e dos hobbies em que os meninos estão envolvidos, assim como os amigos que escolhem, alguns serão mais influenciados pelas Regras do Bando do que outros. Por exemplo: o menino que se identifica rigidamente com estereótipos masculinos vai seguir as Regras do Bando porque essa é a melhor maneira de se tornar um homem "de verdade". Ele evitará classes de balé (mesmo que tenha interesse pela dança) e jogará beisebol, futebol americano, hóquei ou qualquer outro esporte que um homem "de verdade" jogaria (mesmo que não goste deles). Em suma, se estiver procurando aceitação na cultura dominante, seguirá o Bando, de um modo ou de outro, mais do que um menino que descobriu alternativas flexíveis.

Alternativas para as Regras do Bando são necessárias. Não há muitas (nenhuma?) alternativas aceitáveis para as Regras do Bando na cultura dominante. Entretanto, de vez em quando, surge um menino corajoso que descobre outras opções, mesmo quando parece não haver nenhuma disponível.

Eu me lembro de Jeremias, um menino afro-americano de onze anos, que foi transferido para uma nova escola no final do ensino fundamental. Ele era um dos poucos meninos negros por ali. Isso foi difícil para ele em muitos aspectos. O final do ensino fundamental já é difícil o bastante sem que você seja o menino novo ou parte de uma minoria. Ele queria muito ser aceito e gostava bastante de seus professores e colegas e achou que praticar esportes ajudaria. Então

Jeremias decidiu jogar na equipe de futebol americano da comunidade, na sexta série, para ter um ano de experiência e então jogar no time da escola no ano seguinte. Ele pensou que certamente faria amizades e seria respeitado dessa maneira. Afinal de contas, estaria seguindo as Regras do Bando.

Bem, depois de sua primeira partida de futebol americano, Jeremias percebeu que não gostava nem um pouco do jogo. Em suas próprias palavras: "É aterrorizante... e machuca... então desisti". O interessante na decisão de Jeremias é que ele não se envergonhou dela. Não escondeu suas emoções vulneráveis e disse abertamente aos pais e aos avós que não gostava do jogo porque era assustador e machucava. Nesse momento eu soube que Jeremias ficaria bem, ao levar em conta o modo como lidou com a situação. Ele permaneceu fiel ao seu eu verdadeiro e não aderiu às Regras do Bando, quando percebeu que tinha uma escolha e, nessa situação, não era seguro seguir essas regras.

Lidando com os Temperamentos dos Meninos de Oito a Onze Anos

Muito do que foi dito sobre o estágio entre os quatro e os sete anos também se aplica aos meninos entre os oito e os onze anos. Resumidamente, é importante continuar a dar nomes aos sentimentos e perguntar diariamente aos meninos como eles se sentem em relação a tudo, independentemente de seus temperamentos. A principal diferença nesse estágio é como a influência dos colegas pode interagir com o temperamento dos meninos e sua capacidade de expressar emoções. Ou, para ser mais preciso, como a influência das Regras do Bando interagem com o temperamento.

Mais ferramentas para "conduzir-se". A maioria das características temperamentais continua na infância e na adolescência, sejam elas funcionais ou não. No entanto, isso não quer dizer que essas características pessoais não possam ser moderadas de alguma maneira. Quanto mais velho um menino fica, mais habilidades ele tem para compensar ou "conduzir-se" no sentido oposto àquele que seu próprio temperamento o levaria. Já os meninos muito jovens, tímidos ou sensíveis têm menos habilidades cognitivas para ajudá-los a passar pelas situações sociais. O mesmo vale para meninos impulsivos, que demonstram características agressivas ou irritadiças. Quando são mais jovens, seus sentimentos e impulsos biológicos são "maiores e mais fortes" do que suas capacidades cognitivas.

Uma vez trabalhei com um menino que tinha um temperamento "difícil". Quando fez doze anos, descobriu que podia "falar consigo mesmo para acalmar-se" (com palavras) quando estava chateado. Ele aprendera como deixar de bater ou atirar coisas aos nove anos e aos doze já estava explicando aos pais como poderiam se acalmar quando *eles* estivessem chateados!

De modo geral, a presença de novas habilidades cognitivas nessa faixa etária proporciona a possibilidade de conversar consigo mesmo para tranqüilizar o menino tímido e acalmar o menino exaltado ou irritado. Nessa idade, os pais podem e devem trabalhar essas habilidades cognitivas novas e em desenvolvimento contínuo, para ajudar os filhos a controlar suas qualidades temperamentais.

Como os Pais Podem Melhorar o Desenvolvimento Emocional dos Meninos de Oito a Onze Anos

Uma vez que os meninos tenham os fundamentos para dar nomes aos próprios sentimentos, eles precisam aprender a identificar e compreender os sentimentos dos outros. Evidentemente, a prática dessa habilidade pode e deve começar desde cedo. Durante o estágio dos oito aos onze anos, os meninos têm acesso a capacidades cognitivas mais complexas do que em anos anteriores e podem ter mais pensamentos abstratos ao final dessa faixa etária. Isso permite que enxerguem melhor o ponto de vista dos outros.

Tenha em mente que, se os meninos não puderem identificar ou dar nomes aos sentimentos facilmente nessa idade, será preciso praticar mais com essa habilidade emocional básica. (Na verdade, sua prática contínua sempre é recomendada.) De fato, os pais podem começar a ajudar os meninos a compreender a complexidade de suas emoções e ensiná-los a analisar emoções complexas e como responder aos sentimentos dos outros.

Uma ferramenta útil. Uma boa maneira de ensinar os meninos a perceber e analisar as emoções é por meio da técnica que chamo de "processamento a distância". Isso se refere à técnica em que se utiliza uma terceira pessoa para explorar os sentimentos ou reações dos meninos. Pode ser tão simples quanto perguntar como seria a sensação disso ou daquilo se tal ou tal coisa acontecessem. Esse questionamento leva à prática de diversas habilidades de competência emocional ao mesmo tempo. Ele ensina o nome dos sentimentos, a antecipação das emoções, como analisar emoções complexas e como ter empatia pelas outras pessoas.

Uma razão pela qual essa técnica funciona bem com meninos dessa idade é o fato de que transmite segurança ao estabelecer certa distância entre o menino e suas emoções. Por exemplo: se uma mãe perguntasse ao filho como se sente em relação a seu boletim, ele responderia: "Não sei"; se utilizasse essa técnica, a mãe diria: "Como você acha que (nome de um colega) se sentiria com um boletim como este?"

Ele não sabe ou não *sente*? É importante que os pais sejam capazes de distinguir se um menino não *quer* dizer o que sente ou realmente não sabe como se sente. Essa distinção importa porque as respostas dos pais devem ser diferentes em cada caso. Se o menino realmente não sabe, precisa se concentrar na prática da identificação dos sentimentos. Se ele sabe, mas não quer dizer, essa é uma questão particular e ele deseja que seus limites sejam respeitados ou está apenas seguindo as Regras do Bando. Os pais precisam saber qual é o caso. A diferença entre austeridade e privacidade normalmente é determinada pela quantidade de energia na resposta. Em geral, mais *energia* é gasta quando se exige privacidade.

Continue a imunizar os meninos contra as Regras do Bando. Se os pais realizarem diariamente a prática de nomear as emoções e permitir sua expressão nessa idade, os meninos poderão ficar imunes aos efeitos negativos que as Regras do Bando exercem sobre a expressão emocional. Como muitos meninos (e também algumas meninas) se recusariam a participar de um jogo de tabuleiro sobre emoções, a prática de nomear as emoções pode ser tão simples quanto ouvir atentamente quando ele fala sobre algo que aconteceu na escola. Qualquer coisa. E então aproveitar para perguntar: "Como você se sentiu em relação a isso?". Se os pais ouvirem muitos "não sei", então será o momento de trabalhar na identificação das emoções outra vez, talvez utilizando a técnica de "processamento a distância". Depois de um tempo, quando falar sobre sentimentos se tornou uma conversa rotineira em casa, as respostas dos meninos também se tornarão mais naturais.

Como os Adultos Podem Influenciar as Comunidades em Relação aos Meninos de Oito a Onze Anos

Passos pequenos, mas significativos. Há oportunidades diárias para mostrar aos outros adultos exemplos da presença natural da expressão emocional dos meninos. Quando um menino fala sobre seu triunfo na escola ou na quadra de basquete e um adulto responde, diante de outros adultos: "Você parece estar tão orgulhoso", ele concede implicitamente permissão para que os outros adultos façam o mesmo. Aqui está outro exemplo, mas desta vez com a expressão de uma emoção negativa: Juliano saiu com um grupo de meninos e seus pais para ganhar doces na noite de Halloween, o dia das bruxas. Infelizmente, em uma das casas, Juliano era o primeiro da fila quando o *homem sem cabeça* pulou dos arbustos e gritou "Aaaaaaa... Onde está minha cabeça... você *a* pegou?" (com os braços estendidos em direção a Juliano). O pai de Juliano viu a reação natural de medo do filho e disse: "Uau! Isso foi assustador! Você deve ter ficado morto de medo, filho... seu coração está batendo forte?!". Isso quebra as Regras do Bando na frente dos outros meninos e dos pais. Serve como exemplo de uma expressão normal e sadia das emoções.

O poder dos rótulos. Considere como um erro influenciou toda uma comunidade escolar. Havia uma classe muito difícil (que se comportava mal) de quinta série que já havia tido três professores diferentes em um ano letivo. O primeiro professor se aposentou mais cedo, o segundo afastou-se em virtude de uma complicação médica relacionada ao estresse, e o terceiro ficou. No final do ano, o último professor, que havia permanecido, tinha uma classe bem-sucedida e comportada. Como? Descobriu-se que esse professor confundiu o "número dos armários" dos alunos, que ele encontrou na gaveta da mesa, com os resultados dos testes de QI (140, 142, 144 etc.). Esse professor tratou os alunos como se fossem crianças muito inteligentes. Eles responderam ao tratamento respeitoso com bom comportamento e conseqüentemente tiveram um bom aprendizado. Essa história surpreendente expressa o poder que reside no "olho de quem vê". É possível que um único indivíduo determine e altere as expectativas sobre quem são as crianças e do que elas são "feitas". Minha esperança é que outros indivíduos em muitas comunidades possibilitem que isso aconteça com o desenvolvimento emocional dos meninos.

Dos Doze aos Quinze Anos

Como nas faixas etárias anteriores, não há emoções primárias novas (ou seja, continuará a ficar bravo, triste, assustado, feliz), mas, em virtude do desenvolvimento cognitivo contínuo, os meninos agora podem ser capazes de sentir e descrever emoções mais complexas, como indignação, humilhação, exaltação e tranqüilidade. Ao contrário das emoções primárias, estas apresentam um elemento cognitivo mais acentuado. É possível refletir sobre essas emoções; no entanto, muitas vezes percebi que essas emoções mais cognitivas normalmente podiam ser reduzidas a uma única emoção primária. É possível considerar uma emoção cognitiva complexa, como a inveja, e tirar suas camadas para identificar a emoção primária subjacente. Raiva e medo freqüentemente estão na raiz de muitas emoções negativas complexas, enquanto a felicidade está na raiz das positivas.

Nessa idade, com o advento de habilidades de raciocínio abstrato (a capacidade de "pensar sobre o pensamento"), os meninos também têm uma consciência maior de suas emoções e podem controlá-las melhor. As sugestões sociais são particularmente importantes para determinar a expressão emocional dos meninos nessa idade. As Regras do Bando os encorajam a monitorar e negar suas emoções mais afetuosas e restringir a expressão de ternura ou compaixão, bem como de empatia ou afeição.

Além disso, como se afirmou nos Capítulos 1 e 2, quando os meninos começam a ignorar esses sentimentos repetidas vezes, isso não é mais uma questão de disfarçar seus sentimentos em público, mas trata-se de não sentir nada. Esse tipo de dissociação ou separação da experiência e da consciência serve para ajudar os seres humanos a sobreviver a experiências traumáticas. No entanto, quando os meninos não sentem suas emoções no dia-a-dia, isso põe em risco a saúde mental.

Os meninos podem ignorar suas emoções antes dos doze anos e de fato o fazem. Contudo, na metade e no final da adolescência os padrões sexuais tornam-se impiedosamente rígidos. Há ainda *mais* pressão cultural para que uma pessoa seja estereotipicamente masculina e esconda sua dor. Durante a adolescência, as emoções dos meninos ficam ameaçadas. Nosso objetivo é impedir que essas emoções sejam extintas.

Como os Meninos dos Doze aos Quinze Anos São Socializados

Ser um menino nessa idade significa uma adesão irrestrita às Regras do Bando. Qualquer regra que prove que um menino não é um fracote é o tipo de regra que será vista e seguida, e as Regras do Bando oferecem orientações claras sobre como *não* ser um fracote. A agressão, o poder sexual e a vitória exercem uma influência poderosa sobre os meninos dessa idade. Comportamentos cooperativos não são muito valorizados. Por exemplo: muitas escolas nos Estados Unidos, com classes de ensino médio e final do ensino fundamental, oferecem programas de mediação entre alunos para permitir que eles resolvam seus conflitos interpessoais por si mesmos, sem (ou com muito pouca) intervenção de um adulto, utilizando métodos de co-aconselhamento. No entanto, esses programas atraem apenas um número pequeno de alunos. É precisamente durante esse estágio que os meninos vêem as Regras do Bando como a bússola que vai orientá-los nesse caminho da adolescência. Portanto, é exatamente nesse estágio que os pais e outros adultos devem tentar com ainda mais empenho imunizar os meninos contra as Regras do Bando. Eles devem promover com energia formas alternativas, como a mediação entre colegas – ou apenas *falar* sobre o que os chateia – para impedir que os meninos dependam exclusivamente das Regras do Bando para resolver seus relacionamentos e outros problemas sociais.

Sexualidade Como Força Social Dominante

Os principais agentes de socialização, nessa época, continuam sendo a família, os colegas e as atividades. No entanto, nessa idade o interesse sexual e romântico começa a prender a atenção de alguns meninos. As meninas não são mais exatamente nojentas... mas também não são exatamente legais. Por que não? No começo da adolescência, não é correto que os meninos sejam femininos *de maneira alguma*. De acordo com as Regras do Bando, o valor das meninas está exclusivamente em sua sensualidade, de modo que parte do poder em ser "masculino" envolve ter acesso aos conhecimentos e às atividades sexuais.

Os meninos precisam aprender formas alternativas de ver as meninas e se relacionar com elas. A preocupação deles com o tamanho dos seios e "bundas" das meninas nessa idade não é justo nem para eles, nem para as meninas. É possível relacionar-se com as meninas com mais proximidade e de maneira sadia. Entretanto, nessa idade, os meninos precisam de muita orientação sexual. Portanto, certifique-se de lhes perguntar como anda a questão sexual para eles e para seus colegas. (Lembre-se de quanta pressão Lucas sentia por parte de seus colegas para fazer sexo.) Que dúvidas, preocupações ou *sentimentos* os meninos têm? Pergunte a eles.

A princípio, os meninos podem evitar discutir com os pais (ou outros adultos) sobre sexo. Eles farão barulhos rudes e expressões cômicas para se defender de uma conversa tão "íntima". Entretanto, se o adulto estiver disposto a continuar tentando, mais cedo ou mais tarde o menino vai se acalmar e será capaz de discutir parte do que está experienciando. Continue tentando, pois, sem a orientação de um adulto, o Bando vai ditar as regras para essa questão essencial. Lembre-se de que você quer saber o que o menino está sentindo, porém não quer se intrometer. Você estará caminhando no fio da navalha, mas vale a pena fazê-lo.

Relações e Comunicação Interpessoais

De modo geral, parece haver pouca comunicação interpessoal séria entre os meninos nessa idade. Por outro lado, as meninas começam e terminam relacionamentos ao mesmo tempo em que conseguem, de certa maneira, se manter fiéis a sua "BFF" (*best friend, forever* – "melhor amiga para sempre"). Os meninos não têm códigos secretos como esse para expressar o afeto ou vínculo com outros. Em vez disso, parecem satisfazer sua necessidade de intimidade ao "sair por aí" com "a galera". Nos primeiros estágios da infância, e de acordo com estudos empíricos, os relacionamentos de meninos com outros meninos nessa idade ainda se baseiam em *fazer algo* juntos e não em *estar* juntos (Maccoby, 1990).

O estilo indireto de interação e comunicação entre os meninos muitas vezes é utilizado para fazê-los participar da terapia. William Pollack (1998) afirma que muitas vezes o modo como atua no aconselhamento de meninos envolve a participação como em um jogo. Isso estabelece uma atividade entre eles à medida que conversam. Muitos outros terapeutas também começam desse modo, principalmente porque é mais confortável e familiar para os meninos. Outra maneira comum de conversar descontraidamente com eles (como você pode ter descoberto) é ao dirigir. As conversas mais íntimas entre os meninos e outras pessoas, muitas vezes, ocorrem quando estão lado a lado no veículo, enquanto ambos olham para a frente em vez de olhar um para o outro.

Família "*versus*" Colegas?

Não está claro exatamente quanta influência as famílias têm sobre os filhos de um modo geral e em particular no caso dos adolescentes. Ron Taffel (2001) e Judy Harris (1998) afirmam que os colegas influenciam a vida dos adolescentes mais do que os pais. Outros já questionaram essa visão (Borkowski e Ramey, em Impressão). De fato, é verdade que os colegas influenciam as decisões dos adolescentes quanto às roupas que vestem, os eventos sociais aos quais compareçem, se vão fumar ou não e se vão experimentar maconha, mas os pais parecem ter uma influência mais forte em relação às questões mais profundas e duradouras. Os pais de adolescentes também parecem influenciar bastante quanto a um novo corte de cabelo ou um *piercing*, pois é possível traduzi-los como: "*Vocês ainda me conhecem... Vocês ainda vão me amar... não importa a minha aparência?*".

As atividades de que os meninos participam nessa idade tendem a ser aquelas sancionadas pelo Bando. Entretanto, se um menino de catorze anos recebeu imunização suficiente e tem uma visão bastante clara de quem ele é, pode decidir que dançar jazz é importante para ele ou pode decidir que não é correto puxar as alças dos sutiãs das meninas na escola... e *de fato dizer isso* aos meninos que o fazem. Romper com as Regras do Bando nessa idade exige uma visão clara de si mesmo, separada do Bando. Acredito que isso possa ser encorajado quando suas emoções encontram apoio em relacionamentos com colegas, família e outros adultos que cuidem do menino, caso esses relacionamentos espelhem e legitimem suas experiências, desde a infância até a adolescência.

Lidando com o Temperamento dos Meninos de Doze a Quinze Anos

O menino tímido, impulsivo, perfeccionista ou fácil, com uma idade entre doze e quinze anos, pode demonstrar as mesmas características temperamentais básicas de quando era uma criança de colo. No entanto, agora ele tem mais "poder cognitivo" para lidar com suas tendências temperamentais. Portanto, os pais têm mais facilidade para trabalhar com o temperamento dos meninos conforme eles ficam mais velhos. Entre os doze e os quinze anos, as capacidades cognitivas dos meninos estão se aproximando do raciocínio adulto. Nessa idade, a melhor maneira de interagir com as características temperamentais do menino é ser um treinador. Ajude-o a identificar peculiaridades de sua personalidade que precisem de certa prática de "socialização". Também se certifique de que está reforçando seus pontos fortes. Os meninos têm maior probabilidade de ser bem-sucedidos na compreensão e condução de seus temperamentos com o auxílio de um adulto, especialmente no que diz respeito a seus pontos fortes.

Continue espelhando e "conduzindo". Além dos princípios gerais discutidos neste capítulo, as situações a seguir podem surgir nessa idade: *Meninos tímidos* precisam (e querem) aprender a ser mais sociáveis, especialmente em se tratando de encontros. Eles podem começar a demonstrar sintomas secundários de ansiedade em relação a sua timidez. Não sabem o que fazer socialmente ou como lidar com outras pessoas, de modo que precisam de alguém, de preferência um adulto com muito bom senso, para explicar-lhes como lidar com questões sociais. *Meninos impulsivos* precisam aprender a postergar sua gratificação ou lidar com o tédio. *Meninos perfeccionistas* precisam aprender, caso ainda não tenham aprendido, a ser mais flexíveis. A escola e as notas são o lugar perfeito para praticar como não ser perfeito (é impossível que tudo dê certo). De modo geral, o controle, normalmente, da raiva e da frustração é a habilidade emocional que os meninos perfeccionistas precisam dominar.

Ainda pode ser difícil perceber as necessidades emocionais de meninos "fáceis" ou "agressivos". Pode parecer que esses meninos não *tenham* emoções, pois agem como se estivessem bem ou escondem seus sentimentos atrás de estereótipos de padrões sexuais. Os adultos devem ter em mente que as Regras do Bando se tornarão o ponto de referência dos meninos se eles não praticarem a expressão de suas emoções. Isso é verdade, independentemente do temperamento.

Como os Pais Podem Melhorar o Desenvolvimento Emocional dos Meninos dos Doze aos Quinze Anos

No meio da adolescência, os meninos estão envoltos por padrões sexuais muito rígidos. Portanto, um dos maiores desafios para os pais é encontrar uma forma bem-sucedida de conceder aos meninos permissão para que questionem as normas culturais em voga e sigam a "contracultura" (fazer o oposto da cultura dominante). Para os meninos dessa idade, seguir a contracultura envolve principalmente não ser "macho" e austero o tempo todo... ou transgredir algumas Regras do Bando.

Desconstrução da influência da mídia. Assistir a programas de TV e filmes com os meninos é uma ótima maneira de ensiná-los como pensar de modo contracultural. Isso permite que você perceba o que os influencia. Como os seriados de TV, os videoclipes e a maioria das revistas apresentam o mundo dos relacionamentos de maneira distorcida, agressiva e sexualizada, é importante ajudar os meninos a "desconstruir" as mensagens da mídia. Isso envolve provocar e questionar os meninos sobre o que vêem e sobre o que *pensam* em relação àquilo que vêem. Desconstruir a mídia pode ocorrer na forma de um teste de realidade (isto é, "Você acha que os rapazes *realmente* são assim na vida *real*?") ou situando as informações da mídia em um contexto mais amplo (isto é, "Você concorda com a mensagem desse filme ou comercial?").

Na maioria das vezes, as mensagens da mídia são tão sutis e rápidas que impossibilitam essa provocação. Uma vez tentei desconstruir um comercial de TV com um menino de oito anos e outro de doze e, até que tivéssemos terminado, já haviam passado outros quatro comerciais. Essa enxurrada de "informação" é tão implacável que se assemelha a uma lavagem cerebral. A maioria das mensagens da mídia ligadas ao padrão sexual é extremamente estereotipada e muito fiel às Regras do Bando.

O modo como os homens sempre conduzem as reuniões, sentados na cabeceira da mesa, e como salvam constantemente as mulheres do perigo (em geral, das garras de outros homens) são mensagens familiares e não tão sutis que vemos em tudo, desde comerciais de carro até roteiros de filmes e tramas de videoclipes. Descubra o que os meninos pensam e sentem em relação a isso, simplesmente perguntando. Comece a discutir o significado dessas mensagens. Pode não ser fácil, mas vale a pena tentar.

Emoções que desaparecem. Independentemente de todo o trabalho realizado pelos pais com o desenvolvimento emocional dos filhos até esse momento, a expressão emocional dos meninos parece ter desaparecido. Não quero dizer que as emoções dos meninos *realmente* desapareçam nessa idade (desaparecer significa que os meninos não sentem mais emoções). Contudo, entre os doze e os quinze anos, até mesmo os meninos com boas bases emocionais escondem seus sentimentos dos outros, não de si mesmos. No entanto, se os meninos não sentirem mais suas emoções, precisarão de uma atenção mais intensa, talvez até mesmo de psicoterapia.

Como os Adultos Podem Influenciar as Comunidades em Relação aos Meninos de Doze a Quinze Anos

A influência da comunidade é abrangente nessa idade. Música, esporte, colegas, mensagens da mídia e uso da Internet são agentes importantes de socialização. É extremamente importante para os pais monitorar essas forças sociais. Na época da pré-escola, os pais podiam escolher as crianças com quem o filho brincava, os livros que lia e os programas de TV a que assistia. Em muitos aspectos, *isso ainda vale* na metade da adolescência. No entanto, a comunidade e forças sociais maiores o atraem para fora do seio familiar. Como resposta, a influência dos pais também deve crescer em vez de diminuir e, dada a velocidade com que a cultura muda, em virtude da tecnologia, eles devem aprender a ser igualmente rápidos.

A indústria musical. As letras das músicas normalmente tratam de emoções e às vezes questionam as Regras do Bando. A banda U2 ganhou o Grammy com a música "It's a beautiful day", que não é aquela típica canção de rock. O mesmo vale para Hootie and the Blowfish, uma banda composta apenas por rapazes, cujo sucesso no final da década de 1990 tinha o refrão: "I'm such a baby, yeah, the dolphins make me cry..." ("Sou como um bebê, yeah, os golfinhos me fazem chorar..."). Ouvir um vocalista afro-americano cantar isso com sua voz grave e sonora certamente é uma alternativa às Regras do Bando. Esses são apenas dois exemplos de como músicos do sexo masculino podem transgredir as Regras do Bando, fornecer modelos de contracultura para os meninos e ainda assim ganhar uma fortuna como estrelas do rock.

Falar sobre meninos. Outro modo pelo qual os pais e outros adultos podem influenciar as comunidades é falar sobre meninos de maneira *empática*, não competitiva. Isso pode ocorrer em uma simples conversa entre dois adultos. Quando um deles diz ao outro: "Você deve estar orgulhoso dos prêmios acadêmicos de Roberto... como *ele se sente* em relação a isso?" ou "Deve ter sido muito difícil para Luís quando recebeu uma suspensão da escola na semana passada. Como *ele se sentiu* com essa situação?", isso demonstra empatia aos outros pais, ao mesmo tempo em que faz com que se lembrem das emoções dos filhos. Muitas vezes, pequenas sementes como essas, sementes que se opõem às Regras do Bando, podem se enraizar em uma comunidade de amigos.

Dos Dezesseis aos Dezoito Anos

Quando os meninos chegam a essa idade, os pais costumam vê-los como mini-adultos. Em muitos aspectos, eles são. O desenvolvimento de seu córtex frontal (relacionado com raciocínios complexos) está próximo do final. Essa parte do cérebro é importante no desenvolvimento emocional porque, além da integração (ou combinação) contínua dos sentimentos e pensamentos, essas novas habilidades cognitivas permitem que os meninos analisem, deduzam e "raciocinem sobre as diversas" emoções complexas. No final da adolescência, os meninos devem ter as ferramentas necessárias para sentir e expressar suas emoções, combinar, analisar, controlar e sentir empatia. No entanto, como você sabe, há muitas forças sociais que podem melhorar ou comprometer essas ferramentas.

Apesar da presença dessas novas habilidades cognitivas e emocionais, observei que muitos meninos não expressam suas emoções no final da adolescência. Essa falta de expressão emocional pode ocorrer em qualquer idade, mas o padrão geral indica que, no final da adolescência, os meninos tendem a diminuir a expressão de suas emoções. Ainda não está claro se os meninos *simplesmente não estão expressando* suas emoções ou se de fato *não estão conseguindo senti-las*.

Essa distinção entre experienciar e expressar emoções é significativa com relação à saúde emocional. Como foi descrito no Capítulo 1, quando uma pessoa não consegue sentir suas emoções, ela sofre de uma condição conhecida como *alexitimia* (que significa literalmente "sem palavras para os sentimentos"). Isso se refere à incapacidade de sentir emoções. Quando a alexitimia está presente em meninos e homens que não possuem um histórico de traumas cerebrais, ela provavelmente foi causada por forças sociais que comprometeram sua capacidade inata para sentir.

Como os Meninos dos Dezesseis aos Dezoito Anos São Socializados

As Regras do Bando estabelecem algumas regras bastantes claras para essa idade: é hora de "conquistar" as meninas (isto é, fazer muito sexo), dirigir um carro, praticar esportes e ser mais independente. Na maioria das comunidades nos Estados Unidos, é raro que um menino entre os dezesseis e os dezoito anos *não* dirija ou *não* faça sexo com meninas (ou seja obcecado pelas duas atividades). Os meninos que não fazem parte dessa subcultura dominante provavelmente resolveram seguir a contracultura; eles são os meninos que encontraram alternativas para as Regras do Bando e se sentem seguros com suas identidades. Há também os meninos que seguem fielmente as Regras do Bando e que, ainda assim, não se inserem no Bando. Esses meninos podem ser ridicularizados, rejeitados ou rotulados de "gays". Eles costumam ser solitários e infelizes porque, apesar de todo seu esforço, não conseguem fazer parte. Ironicamente, meninos que se identificam e seguem as Regras do Bando, também podem ser solitários e infelizes, mas não precisam lidar com a aflição adicional do desprezo e da rejeição social.

Marcos importantes. A um passo da vida adulta, a maioria dos meninos continua a depender das familiares Regras do Bando para seguir adiante. *Não tenha medo (Sem Medo)* e *seja independente* são dois dos princípios mais importantes, quando se navega pelos mares da vida adulta. No entanto, surge outra regra nova nessa idade: *seja alguém quando você sair por esse mundo afora... Conquiste sua reputação.*

Agora os meninos realmente sentem essa pressão. Embora possam tê-la sentido anteriormente, agora precisam encará-la. Infelizmente, pressões irreais como *ser alguém* ou *conquistar sua reputação* são expectativas que, de qualquer ponto de vista, em geral levam a uma sensação crônica de fracasso e de "falta de êxito". Esse tipo de começo malsucedido na vida adulta pode assombrar um homem, no decorrer de sua vida, como um fantasma, especialmente se não for controlado.

Diante da vida adulta (além de ir para a faculdade, devem alistar-se no exército; podem votar; podem comprar bebidas alcoólicas e entrar em clubes noturnos; podem se casar etc.), muitas vezes é difícil saber se esses meninos estão pensando no que significa ser um adulto ou ao menos sentindo algo a esse respeito. De fato, se os meninos estiveram seguindo as Regras do Bando na sua adolescência, agora devem ter dominado alguma forma de austeridade: suas emoções positivas e negativas foram disfarçadas, atenuadas e caladas. Eles restringem toda expressão de suas emoções, mesmo com aqueles em quem mais confiam.

A exceção típica à expressão emocional restrita nessa idade envolve as namoradas. O papel que as meninas representam na vida dos meninos pode transformar-se em uma força positiva, de ajuda em suas vidas, caso eles descubram os benefícios de trocar confidências e explorar a intimidade. Entretanto, como é raro que um romance adolescente dure além do ensino médio, quando o romance acaba, a relação com uma "melhor amiga" também acaba. Depois do rompimento, os meninos ficam sem ninguém com quem discutir sua vida íntima. Não é surpresa o fato de que nesse período os meninos muitas vezes começam a pedir aconselhamento pela primeira vez. Embora o aconselhamento possa ser muito útil, nessa idade as Regras do Bando sugerem outras atividades para lidar com o fim de um relacionamento. Beber, consumir drogas e outros comportamentos perigosos podem ser mais aceitáveis, por serem considerados "habilidades para lidar com as ansiedades de crescer". Nossa cultura precisa relacionar outra vez a experiência do medo e da coragem, para os meninos, e ensinar a eles outras habilidades para lidar com problemas.

Lidando com os Temperamentos dos Meninos de Dezesseis a Dezoito Anos

Conforme os meninos se aproximam da vida adulta, as qualidades temperamentais que demonstram provavelmente permanecerão com eles por toda a vida. De fato, a palavra empregada para descrever o temperamento depois dos dezoito anos é "personalidade". Isso não quer dizer que um menino "fácil" não tenha dias ruins ou que um adolescente tímido seja um proscrito social. Apenas significa que as tendências temperamentais ainda vistas provavelmente continuarão presentes na vida adulta. As diversas experiências durante o caminho podem levar a resultados comportamentais diferentes, mesmo que o temperamento deles não mude. Por exemplo: tanto o menino tímido, que treinou suas habilidades, sociais, quanto o menino impulsivo, que foi orientado a retardar a gratificação, vão agir de modo diferente de meninos que têm essas qualidades temperamentais, mas não as conduziram no sentido oposto.

Busque emoções e fale sobre elas. Como essa é uma época de transição na vida dos meninos, também é um momento importante para monitorar suas emoções. É normal que os meninos, independentemente de seu temperamento, sintam-se empolgados em dirigir, ir ao baile de formatura, alistar-se nas Forças Armadas... e assustados ou tristes em razão dessas mesmas coisas, em especial se forem rejeitados pela pessoa que os convidou para ir ao baile ou por suas primeiras opções de faculdade. A mesma abordagem descrita para os estágios anteriores provavelmente ainda será a melhor: legitime o estilo temperamental dos meninos e ajude-os a ter como base os próprios pontos fortes, para que se conduzam no sentido oposto. Agora tente conversar sobre os sentimentos deles e dos outros.

As decisões que os meninos tomam nessa idade sobre sua vida provavelmente estarão relacionadas com seu temperamento. Como os pais influenciam nas decisões importantes, o conhecimento sobre como o temperamento deles interage com uma profissão ou com os planos para depois da escola é muito importante. Nesse caso específico, à medida que os meninos começam a tomar decisões sobre profissões e faculdades, os pais podem ajudar os filhos ao *não* forçá-los a seguir determinados empregos/profissões, faculdades ou cursos que não "se encaixam" com o temperamento deles. Como exemplos extremos, o menino tímido provavelmente não se sentiria à vontade em vendas ou como advogado em um tribunal, enquanto o menino impulsivo não seria um bom cirurgião. O melhor que os pais podem fazer agora é ver realisticamente o temperamento do filho e orientá-lo a tomar decisões que sejam condizentes. Dessa maneira, os pais contribuem para o desenvolvimento emocional dos filhos na vida adulta.

Como os Pais Podem Melhorar o Desenvolvimento Emocional dos Meninos dos Dezesseis aos Dezoito Anos

Dadas as mudanças sociais rápidas que acontecem hoje, obviamente esta é uma época em que os meninos precisam falar sobre suas emoções. Ele está dirigindo e pode consumir bebidas alcoólicas. Está com um pé em casa e o outro fora, em direção a sua independência.

Bebida. Os pais devem estar cientes de como as Regras do Bando levam os meninos a pensar que a bebida e, em algumas subculturas, as drogas são realmente boas. Faz parte da mentalidade de que "meninos serão meninos". Ficar "chapado" ou "de porre" é um "rito de passagem" para muitos meninos dessa idade, especialmente durante o primeiro ano de faculdade. Embora o consumo de bebidas e drogas possa começar mais cedo, é nessa idade que nossa cultura sanciona implicitamente o uso excessivo de substâncias químicas.

Embora seja necessário um livro adicional apenas para fazer jus a esse tópico, a mensagem mais importante para os pais é: mesmo que você pense que seu filho não esteja bebendo (ou consumindo drogas), desconfie sempre, pois você pode estar errado. Em minha experiência profissional, descobri que diversas vezes isso era verdade. Os meninos raramente admitem que estão bebendo e, quando admitem, minimizam o fato o máximo possível. É como se soubessem que isso de fato não é bom (e tentam escondê-lo), mas mesmo assim o fazem porque é totalmente aceitável em muitas partes de nossa cultura. Os pais e outros adultos devem estar envolvidos na mudança das Regras do Bando relativas à bebida.

Conversar *ainda* é importante. Os marcos sociais são acompanhados de emoções que precisam ser nomeadas e processadas. Essa não precisa ser uma conversa complicada ou demasiadamente séria. Como sempre, pode ser tão simples quanto perguntar: "Como você se sente?" depois que ele é aprovado (ou reprovado) em seu teste de direção ou entra para a faculdade que queria. Outra maneira rápida e eficaz de promover um desenvolvimento emocional sadio nos meninos dessa idade é apenas "manter as linhas de comunicação desobstruídas". Quando os meninos sabem que podem falar com os pais sobre qualquer assunto, a qualquer hora, isso não é de modo algum trivial. Algo tão simples quanto reservar um pouco de tempo (mesmo que sejam apenas alguns minutos) todo dia para estar com eles, sem nenhuma atividade ou distração programada, é valioso, pois permite que a conversa ocorra com naturalidade.

Dirigir. Um dos maiores perigos que os meninos enfrentam nessa idade são os acidentes de carro. Quanto a isso, os pais e outros adultos ajudariam se tratassem os meninos como tratam as meninas. Dessa maneira, uma boa regra geral é: pergunte a si mesmo se você permitiria que sua *filha* de dezoito anos dirigisse diariamente para a escola, ou tarde da noite, para espetáculos fora da cidade, logo após tirar a carteira de motorista. Talvez proteger mais os meninos possa ajudá-los a aprender que não são máquinas indestrutíveis. No caso da direção, o medo de transgredir as Regras do Bando impede os pais de proteger os filhos.

As mesmas Regras do Bando também impedem que os meninos adotem uma abordagem consciente ao dirigir. Muitos meninos adolescentes (e outras pessoas) morrem porque dirigem perigosamente (rápido demais, muitas pessoas no carro, após consumir bebidas alcoólicas). Os meninos precisam saber que dirigir não está relacionado com ser forte ou legal. Os adultos podem ajudar a mudar a norma aceita em relação a isso para que possamos deixar de enterrar tantos jovens.

Atividade sexual. Embora os meninos possam ser sexualmente ativos antes de atingir essa idade, resolvi discutir a atividade sexual aqui, pois acredito que para os meninos seja mais sadio estarem maduros (isto é, mais velhos) antes de ter intimidade sexual com outra pessoa. Suponho que os pais já tenham falado com o filho sobre sexualidade (masturbação, opção sexual, atividade sexual). Além disso, suponho que os pais tenham discutido como nossa cultura sexualmente saturada promove o hipersexualismo dos meninos (pornografia e erotismo misturados com violência e poder). No entanto, nesse estágio da vida é fundamental discutir como o menino se sente quando faz sexo com outra pessoa (sem deixar de falar, é claro, nas práticas de "sexo seguro"). Na verdade, encorajo os pais a falar com os filhos sobre como estes se sentem em relação a essa experiência íntima e intensa... e todas as conseqüências associadas a ela. Normalmente, os meninos têm apenas a influência das Regras do Bando para orientá-los em meio às muitas perguntas que possam ter em relação a sexo.

Tenho um parente cujo filho de quase dezoito anos queria passar o sábado à noite com a namorada na faculdade do irmão dela. Embora tanto a mãe como o pai tivessem concordado que ele poderia fazer sexo com a namorada em qualquer lugar e a qualquer hora (isto é, ele não precisava ir até uma faculdade próxima para fazê-lo), a resposta do filho tornou-se mais reflexiva quando a mãe perguntou: "Flavio, você *realmente* está pronto para se tornar pai?". (Em discussões anteriores, ela sempre perguntava se ele realmente *queria* ter um filho; havia algo em estar *pronto para ser "pai"* que fez com que dessa vez fosse diferente.) Seus pedidos para passar a noite com a namorada acabaram. Apesar da disponibilidade de métodos anticoncepcionais, uma questão fundamental associada à atividade sexual envolve a paternidade, de modo que os meninos precisam conversar realisticamente sobre esse aspecto da atividade sexual.

Formatura. Com relação a preparar os meninos para seus planos posteriores ao ensino médio, provavelmente a idéia mais importante para se ter em mente é que os meninos precisam de tanto apoio social e emocional quanto as meninas. Entretanto, eles podem não expressar essa necessidade por meio de palavras. Por exemplo, raramente um menino de dezoito anos diria "tenho medo porque vou me formar no ensino médio". Contudo, seus sentimentos podem ser liberados de maneira alternativa, como beber demasiadamente durante o verão, dormir tarde ou jogar bola o tempo todo. Essas distrações podem esconder sentimentos intensos até mesmo dos olhos mais atentos.

Como Adultos Podem Influenciar as Comunidades em Relação aos Meninos de Dezesseis a Dezoito Anos

Quando os meninos estão a um passo da vida adulta, as forças culturais, muitas vezes, criam e reforçam certas características rígidas associadas à masculinidade (*apenas seja independente; apenas seja forte*). Algumas dessas características também são reforçadas para as meninas, porém a diferença fundamental é que elas, quando entram no mundo dos adultos, podem receber mais apoio emocional que os meninos no que diz respeito, por exemplo, aos planos posteriores ao ensino médio e aos cuidados que deverão ter quando dirigirem um carro. Os meninos dessa idade também precisam falar realmente sobre seus sentimentos com relação a tudo isso.

Modelos. As famílias podem ajudar a influenciar as comunidades ao demonstrar mais apoio emocional aos meninos durante essa idade, em vez de reforçar a austeridade freqüentemente associada à masculinidade. A independência é importante, mas a *interdependência* também. Ser forte é importante, mas ter *zelo* também. Os pais podem reforçar ou restabelecer novas normas emocionais sempre que a situação envolver um grupo.

Por exemplo: quando um menino de dezessete anos insulta um menino mais jovem na piscina local, é importante não tolerar isso, em vez de simplesmente olhar para o outro lado utilizando-se da justificativa de que "meninos serão meninos". Dizer algo ao rapaz de dezessete anos como: "Ei! Pare com isso!" ou "Como você se sentiria se eu fizesse isso com você?" é um modo de ensinar empatia. Dever ser dito com firmeza, e não com a intenção de envergonhá-lo. Essa atitude também desafia as Regras do Bando.

Outra maneira de alcançar os mesmos resultados é elogiar os comportamentos zelosos que meninos mais velhos possam demonstrar em locais públicos. Uma vez elogiei um menino de dezessete anos pelo modo como cuidava da irmã pequena em um encontro da comunidade... na frente dos amigos dele. Ele sorriu. Isso pode parecer uma pequena gota, mas é um modo de começar a encher um balde vazio.

Armas de fogo. Meninos no final do ensino fundamental e no ensino médio cometeram nas escolas praticamente todos os crimes com armas de fogo registrados pela mídia. Essa questão está além do escopo deste livro. No entanto, é importante que todos nós pensemos em como podemos educar e reprogramar os meninos com relação ao acesso, à posse e ao uso de armas de fogo e, obviamente, com relação a seus sentimentos quanto ao uso delas.

Álcool e drogas. Como portar e utilizar armas e como consumir álcool e drogas podem começar muito mais cedo. Entretanto, é nessa idade que a cultura dominante e as Regras do Bando permitem abertamente a experimentação e o consumo de álcool e drogas, em especial para os meninos. Professores, administradores, profissionais de saúde, treinadores e vizinhos podem ajudar de muitas maneiras a mudar essas normas. Isso inclui: (1) não encarar o consumo de bebidas e drogas pelos meninos apenas do ponto de vista "meninos serão meninos"; (2) considerar o consumo de álcool e drogas como habilidades ruins para lidar com problemas, na tentativa de fazê-los desaparecer (temporariamente), de facilitar a socialização (temporariamente) e de anestesiar os sentimentos (temporariamente); (3) não olhar para o outro lado quando os meninos beberem ou usarem drogas: diga que isso não é correto e avise os pais; e (4) não permita o consumo de bebidas por menores de idade em casa ou em festas.

Agora que as faculdades e universidades tomaram ciência dos perigos associados à bebida, há uma tendência nos Estados Unidos a desencorajar tradições antigas, como bebedeiras em festas de confraternização ou depois de partidas de futebol. Atualmente, promover eventos sem bebidas alcoólicas em jogos de futebol e outros eventos patrocinados pela faculdade está virando norma. Quando as normas mudam, os meninos vêem alternativas para algumas regras rígidas e estereotipadas de masculinidade. Conforme os meninos aprendem a escolher essas alternativas, é importante não censurá-los por rejeitarem as Regras do Bando. Também é importante se lembrar de ajudá-los a processar sua experiência quando outros os censuram. Na verdade, é importante fazer isso em todas as idades.

CAPÍTULO 4

Meninos e Expressão Emocional

> *Muitas vezes os meninos nos mostram seus sentimentos pelas atitudes e não pelas palavras.*
> – Patti Atkins Noel, *orientadora de ensino fundamental*

Depois que JC, um menino de três anos, assistiu ao filme O Rei Leão, rastejou pela casa durante vários dias, rugindo como um leão. O pai não conseguia fazê-lo parar, pelo menos não antes de perceber, depois de assistirem juntos ao filme pela segunda vez, que JC se assustara com a luta entre Scarr e Mufasa e com a morte deste.

Miguel terminou a segunda série sofrendo diariamente de dores de barriga. Ele era extremamente tímido e sua classe muito barulhenta e imprevisível. Aparentemente ele piorou com toda a agitação típica do final do ano e acabou se sobrecarregando. Sentia-se ansioso e preocupado, mas era incapaz de verbalizar seus sentimentos. Sua barriga fez isso por ele.

Yuri, um menino de dez anos, não conseguiu fazer o gol que levaria à conquista de um torneio. Não demonstrou a ninguém como se sentia mal, mas começou a brigar com sua irmã mais nova durante toda a semana que se seguiu ao jogo.

Em dezembro do penúltimo ano do ensino médio, a namorada de David rompeu com ele, pondo fim ao namoro que havia começado no primeiro ano do ensino médio. Ela era sua única amiga e confidente. Isso foi revelado durante a quinta sessão de terapia familiar, depois da tentativa de suicídio de David.

Cada um desses relatos (verídicos) são exemplos de expressão emocional. A *expressão emocional* se refere aos modos de exteriorizar sentimentos positivos ou negativos. Isso inclui expressões verbais e gestuais, assim como comportamentos que vão desde "pular de alegria" até bater os pés enquanto se sobe a escada e bater a porta. A *restrição emocional* é uma forma particular de expressão emocional, em que se limita ou se refreia essa manifestação. Em caso extremo, as pessoas que restringem sua expressão emocional sempre se apresentam aos outros da mesma maneira, estejam a um passo das lágrimas ou do triunfo. O adjetivo *estóico* resume um tipo de expressão emocional restrita. A própria palavra "estóico" vem de uma escola antiga de filosofia que ensinava que as pessoas sábias deveriam viver livres de todas as paixões, sem se abalar com a alegria ou com a tristeza. No mundo moderno, estamos aprendendo que uma restrição emocional como essa pode ser prejudicial para a saúde física, mental e espiritual das pessoas. Quando os meninos tentam ser estóicos, freqüentemente seus sentimentos se manifestam de maneira "alternativa", como no caso de JC, Miguel, Yuri e David.

Foco na Expressão Emocional

As palavras "emoção", "emotivo" e "sentimentos" infelizmente carregam uma conotação negativa, não apenas para os meninos. Como foi observado anteriormente, a frase "Não seja tão emotivo" em geral é empregada de maneira pejorativa. Quero propor um modo diferente de encarar as emoções. Acredito que *todas* as emoções sejam importantes. Nenhuma é melhor ou pior que as outras. Como foi descrito no Capítulo 1, as emoções são uma parte natural da biologia humana. No entanto, embora as emoções não sejam problemáticas, problemas podem surgir com base naquilo que as pessoas *fazem* com suas emoções. Simplificando, o que as pessoas fazem com as emoções é que faz a diferença.

Com essa visão mais abrangente do valor das emoções, torna-se importante examinar a relação entre as emoções positivas (por exemplo, felicidade e orgulho), as emoções negativas (tristeza, raiva e medo) e o condicionamento e o comportamento dos meninos. Uma maneira de fazê-lo é pensar em equilíbrio. Se os meninos só têm acesso a determinado conjunto de emoções, serão elas que vão se desenvolver mais. Por exemplo: se um menino sempre demonstra raiva e nunca prazer, a raiva terá presença mais forte para ele, tanto na vida exterior como na interior. Sentir mais raiva do que alegria é como levantar pesos apenas com o lado esquerdo do corpo. Algo está desequilibrado.

De fato, os estudiosos e os pesquisadores atuais sugerem que a presença de emoções positivas ajuda a "ampliar e construir" os comportamentos do tipo pensamento-ação de uma maneira que pode até mesmo anular o poder das emoções negativas (Frederickson, 2001).

As Emoções "Alternativas" dos Meninos

Um modo de exercitar as emoções é por meio da expressão. Há um aspecto dessa habilidade emocional ligado ao desenvolvimento. A expressão verbal é o modo mais utilizado e eficaz para dizer como você se sente, mas antes as crianças pequenas precisam aprender o nome dos sentimentos para que possam dizê-los. Na falta de palavras, as emoções serão manifestadas por meio de comportamentos. Se um menino, enquanto cresce, aprende que expressar as emoções não é aceitável, continuará a utilizar padrões de comportamento "imaturos" como esse para demonstrar seus sentimentos. Por fim, se os meninos (e os outros) continuarem a ignorar os sentimentos, suas emoções poderão praticamente "desaparecer".

Quando as emoções não são manifestadas, elas se escondem na psique e no corpo. As emoções não desaparecem realmente; elas são liberadas de maneira "alternativa" ou indireta, como sintomas físicos ou problemas comportamentais. Os sintomas físicos, muitas vezes, são a manifestação das emoções de meninos jovens sob a forma de dores de barriga e doenças, enquanto adolescentes com mais idade podem demonstrar suas emoções alternativas por meio de depressão, comportamentos de alto risco, uso excessivo de substâncias químicas e às vezes automutilação.

Os quatro exemplos que abriram o capítulo ilustram emoções que foram manifestadas de maneira alternativa. Nenhum dos meninos utilizou a expressão verbal direta, que pode ser muito eficaz para que se percebam as necessidades de uma pessoa. Por que esses meninos não disseram diretamente o que os perturbava? Há muitos fatores culturais, ligados ao desenvolvimento, que contribuem para esse fenômeno. As Regras do Bando certamente são um fator. O desenvolvimento da linguagem dos meninos é outro.

O importante a ser lembrado aqui é que, quando as emoções subjacentes não são processadas verbal e conscientemente, a energia emocional não desaparece; ela vai para algum lugar. Quando ela não pode sair diretamente, encontra outro caminho. É como um radiador que libera a pressão, quando permite que o vapor saia pelas laterais de uma válvula. Como se observa neste livro, essa expressão emocional alternativa inclui comportamentos como agressão, depressão, mau humor e comportamentos autodestrutivos, além de sintomas físicos, como dores de barriga, dores de cabeça e ataques de pânico. Felizmente, é possível ensinar as habilidades de expressão emocional.

Redirecionando Emoções Alternativas em Meninos Mais Jovens

Se JC tivesse sido capaz de dizer "Tenho medo" durante o filme (ou se tivesse coberto o rosto e dito "Não quero assistir"), os pais saberiam como cuidar das lágrimas do filho. A vantagem em exprimir diretamente sentimentos como esse é que JC teria aprendido que seus sentimentos são reais e importantes e os sentimentos de medo podem sumir com um pouco de ajuda. Isso faz com que o mundo pareça muito mais seguro para um menino de três anos. Quando o medo some, ele não precisa continuar a rugir pela casa como forma de proteger-se.

A dor de barriga de Miguel era uma demonstração clara de que estava chateado (lembre-se de que há receptores no estômago que recebem mensagens emocionais do cérebro). Vamos admitir que nessa situação não houvesse como evitar que a barriga de Miguel doesse. Também vamos admitir que ele tenha um tipo de sistema de estimulação que seja facilmente sobrecarregado, o que se observa em muitas crianças com um temperamento tímido. Nesse caso, em vez de sugerir que Miguel pode *prevenir* a dor de barriga simplesmente conversando, considere como ele pode fazer com que ela *passe falando com alguém sobre isso*. Foi exatamente o que aconteceu. Miguel e os pais conversaram sobre os sentimentos dele. Os pais lhe disseram que a dor de barriga poderia passar se ele falasse com eles sobre seus sentimentos. Em seguida, os pais de Miguel fizeram uma pequena canção que ele carregava no bolso do jeans. Ela dizia: *"Estou com um pouco de medo, mas vou ficar bem agora; dor de barriga, dor de barriga, você pode ir embora!"*.

Miguel deixou aquele pedaço de papel no bolso da calça todos os dias durante o ano letivo. E funcionou! As palavras da canção foram escolhidas cuidadosamente e é importante explicar o porquê. Miguel insistiu em utilizar a frase *"Vou ficar bem agora"* em vez da original *"Tudo vai ficar bem agora"*. Ele sabia que precisava, de algum modo, se acalmar. As crianças são verdadeiras especialistas em sentimentos.

Essa intervenção também foi complementada com uma administração comportamental em casa, por meio de uma tabela com adesivos afixada na geladeira. Os pais de Miguel lhe davam um adesivo cada vez que ele falasse sobre seus sentimentos no decorrer do dia... e toda vez que fizesse sua dor de barriga passar. As dores de barriga acabaram na primeira semana (tabelas como essa normalmente são mais eficazes nas primeiras duas semanas). No entanto, eles mantiveram a tabela afixada para que todos se lembrassem de que deveriam continuar falando sobre seus sentimentos com toda a família.

Processando Emoções Alternativas em Meninos Mais Velhos

Se Yuri fosse capaz de dizer aos pais e ao treinador: "Estou realmente desapontado e envergonhado por ter perdido o gol que nos daria a vitória", ele teria iniciado o processo necessário para liberar as substâncias químicas psicológicas relacionadas com suas emoções. Em vez disso, Yuri processou suas emoções de maneira alternativa e física ao atormentar a irmã. Na psicoterapia e em relatórios de crises, *processar* refere-se ao ato de falar sobre um acontecimento relacionado com emoções fortes. O acontecimento pode variar desde um trauma terrível até um evento cotidiano. O processamento emocional, muitas vezes, precisa ocorrer mais de uma vez e ao longo do tempo, especialmente se for uma experiência traumática. Normalmente, tanto a criança como o adulto se beneficiam com uma conversa logo após um acontecimento carregado de emoções. E eles continuarão a falar sobre esse acontecimento até que tenha sido completamente processado.

Como sempre, o primeiro objetivo para os meninos é experienciar ou *sentir* suas emoções. O segundo objetivo é lidar com as emoções conversando sobre elas, em vez de dissimular ou fazê-las desaparecer. Se Yuri tivesse falado sobre sua decepção ao perder o gol, poderia ter evitado que ela se separasse de sua consciência e fosse liberada de maneira alternativa por meio de comportamentos agressivos contra a irmã. Yuri escondeu seus sentimentos tão bem que foi difícil para os pais verem os sentimentos de decepção intensa por trás de seu comportamento agressivo. O resultado final foi que Yuri não aprendeu, de modo sadio, a lidar com a derrota – não vencer – e o sentimento de decepção. Para muitos meninos, esse padrão de "enterrar" sua decepção, em vez de processá-la, se transforma em vergonha. Carregar a vergonha não é saudável para ninguém.

O quarto relato apresenta um exemplo extremo de emoção expressa de maneira alternativa, por meio de uma tentativa de suicídio. David era mais velho e a família nunca conversava muito sobre sentimentos, de modo que ele teve muita experiência aprendendo a ignorar suas emoções. Durante a sessão de terapia familiar, David revelou que sempre quis machucar sua ex-namorada. Ele não conseguiu explicar muito bem por que não o fizera. Também não conseguiu prometer que não se machucaria outra vez (razão pela qual ainda estava hospitalizado). Sua terapia progrediu com muita lentidão enquanto estava no hospital. Ele não conseguia se lembrar de ter sentido emoções alguma vez na vida. Com a continuidade da terapia individual e familiar, a família de David começou o trabalho lento e tedioso de "desfazer" as lições que ele aprendera em relação a não sentir as emoções.

"Exercitando" a Expressão Emocional dos Meninos

Quando as emoções dos meninos são ignoradas, eles podem perder a capacidade de experienciá-las ou senti-las. Uma solução é evitar que esse problema chegue a acontecer. Outra solução seria intervir e exercitar periodicamente a expressão emocional dos meninos. Esse exercício varia de acordo com a situação. De modo geral, o exercício emocional envolve ajudar o menino a desenvolver e manter uma variedade de habilidades emocionais.

Combinação: Uma Habilidade Importante

As emoções podem ser transformadas por meio de uma habilidade que chamo de combinação. Ela ocorre quando uma emoção é "misturada" com o raciocínio ou com outra emoção. A combinação é particularmente útil quando se tenta controlar emoções fortes, como a raiva e o medo. Infelizmente, nossa cultura valoriza mais o raciocínio e ser *racional* do que o sentimento e ser emocional. Entretanto, provavelmente é impossível ter um pensamento que não seja acompanhado de um sentimento, conceito mencionado neste livro. De fato, muitos estudiosos (Powers, Welsh e Wright, 1994; Salovey e Sluyter, 1997) sugerem que para toda emoção coexiste um pensamento integrado. Isso significa que os pensamentos e as emoções estão naturalmente entrelaçados de maneira inseparável.

Experimente este breve exercício: pare de ler e pense nas seguintes palavras e frases. Despenda certo tempo e realmente pense nelas. Conforme faça isso, perceba que emoções você associa a elas: morte... dinheiro... Natal... Hanukah... Ramadã... casamento... exercício... chocolate... divórcio... ganhar na loteria. A emoção está lá naturalmente se despendermos o tempo necessário para percebê-la e *senti-la*.

Combinando emoções com o raciocínio. Quando a combinação é aplicada ao desenvolvimento emocional dos meninos, isso significa que eles e os adultos que cuidam deles precisam prestar atenção aos aspectos emocionais do raciocínio dos meninos. O resultado final da combinação da emoção com o raciocínio é o controle e o domínio. O simples ato de verbalizar uma emoção é a maneira mais comum de combinação entre sentimentos e raciocínio. Desse modo, as emoções não são mais apenas uma sensação química no corpo. Um bom exemplo dessa transformação de resposta bioquímica em raciocínio e sentimento combinados foi a mensagem que os pais de Miguel lhe deram ("Estou com um pouco de medo, mas vou ficar bem agora"). Essa combinação permitiu que Miguel "ouvisse" sua dor de barriga e ajudou-o a controlar alguns sentimentos fortes.

Outras maneiras de combinar emoções com raciocínio incluem: (1) identificar verbalmente e expressar os sentimentos para pessoas de confiança; (2) realizar considerações sobre si mesmo (conversar mentalmente consigo mesmo); e (3) escrever ou "fazer um diário" regularmente sobre seus sentimentos. Talvez o benefício mais importante obtido com esse tipo de habilidade emocional seja fornecer aos meninos a oportunidade de transformar experiências sensoriais em um sentimento e raciocínio que façam sentido.

Combinando emoções com outras emoções. A combinação não envolve apenas pensamentos. As emoções podem ser combinadas com outras emoções. As negativas podem ser combinadas com as positivas. De fato, pode ser isso que torna a vida tolerável na maior parte do tempo... ser reconfortado quando se está aflito, ou ser tranqüilizado quando se está assustado, são apenas dois exemplos. O resultado de uma emoção positiva combinada com uma emoção negativa é a possibilidade de os meninos lidarem e controlarem melhor suas emoções. Pense nisso como uma ação que leve ao equilíbrio. Aflição demais e muito pouco bem-estar, ou raiva demais e muito pouca esperança, são experiências emocionais desequilibradas. Quando as emoções negativas estão desequilibradas, é possível que o estoicismo e a depressão se tornem padrões arraigados. Desse modo, combinar emoções positivas e negativas pode ajudar a equilibrar as experiências emocionais.

Também é importante apontar que, quando emoções negativas são combinadas com outras emoções negativas, o resultado final é uma negatividade "em camadas". Quando as emoções não são processadas, elas podem simplesmente continuar se somando, camada após camada. Por exemplo: quando Yuri guardou a decepção para si mesmo quanto a não marcar o gol da vitória, sua decepção combinou-se com sua raiva e, mais tarde, com sua vergonha. Conversar sobre seus sentimentos poderia ter evitado as camadas de emoções negativas de Yuri.

Emoções Positivas

As emoções positivas dos meninos também precisam ser exercitadas. A psicologia positiva não é uma ciência nova, mas ultimamente é alvo de maior atenção. Martin Seligman é um pioneiro nessa área. Ele é um psicólogo que estudou e pesquisou o "desamparo aprendido" no começo de sua carreira e, mais tarde, o "otimismo aprendido". A psicologia positiva inclui o estudo da maneira como crianças e adultos podem ser afetados por características como juízo e persistência, e emoções positivas como contentamento, esperança, alegria e amor (Seligman, 1998; Seligman, Reivich, Jaycox e Gillham, 1996). Quando aplicada às emoções dos meninos, verifica-se que, aparentemente, aqueles capazes de sentir emoções positivas em seu dia-a-dia são mais resistentes e sadios do que aqueles que não conseguem fazê-lo.

Você pode estar se perguntando quais meninos não experienciariam emoções positivas como essas. Na verdade, qualquer menino. Só é preciso um ambiente que restrinja sua experiência e expressão de contentamento, esperança, orgulho... amor. Isso inclui meninos que vivem em países devastados pela guerra, em bairros aterrorizados por tiroteios, ou que sofrem cronicamente de abuso ou negligência. Assim como outros escritores e pesquisadores recentes, acredito que o "menino americano" também corre risco, pois aprendeu a restringir sua experiência e expressão dessas emoções.

A ausência de emoções na vida dos meninos é significativa por diversas razões. A mais óbvia é que os meninos não tiveram acesso a toda gama de experiências que a vida tem a oferecer. Portanto, quando consideramos o papel interdependente que as emoções positivas representam na combinação, vemos que elas também são necessárias para o equilíbrio. Se os meninos não têm acesso a essas emoções positivas, resta-lhes apenas a metade negativa de suas experiências... medo sem bem-estar, raiva sem compreensão, decepção sem otimismo e desânimo sem esperança.

Benefícios da Expressão Emocional para os Meninos

Um resumo dos benefícios de identificar e expressar (exercitar) as emoções positivas e negativas dos meninos inclui: (1) a liberação da tensão psicológica para evitar sintomas *físicos*; (2) a liberação da tensão psicológica para evitar problemas *psicológicos*, como a alexitimia (sem palavras para expressar sentimentos), depressão, ansiedade e distúrbios comportamentais; (3) as oportunidades de combinar pensamento e outras emoções; (4) as oportunidades de equilibrar emoções positivas e negativas; e (5) as oportunidades de evitar que as emoções desapareçam ou sejam enterradas – apenar para reaparecer mais tarde sob outra forma.

O "Nervo" da Expressão Emocional

O que chupar o dedo, chorar, balançar de um lado para o outro, exercício físico e falar têm em comum? Resposta: todas são formas de expressão emocional porque, de um modo ou de outro, são tentativas de "sentir-se melhor". Essa é uma daquelas áreas importantes em que o físico e o psicológico estão inegavelmente relacionados.

Revendo a Fisiologia e a Sensação das Emoções

Chupar o dedo e balançar estão ligados a, pelo menos, uma via fisiológica comum: o nervo vago. Os receptores do nervo vago são estimulados por qualquer um desses comportamentos, pela pressão sangüínea e pela diminuição do ritmo cardíaco. Essa resposta fisiológica é chamada de "tono vago" (Katz e Gottman, 1995). Os receptores do nervo vago levam mensagens do cérebro para o coração, os pulmões, o pâncreas, os rins e o intestino grosso. Um caminho e tanto! O vago é um dos poucos nervos do corpo que estão ligados a tantos órgãos. Ele também coordena a comunicação entre as glândulas supra-renais e a amídala (no cérebro), ajudando a tomar a decisão de parar o bombeamento de adrenalina para vários órgãos do corpo, o que por sua vez ajuda a restaurar a calma. É interessante observar que recentemente o nervo vago também tem sido alvo de atenção, de maneira experimental, para o tratamento de distúrbios de humor, especificamente da depressão.

Acalmar-se

Os meninos precisam aprender habilidades que acalmam, sendo a estimulação do tono vago pelo menos um dos modos de fazê-lo. Uma extremidade do nervo vago pode ser estimulada quando se chupa com a parte posterior do céu da boca. Portanto, chupar o dedo aparentemente aumenta o tono vago. (Provavelmente é por isso que as crianças gostam de chupar o dedo quando deixam de ser alimentadas com mamadeiras). O ato de balançar também pode aumentar o tono vago. Desse modo, não é surpresa o fato de que os pais freqüentemente se balancem para a frente e para trás, enquanto seguram seus pequenos, ou que as crianças gostem de ser embaladas.

De modo semelhante, a expressão emocional de chorar é um comportamento que tranqüiliza, por diminuir a reação do corpo e promover a calma, ao reduzir a quantidade de hormônios esteróides de estresse, que preparam a resposta de estresse. Portanto, chorar pode ajudar a diminuir os níveis de cortisona. Sob esse aspecto, chorar pode evitar que algumas crianças tenham comportamentos mais intensos e descontrolados. Entretanto, como os meninos aprendem a não chorar no início da infância, eles têm menos acesso a essa habilidade emocional importante para lidar com problemas.

Exercícios Físicos e Conversa

O exercício físico e a conversa são duas das formas de expressão emocional mais aceitas socialmente. Elas são formas saudáveis de controlar as emoções e acalmar-se. Você pode não enxergar a relação entre o exercício e suas emoções, mas o esporte e os exercícios físicos também têm efeito fisiológico calmante. Não é surpresa o fato de que os esportes atraiam tanto os meninos. No entanto, a válvula de escape da atividade física nem sempre está disponível, quando necessária.

A conversa é a forma mais acessível, portátil e socialmente aceita de expressar emoções. Ela permite que você alivie tensões, processe a aflição, dissipe a raiva e se recupere de uma decepção ou qualquer outra experiência emocional desagradável – a não ser que você seja um menino, pois conversar sobre sentimentos infringirá as Regras do Bando.

A maioria dos meninos participa de diferentes formas de expressão emocional, dependendo de sua idade: chorar, chupar o dedo, balançar, socar/chutar, praticar esportes ou conversar. Os meninos precisam ter acesso a essas diferentes formas de expressar as emoções e de lidar com elas em diferentes idades e situações. Os Capítulos 5 e 6 discutem o papel da empatia e da socialização da agressão como fatores que influenciam a forma de expressão emocional utilizada pelos meninos. Outro fator envolve o controle emocional.

Controle Emocional

O termo *controle emocional* refere-se à capacidade de organizar e completar as tarefas necessárias, que se apresentam enquanto se está diante de intensas emoções negativas ou positivas (Gross e Levenson, 1997). Simplificando, isso quer dizer "lidar com a situação". Para um menino, pode significar acalmar-se e fazer longos cálculos de divisão depois de uma brincadeira agitada de pega-pega durante o recreio ou pegar o ônibus escolar, embora tenha acabado de se lembrar que não fez a lição de casa. Crianças que têm um bom desempenho, apesar da presença de emoções fortes, controlam bem suas emoções.

Os relatos a seguir descrevem como dois meninos aprenderam a controlar suas emoções de maneira sadia. Não é preciso dizer que isso não significa que guardaram seus sentimentos positivos e negativos dentro deles ou fizeram suas emoções desaparecerem. Pelo contrário, aprenderam como sentir suas emoções, lidar com elas e ainda realizar as tarefas sociais e acadêmicas que surgiram.

Carlos

Aos treze anos, Carlos ainda chupava o dedo quando estava triste. Ele estava no final do ensino fundamental e ainda não havia aprendido outro modo de acalmar-se. (Depois de ter lido a seção anterior, você conhece as razões fisiológicas que levam a esse comportamento: chupar o dedo estimula o nervo vago e isso relaxa um corpo tenso.) Carlos tinha o temperamento de um menino ansioso e sua vida era um caos. O pai biológico o abandonara e na família de seu padrasto havia casos crônicos de violência doméstica Embora a mãe fizesse o melhor que podia, nunca ensinou a Carlos como acalmar-se, quando ele ainda era um garotinho. Então ele ensinou a si mesmo.

Outras formas de relaxar. Carlos não sabia que havia outras maneiras de acalmar-se: fazer considerações sobre si mesmo, respirar fundo, enfrentar os pensamentos irracionais ou conversar com alguém. Ninguém jamais o levara a um orientador para ajudá-lo a lidar com o trauma crônico em sua vida. Então ele fazia o melhor que podia e se acalmava chupando o dedo. O principal problema é o fato de que chupar o dedo é socialmente inaceitável quando você tem treze anos. Além disso, ele não podia chupar o dedo na escola. Desse modo, quando se sentia ansioso fora de casa, não conseguia se acalmar. Como resultado, freqüentemente se envolvia em brigas na escola e tinha dificuldade em se concentrar nas aulas. Seus sentimentos estavam sendo definitivamente liberados de maneira alternativa.

Buscando ajuda. Carlos finalmente foi encaminhado à terapia pelo sistema judicial juvenil. Seus problemas de comportamento culminaram em demonstrações sexuais (atos obscenos) e furto. Quando os pais não levam os filhos à terapia, a justiça é a segunda melhor oportunidade para que os meninos recebam tratamento nos Estados Unidos. No entanto, Carlos não falou sobre o fato de chupar o dedo, mas a mãe o fez. Ela estava ao mesmo tempo envergonhada e preocupada. Quando eu disse a Carlos que compreendia como chupar o dedo o ajudava a se acalmar, seu olhar foi mais de alívio do que de vergonha. Eu o ensinei sobre o tono vago e muitas outras reações fisiológicas que o corpo experiencia quando sentimos as emoções. Então lhe contei que conhecia muitas outras maneiras por meio das quais ele poderia se acalmar sem chupar o dedo. Ele entendeu que isso exigiria muita prática e que ainda poderia se sentir tentado a chupar o dedo (o que lhe proporcionava um alívio imediato). No entanto, concordou em tentar, pois sabia que já havia passado a hora de aprender novas formas de controlar suas emoções.

A intervenção que parecia ajudar Carlos a controlar melhor suas emoções eram as considerações sobre si mesmo. Isso faz sentido porque agora ele estava mais desenvolvido cognitivamente (em comparação aos oito anos de idade) e percebia com que facilidade seus pensamentos podiam influenciar seus sentimentos e comportamentos. A ferramenta da combinação era útil. Ele utilizava uma tabela para registrar em quais momentos chupava o dedo e o que o incitava. Isso nos forneceu um mapa para identificar as situações desafiadoras, assim como para medir seu progresso.

Os problemas comportamentais de Carlos melhoraram no primeiro mês de terapia. Ele ainda tinha muito a fazer quanto à recuperação dos traumas que testemunhara e experienciara quando era garotinho, mas pelo menos agora tinha uma forma nova e mais "madura" de se acalmar. Dou crédito à mãe dele por ter sido corajosa o bastante para contar-me que Carlos chupava o dedo. Ele teria gasto muito tempo em terapias se continuasse com essa prática, em vez de aprender outras formas de se acalmar.

Luís

Luís também não era o típico menino de oito anos. O modo como aprendeu rapidamente a utilizar formas sadias de controle ou regulação de sua raiva o tornava diferente. As lembranças da mãe eram de como ele sempre se metia em confusões na creche e na escola. A maioria dos problemas de Luís envolvia comportamentos físicos agressivos em relação ao irmão menor e a outras crianças na escola e na creche. Luís em cima de alguém, dando um soco atrás do outro, era uma cena freqüente. Sempre que era expulso da sala para se acalmar, dava uma explicação lógica que envolvia a percepção de que estava sendo a vítima. "Ivo disse que não gostava de mim" ou "Bruno fez com que eu tropeçasse de propósito" eram exemplos típicos. Independentemente de essas causas de fato terem acontecido ou não, a agressão de Luís sempre era desproporcional quando comparada ao insulto.

Luís preenchia todos os critérios para um diagnóstico de Transtorno de Déficit de Atenção/Hiperatividade. Para melhorar o controle de sua raiva, ele se beneficiou de uma combinação de medicação e Terapia Cognitiva-Emocional-Comportamental (CEB-T). A medicação ajudou Luís a refrear seus impulsos, mas isso era apenas parte da solução. De acordo com os pais, o que aparentemente fez a diferença foi sua capacidade recém-descoberta de identificar sentimentos e *pensar* em caminhos diferentes para lidar com eles.

Eu descrevia uma nova habilidade para lidar com problemas, que ele podia tentar quando se sentisse irritado ou assustado, e Luís voltava para casa e tentava utilizá-la imediatamente. Eu o ensinava a *não* dar um soco, e sim empregar palavras para dizer que estava bravo; ele voltava para casa e também praticava isso. Nunca trabalhei com um menino tão cooperativo e ansioso para mudar. Dou crédito aos pais de Luís por procurarem a terapia cedo e monitorarem e reforçarem o progresso de seu CEB-T em casa.

Tanto Carlos como Luís tinham dificuldade em controlar suas emoções. O que eles tinham em comum era o modo como suas emoções ficaram grandes demais para que pudessem lidar com elas e como precisaram de ajuda para encontrar formas socialmente aceitas e eficazes para expressar e controlar seus sentimentos. Há muitos outros tipos de emoções que precisam ser controladas, desde a empolgação até a solidão. Aqui você vê *como* as emoções podem ser controladas e que os meninos muitas vezes precisam de ajuda para aprender a fazer isso.

Restrição da Expressão Emocional em Meninos

Um padrão comum e prejudicial de controle emocional em meninos é restringir (limitar ou minimizar) a expressão de suas emoções. A restrição emocional ocorre quando as pessoas não demonstram seus sentimentos positivos ou negativos, isto é, elas os escondem dos outros e até delas mesmas. No entanto, os sentimentos não "desaparecem"; apenas se deslocam para um local mais profundo da psique. Eles são, por assim dizer, "enterrados" e não podem mais ser sentidos de forma consciente.

De modo geral, os meninos apresentam mais restrição emocional do que as meninas. De maneira aparentemente inexplicável, meninos no jardim da infância aprendem que não é correto chorar na escola (ou na verdade em lugar nenhum). O mesmo não vale para as meninas. Embora ninguém queira ser um "chorão", há diferentes regras relativas à demonstração de vulnerabilidade em público para os meninos e para as meninas. Essas regras são mais tolerantes para as meninas do que para os meninos. Por que isso acontece?

Há muitas teorias diferentes que explicam o desenvolvimento do comportamento humano, como a teoria do aprendizado social, a teoria do esquema de sexos, a teoria cognitiva e de desenvolvimento, a teoria psicodinâmica, a teoria evolutiva... para citar apenas algumas. É melhor deixar a revisão dessas teorias para um livro didático sobre psicologia ligada ao desenvolvimento. O mais importante é saber que a teoria social e a teoria biológica explicam conjuntamente como e por que os meninos expressam suas emoções. Meus anos de prática clínica me dizem que influências sociais e culturais respondem por grande parte da restrição emocional dos meninos (e dos homens).

Talvez os meninos aprendam a não chorar ou demonstrar sentimentos vulneráveis porque outras crianças e adultos ao seu redor dizem – com e sem palavras – que eles não devem fazê-lo. Essa explicação parece mais plausível e esperançosa para mim do que qualquer outro esquema teórico. Ela sugere que todos somos responsáveis por desligar as lágrimas dos meninos e que também podemos ser responsáveis por mudar essas situações.

Pesquisa da Expressão Emocional

As teorias, na verdade, não provam nada. A pesquisa científica também nem sempre o faz. No entanto, ambas fornecem formas sistemáticas de observar e descrever todos os tipos de fenômenos, incluindo comportamentos humanos como a expressão emocional. Apenas uma teoria ou pesquisa não pode explicar todos os fenômenos observados. Esse é o caso do desenvolvimento da restrição da expressão emocional dos meninos. Aqui apresento os resultados de pesquisas que fornecem algumas idéias sobre o que está acontecendo com o estudo das emoções dos meninos.

Em dois estudos diferentes que conduzi, observei como a expressão emocional dos meninos torna-se mais restrita conforme eles passam da infância para a adolescência. O estudo quantitativo (com dados numéricos) utilizou um modelo de seções cruzadas com grupos de diferentes faixas etárias, para examinar os padrões de auto-estima relacionados à idade e ao sexo e para explorar como a expressão emocional e as influências sociais contemporâneas se relacionam com a auto-estima (Polce-Lynch, Myers, Kliewer e Kilmartin, 2001). A amostragem foi realizada com 93 meninos e 116 meninas da 5ª, 8ª e 12ª séries, que freqüentavam escolas religiosas particulares no sudeste dos Estados Unidos. Os seguintes indicadores (correlações) sociais da auto-estima foram avaliados: influência da mídia, assédio sexual, imagem corporal, relacionamentos com a família e os colegas, e expressão emocional.

Esse conjunto de indicadores respondeu por uma parcela significativa das variações de auto-estima, sugerindo que esse modelo se "encaixava" bem no estudo da auto-estima. As meninas apresentavam uma auto-estima mais baixa do que os meninos no começo da adolescência, mas não havia diferença entre os sexos no final da adolescência.

Inesperadamente, no final da adolescência, os meninos apresentaram uma auto-estima mais baixa do que os meninos mais jovens. Ainda mais significativo para a tese deste livro foi o fato de que *havia grandes diferenças relativas ao sexo para a expressão emocional*, sendo a restrição emocional nos meninos cada vez mais restritiva, com o passar da adolescência. (Veja a Figura 4.1 para essa comparação.)

O estudo qualitativo (com palavras e relatos) encontrou um padrão semelhante (Polce-Lynch, Myers, Kilmartin, Forssmann-Falk e Kliewer, 1998). Foi solicitado a meninos e meninas da 5ª, 8ª e 12ª séries que respondessem a diversas perguntas por escrito. A pergunta que se concentrava na expressão emocional era: "É fácil ou difícil falar sobre seus sentimentos com os outros? Responda por quê." As respostas apresentaram um declínio constante na expressão emocional dos meninos, enquanto a das meninas aumentava. O que também é interessante em relação a esses resultados é que o próprio *número* de palavras escritas pelos meninos era muito menor do que o escrito pelas meninas. Outro indicador das diferenças na expressão emocional ficou evidenciado na pesquisa: 39 meninos e apenas 12 meninas optaram por pular (não responder) essa pergunta.

Esses dois estudos combinados sugerem que os meninos restringem a expressão de suas emoções e as meninas aumentam sua expressão à medida que atravessam a adolescência. Embora essa seja uma amostra relativamente pequena, os resultados são de modo geral consistentes com outras pesquisas e observações clínicas recentes.

Qual o Aspecto da Expressão Emocional Prejudicial?

Infelizmente é bastante fácil apresentar exemplos do aspecto da expressão emocional prejudicial em meninos: isso acontece toda vez que eles expressam seus sentimentos de maneira alternativa, por meio de problemas comportamentais (que não sejam típicos) em vez de falar com alguém sobre seus sentimentos. Considere como esses meninos expressaram suas emoções:

- ★ Jeremias "diz" aos pais que está magoado por não ter sido escolhido para o time de basquete e, em seguida, sai batendo os pés até seu quarto, bate a porta e dá socos na parede até abrir um buraco.
- ★ Dois meses depois do divórcio dos pais, Silvio, um menino de dez anos, que estava "levando tudo numa boa", começa a brincar com fósforos no celeiro... próximo às pilhas de feno seco.
- ★ Uma semana depois da morte do cachorro, Cesar, um menino de doze anos, fica irritadiço e tem dificuldades para concentrar-se na escola. Ele não tinha derramado, até então, nem mesmo uma lágrima pela perda de seu querido cachorro.

Jeremias e Silvio agiram de modo semelhante a Yuri (que perdeu o gol da vitória no futebol e demonstrou sua raiva e vergonha *indiretamente* maltratando a irmã). Cada menino restringiu a expressão direta de suas emoções e liberou seus sentimentos de maneira alternativa, por meio de comportamentos agressivos. Outros meninos, como Cesar, que não lamentou a morte de seu cachorro, podem apresentar sintomas de ansiedade e depressão ou estoicismo. Essas também são expressões prejudiciais das emoções.

Comparativo da média de pontuação para a expressão emocional

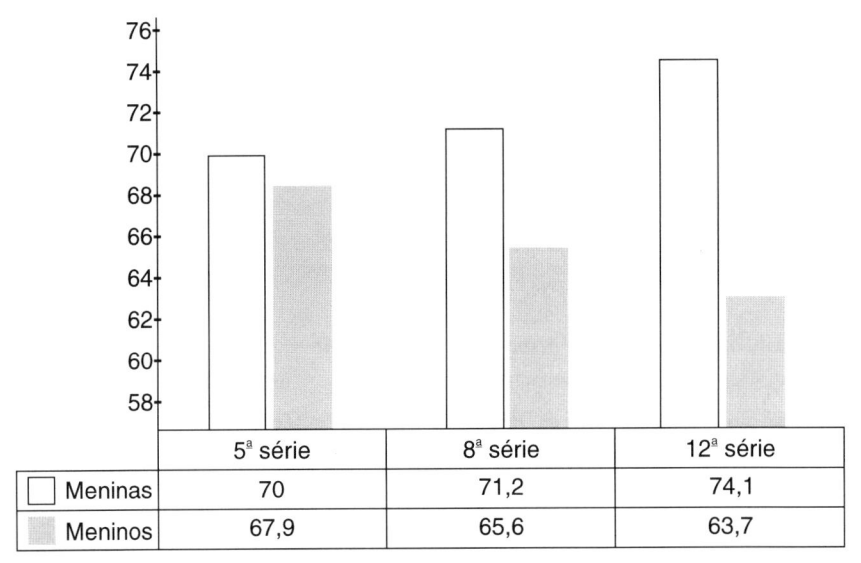

	5ª série	8ª série	12ª série
☐ Meninas	70	71,2	74,1
▨ Meninos	67,9	65,6	63,7

Figura 4.1

Agressão. Você pode pensar que o comportamento de Jeremias, Silvio e Yuri são "típicos" do comportamento geral dos meninos. Embora possa ser típico do ponto de vista normativo (isto é, muitos meninos fazem a mesma coisa), isso ainda é uma agressão e é prejudicial. A agressão nunca é uma experiência saudável para o agressor, a vítima ou as testemunhas. As regras para expressar a raiva defendem que: ela não deve machucar você, outras pessoas ou a propriedade de alguém. Dos meninos que expressaram seus sentimentos por meio da agressão, Jeremias foi o único que danificou a propriedade de alguém. Silvio poderia ter feito o mesmo, levando em conta como o celeiro estava seco. E Yuri realmente machucou alguém – a irmã.

Muitas vezes os pais não "contam" a briga entre irmãos como uma agressão. Isso é uma pena, pois acontecimentos como esses apresentam oportunidades para ensinar os meninos a controlar a raiva e sentir empatia. O Capítulo 6 fala extensivamente sobre a diferença entre raiva e agressão. Aqui é importante notar o quanto a agressão é uma expressão emocional prejudicial para os meninos e com que tamanha naturalidade é aceita quando se diz "meninos serão meninos".

Sintomas de ansiedade e depressão. Todos se sentem "caídos" alguma vez na vida e todos se sentem ansiosos ocasionalmente. As duas reações psicológicas são normais, especialmente em resposta a acontecimentos tristes ou assustadores. No entanto, quando os sintomas de depressão (mau humor, irritabilidade, agressividade, baixa auto-estima etc.) e de ansiedade (dificuldade de concentração, incapacidade de relaxar, irritabilidade etc.) perduram por mais do que algumas semanas, um problema de saúde mental pode existir e pode ser necessária ajuda profissional. Entretanto, antes que você procure ajuda profissional, tenha em mente que os pais podem fazer muito para ajudar a curar a tristeza de seus filhos ou aliviar seu sistema nervoso simpático sobrecarregado.

A maioria das crianças pode superar rapidamente os desafios e derrotas da vida se puderem falar com um adulto que as ouça e ensine a lidar com seus sentimentos. Você provavelmente pôde perceber que a irritabilidade e a incapacidade de concentração de Cesar foram manifestadas em lugar da tristeza que ele deveria sentir pela morte de seu cachorro. A tristeza, por si só, não é uma depressão clínica, assim como a preocupação não constitui um distúrbio de ansiedade. De fato, muitas crianças apresentam sintomas de depressão e ansiedade depois de uma morte. Sem o alívio e a assistência de um adulto, Cesar seguiu as Regras do Bando, assim como muitos outros meninos. Ele dissimulou seus sentimentos e liberou a tristeza de maneira diferente. Quando isso acontece, os adultos procuram corrigir um problema de "disciplina" em vez de ajudar os meninos a lidar com sua emoções subjacentes.

Aprendi essa lição cedo, quando era residente em uma escola de psicologia. Ainda me lembro de Moacir, na época um aluno do terceiro ano, que foi mandado para o diretor por "não prestar atenção" às aulas. Quando o vi semanas mais tarde em uma sessão de aconselhamento, descobri que sua dificuldade em se concentrar começou exatamente um dia após ter presenciado o pai espancar a mãe até que ela perdesse a consciência. Ele ainda não havia falado sobre isso com ninguém.

Estoicismo. Essa é outra faceta da expressão emocional prejudicial (restrita). Você já a viu na expressão do adolescente de cara fechada, que não sorri, não franze as sobrancelhas e dificilmente chega a mover os lábios quando está falando com você. Quando se faz um exame para avaliar a condição mental de alguém, os psicólogos observam a variação afetiva de uma pessoa. Seja saudável ou amplo, o afeto inclui expressões verbais e faciais apropriadas: tristeza quando se descreve uma experiência triste, ou alegria quando se descreve um acontecimento alegre. Se uma pessoa exibe uma variação afetiva limitada (uma emoção uniforme), isso é indicado no diagnóstico e a pessoa é classificada como alguém com afeto limitado, atenuado ou restrito. Em outras palavras, o estoicismo não é visto como um quadro de boa saúde mental.

Atualmente, parece haver uma grande parcela de afeto restrito em meninos *e* meninas. Se a principal emoção entre os jovens no final da década de 60 e começo da década de 70 era a raiva, o rosto do novo milênio é o estoicismo. A primeira vez que percebi isso foi em uma formatura do ensino médio, em 1999. Os adolescentes e graduandos estavam, na melhor das hipóteses, lúgubres. Mais revelador é o fato de que o estoicismo em meninas é interpretado como depressão, enquanto em meninos é uma característica masculina... normal.

Qual o Aspecto da Expressão Emocional Saudável?

A expressão emocional saudável é vista no menino de quatro anos que não quer dar um beijo de despedida em sua mãe, na creche, mas lhe dá as "três piscadelas rápidas" especiais (e secretas), que são um código para "eu te amo". Ela é vista no menino de seis anos que chora quando é acertado no queixo por uma bola rápida de beisebol, em seguida é reconfortado pelo pai e depois volta para terminar o jogo. O menino de dez anos, que se qualifica para o campeonato regional de natação, e sorri com orgulho quando conta aos pais, está demonstrando uma expressão emocional saudável, assim como o menino de treze anos que perde a calma e grita com o árbitro na quadra de basquete, mas se controla rapidamente e pede desculpas (sem que seja forçado a fazê-lo). Ela também é vista no menino de dezesseis anos que bate na porta do quarto dos pais à meia-noite porque a namorada terminou o relacionamento e ele realmente precisa falar sobre isso.

Observe um grupo de meninas e/ou mulheres quando estão falando abertamente, apoiando umas às outras e demonstrando seus sentimentos. *Esse* é o aspecto da expressão emocional saudável. Ela existe no menino que pode sentir suas emoções, compartilhá-las com uma pessoa apropriada e de confiança, e controlá-la em dado contexto ou situação.

Além da expressão verbal com pessoas de confiança, a expressão emocional dos meninos pode assumir diversas formas. As emoções podem ser manifestadas por meio de música, poesia e artes plásticas. Embora essas formas de expressão sejam indiretas, por não serem conversas "olho no olho" com outra pessoa, ainda assim são muito valiosas por duas razões: em primeiro lugar, permitem que os meninos conheçam, sintam e mantenham suas emoções (em vez de fazê-las desaparecer, para seguir as Regras do Bando) e, em segundo lugar, quando são compartilhadas, podem levar a uma conversa ou comunicação direta com outra pessoa.

Conseqüências da Expressão Emocional Restrita

Um dos principais sintomas da expressão emocional restrita é o distúrbio da alexitimia mencionado anteriormente (a incapacidade de sentir emoções). Esse distúrbio clínico é diagnosticado com maior freqüência em homens do que em mulheres. Ele pode ser o resultado de uma lesão ou cirurgia cerebral. Entretanto, também sugere uma postura defensiva aprendida, que protege os meninos e os homens da punição por demonstrar emoções. Ou seja, ela os protege impedindo que transgridam as Regras do Bando.

Saúde Mental

É importante considerar o que acontece aos meninos quando não expressam ou não podem expressar suas emoções, pois as conseqüências podem ter efeitos duradouros durante sua vida. Os estudos modernos sugerem que a expressão emocional dos homens está relacionada com sua saúde física e mental. De fato, um tratamento eficaz para a depressão envolve a expressão das emoções, escrevendo ou conversando com outros (Pennebaker, 1995; 1997). O modo como os homens adultos disfarçam seus sentimentos está relacionado com um tipo de "depressão masculina" (Lynch e Kilmartin 1999). Isso se refere à maneira como eles podem estar *clinicamente* deprimidos, mas não se *sentem* deprimidos. Em vez disso, sentem apenas raiva e demonstram agressividade no lugar da tristeza e do desânimo que sua raiva esconde. Ela é chamada de depressão *masculina* porque tem uma aparência diferente da depressão tradicional. Na verdade, sob muitos aspectos, ela se assemelha às Regras do Bando.

Meninos, meninas e mulheres adultas também podem desenvolver a depressão masculina, pois ela é essencialmente uma depressão disfarçada por padrões e comportamentos *masculinos*. A questão não é ser biologicamente masculino. O livro *The Pain Behind the Mask: Overcoming Masculine Depression* (Lynch e Kilmartin, 1999) descreve a depressão masculina de maneira bastante detalhada. Você pode se interessar pela leitura, que descreve uma depressão comum, mas freqüentemente ignorada, que os meninos podem ter; uma depressão que afeta adversamente os relacionamentos interpessoais e a saúde mental e física.

Claramente, uma das conseqüências mais óbvias da expressão emocional restrita nos meninos envolve os relacionamentos interpessoais. Por definição, um relacionamento interpessoal exige certa troca entre duas pessoas. Esse processo envolve expor-se, ou seja, revelar pensamentos e sentimentos interiores. Se os meninos não se sentem à vontade para falar de si mesmos, terão dificuldade para iniciar e manter relacionamentos íntimos com outras pessoas. Além disso, ter relacionamentos parece ser um fator de proteção para a saúde mental e física. De fato, uma das maiores ameaças ao desenvolvimento humano é a perda desses fatores e sistemas de proteção (Masten, 2001).

Saúde Física

São persuasivas as evidências que apontam para uma relação entre as dificuldades físicas e mentais, os problemas de relacionamento interpessoal, e a restrição das emoções nos homens. Também parece haver uma ligação entre os rígidos padrões sexuais masculinos e comportamentos de risco, como o consumo excessivo de álcool, práticas sexuais inseguras, esportes perigosos, fumo, brigas com agressão física e descuido com a nutrição e com a saúde física, apenas para citar alguns (Courtenay, 1998).

Conforme aponta o prof. Chris Kilmartin (2000), o campo relativamente novo da medicina comportamental está se concentrando nos distúrbios físicos que podem ser muito influenciados pelo funcionamento psicológico. A socialização dos meninos e dos homens por meio das Regras do Bando pode contribuir para o surgimento de doenças e distúrbios físicos, como distúrbios cardiovasculares e úlceras pépticas, observados predominantemente em homens.

O que as Outras Pessoas Dizem sobre a Expressão Emocional dos Meninos?

Para a preparação deste livro, quis obter alguns pontos de vista fora da minha prática clínica e rever os estudos empíricos, para aprender mais sobre o que outros adultos pensam das emoções e particularmente sobre a expressão emocional dos meninos. Realizando uma pesquisa informal com 45 adultos de 18 a 68 anos, em cinco Estados no leste dos Estados Unidos, obtive respostas para as questões a seguir. Resumi suas observações e fiz citações diretas para refletir sobre certos temas.

Você acha que as emoções dos meninos são importantes? Por quê?

A resposta a essa pergunta foi unânime. *Todos* responderam "sim, as emoções dos meninos são importantes". Quanto ao "por quê?" as respostas variaram desde "se os meninos aprenderem a expressar emoções desde cedo, saberão como fazê-lo quando forem adultos" até "porque meninos são humanos". De modo geral, as respostas foram afirmativas, como era óbvio, confirmando que as emoções dos meninos são importantes.

Você acha que os meninos precisam expressar suas emoções? Em caso afirmativo, onde e como?

Houve um "sim" unânime para a primeira parte da pergunta, tanto para os homens como para as mulheres. No entanto, as diferenças surgiram na segunda parte. As mulheres disseram consistentemente que os meninos deveriam conversar com "outras pessoas seguras e confiáveis... como amigos, pais, professores e treinadores". As mulheres pareciam listar quase todas as pessoas que conheciam, enquanto os homens identificaram apenas alguns poucos escolhidos com quem não havia problema em conversar, basicamente aqueles que pertenciam à família dos meninos. Por exemplo: um executivo de 45 anos, pai de um adolescente, disse que "ser sensível não é vantajoso para os meninos" [mas que] "num ambiente familiar ou [num] grupo de amigos íntimos, os homens precisam se abrir mais sobre suas emoções". Sua afirmação se repetiu na maioria das respostas dos homens.

Um homem deu uma resposta diferente. John Serafine, de 43 anos, é orientador educacional em uma escola de ensino médio, além de técnico de basquete em Fairport, Nova York. Ele é pai de quatro crianças (duas meninas e dois meninos). Também foi um atleta talentoso no ensino médio e na faculdade, figurando no hall da fama dos esportes em sua cidade. Apesar de sua socialização por meio das Regras do Bando, aprendeu a questionar algumas dessas rígidas normas masculinas. Aqui está o que ele disse sobre a expressão emocional dos meninos:

> Os meninos definitivamente precisam expressar suas emoções a qualquer hora e em qualquer lugar. A mensagem que devemos passar aos nossos meninos é que as emoções são deles e eles devem se sentir à vontade para demonstrá-las sem antes pedir permissão. Eles precisam saber que não há problema em estar alegre, triste, assustado, nervoso, envergonhado, bravo etc. Gostaria que nos empenhássemos em ensinar aos meninos que o importante é o que eles fazem com suas emoções.

Um estudo recente indicou que os meninos restringem sua expressão emocional a partir do início da adolescência, enquanto a expressão emocional das meninas aumenta. Por que você acha que isso acontece?

Todas as respostas a essa pergunta fizeram referência ao processo de socialização. A maioria citou a Regra do Bando "meninos não choram" e a idéia generalizada de que os meninos devem ser fortes e que "para que os meninos sejam fortes, chorar não pode fazer parte do processo". O que ninguém comentou foi a vergonha que os meninos sentem e a punição que normalmente recebem por comportamentos fora do padrão, como chorar.

Alguns meninos têm temperamento tímido e são reservados, outros têm temperamento extrovertido e falam

desinibidamente com outros, e alguns estão entre esses dois extremos. Descreva o temperamento de seu(s) filho(s) e como ele está relacionado à expressão emocional.

O que aprendi com as respostas a essa pergunta é que muitos pais (que em geral não têm diplomas de psicologia, pedagogia ou outras áreas relacionadas) normalmente não se concentram no temperamento dos filhos. No entanto, se começarem a fazê-lo, esse tipo de reflexão poderá ser mais uma ferramenta útil na criação dos filhos.

Embora as meninas sejam socializadas para expressar suas emoções, elas não se tornam "fracotes" no final do ensino fundamental e no ensino médio... são competidoras formidáveis em esportes e outras áreas. Você acha que é possível socializar meninos pequenos para que mantenham suas emoções sem transformá-los em "fracotes" quando forem mais velhos? Em caso afirmativo, como? Caso contrário, por que não?

As respostas foram basicamente "sim, é possível". Os que discordaram com a observação geral disseram que as meninas ainda são consideradas fracas, isto é, o softball é mais fácil que o beisebol e as bolas de basquete das meninas são menores que as dos meninos. Talvez a seguinte resposta tenha sido mais direta: "As emoções são consideradas uma fraqueza, de modo que os meninos não podem demonstrar as emoções sem serem fracotes".

Aqui está uma série de respostas para a pergunta sobre como e por que os garotos poderiam ser criados para expressar suas emoções sem se tornarem fracotes:

"Sim, se um homem for seguro e confiante, pode demonstrar emoções. Irônico, não?... demonstrar sentimentos, na verdade, é um sinal de força." (pai de três meninas, branco, 50 anos)

"Sim, acredito que, se a sociedade permitir que os homens se expressem de maneira razoável, haverá menos probabilidade de eles explodirem." (mãe de dois meninos, branca, 55 anos)

"Sim, reprimir as emoções é prejudicial para todos." (pai e avô, negro, 60 anos)

"Sim, apenas trate os meninos 'normalmente' e [faça com que eles] se dediquem a tudo, desde praticar esportes até conversar com outras pessoas." (mulher branca, 21 anos)

"Sim, do meu ponto de vista, o menino que não expressa seus sentimentos é o *verdadeiro* fracote." (universitário negro, 19 anos)

As respostas a essa pesquisa descrevem um mundo confuso para os meninos; um mundo que lhes passa uma mensagem ambígua: *suas emoções podem ser importantes, mas ainda não é seguro demonstrá-las fora de sua família*. Infelizmente, há muitos meninos que não conseguem manifestar suas emoções em público *ou* com suas famílias. É interessante observar que não foram apenas os homens que defenderam a idéia de que para os meninos não é seguro demonstrar suas emoções vulneráveis fora da família. As mulheres também estão familiarizadas com as Regras do Bando (especialmente a que afirma: *meninos não choram*) e podem ver como essas regras limitam a expressão emocional dos meninos. Acho difícil não perceber isso. De modo geral, a pesquisa reflete a crença generalizada de que as emoções dos meninos *são* importantes, mas ainda não sabemos como permitir que elas *sejam* importantes.

Conclusão

Questionar as normas de que as emoções dos meninos não são importantes, e que expressar os sentimentos não é necessário ou adequado, é uma tarefa desafiadora. Vai contra nossos princípios culturais. Faz com que os pais e outros adultos se sintam receosos, pois ninguém quer sujeitar intencionalmente os meninos à rejeição. No entanto, esse medo de não ser "masculino", de ser um fracote, o garotinho da mamãe ou um maricas, é o que alimenta as Regras do Bando.

Em um ponto todos concordam: os meninos precisam ser capazes de ter e expressar suas emoções. Aparentemente o próximo passo lógico seria mudar as normas culturais, de modo que os meninos não precisassem disfarçar suas emoções por meio do estoicismo e da agressividade. Felizmente, a expressão emocional é uma habilidade que pode ser ensinada. Se os meninos aprenderem a sentir e expressar suas emoções, elas não serão liberadas de maneira alternativa. Se não houver punição ou vergonha por demonstrar seus sentimentos, a saúde física e mental dos meninos vai melhorar, assim como vai melhorar também a vida de todas as pessoas que se relacionam com eles.

CAPÍTULO 5

Empatia dos Meninos: Uma Característica Importante da Saúde Emocional

> "O E.T. e Elliot têm uma forma especial de comunicação", sussurrou Michael.
> "Você quer dizer que pensam os pensamentos uns dos outros?", perguntou o cientista.
> "Não... eles sentem os sentimentos uns dos outros."
> – Diálogo do filme *E.T.*, de Steven Spielberg.

É difícil encontrar alguém que não goste do filme *E.T.*, de Steven Spielberg. Entretanto, esse filme maravilhoso não é meramente divertido, mas parece ser um mito moderno sobre as emoções dos meninos. Ele conta a história de um botânico extraterrestre (E.T.) que, ao se dar conta de que não consegue voltar para sua espaçonave, desenvolve um relacionamento especial com um menino da Terra (Elliot). (Eventualmente o E.T. descobre um modo de voltar para seu planeta natal.) No entanto, não é o enredo que parece um mito, mas sim o relacionamento entre o E.T. e Elliot e as emoções naturais expressadas nesse relacionamento. O trecho do diálogo citado anteriormente resume a importância dessa empatia em sua amizade. *Cada um podia sentir o que o outro sentia.*

Por que a empatia é uma característica importante da saúde emocional? Uma razão é a dinâmica da empatia no relacionamento, pois envolve outras pessoas. Relacionar-se com os outros (familiares, amigos, parceiros de equipe, colegas de trabalho) é um fator de proteção para manter uma boa saúde mental. Bons relacionamentos são benéficos para nós. No entanto, quando alguém não possui a capacidade de ter empatia, essa pessoa está essencialmente impedida de ter relacionamentos íntimos. Ninguém pode ter um relacionamento saudável com outra pessoa sem ser capaz de compreender a experiência de vida e o ponto de vista do outro. A empatia é uma característica importante da saúde emocional, já que a capacidade de sentir empatia é o que separa os seres humanos dos monstros e das máquinas.

Em um livro que trate das emoções dos meninos, a empatia é um assunto tão importante que merece um capítulo inteiro. O que se segue é uma discussão sobre a natureza da empatia: como ela se desenvolve, o papel que representa no desenvolvimento emocional dos meninos e como influencia o relacionamento interpessoal e a saúde mental deles. Dois estudos de caso são apresentados como forma de exemplificar a dinâmica da empatia na vida dos meninos. Meu objetivo é fornecer informações suficientes sobre a empatia para que você ajude os meninos a desenvolver, cultivar e empregar a habilidade de sentir empatia em suas experiências cotidianas.

A Essência da Humanidade dos Meninos é Sua Empatia

Empatia vem da palavra grega "empatheia", que significa "sentir o interior". Um sentimento como esse exige a compreensão de como uma pessoa se sente. Também inclui "sentir o interior" de outros seres vivos, como animais silvestres ou de estimação. Há mais de dois séculos, Adam Smith descreveu a empatia como "a capacidade de compreender o ponto de vista de outra pessoa e ter uma reação íntima ou emocional" (Zahn-Waxler, Cole, Welsh e Fox, 1995, 28).

Essa descrição não cita o que considero ser a característica fundamental da empatia: saber como outras pessoas se sentem exige que você saiba como você se sente. Em outras palavras, *a empatia em relação a si mesmo ocorre antes que se possa ter empatia pelos outros*. A partir desse ponto de vista, muitos meninos estão em desvantagem quando precisam ter empatia pelos outros. Por quê? Porque a empatia começa com a consciência de seus próprios sentimentos e, se os meninos não foram treinados para sentir suas próprias emoções, sua capacidade de *sentir o interior* dos sentimentos dos outros será bastante limitada. Isso pode ser até mesmo impossível.

A empatia foi descrita como um antídoto para a raiva (Goleman 1995). Acredito que a empatia também seja um antídoto para o narcisismo (preocupação consigo mesmo). Além disso, o narcisismo, aparentemente, é uma das principais engrenagens que sustentam os aspectos prejudiciais da masculinidade estereotipada (isto é, vencer a todo custo, dominar etc.). Portanto, sentir empatia vai diretamente contra as Regras do Bando e o narcisismo. Enquanto um menino ainda puder "sentir o interior" de outras pessoas, haverá uma probabilidade menor de machucá-las. Também é menos provável que se machuque, pois a empatia consigo mesmo permite que uma pessoa se cuide bem.

Falta de Empatia

A falta total de empatia pode ser uma situação muito destrutiva. Por exemplo: em 1994, um bando de oito meninos do ensino médio usou um taco de beisebol para espancar Eddie Polec até a morte nas proximidades da Filadélfia (Freedman e Konedelseder 1999). Eddie era um menino de dezesseis anos, estava literalmente no lugar errado e na hora errada. Além disso, os membros desse bando, todos condenados mais tarde por assassinato, também estavam no lugar errado *dentro de si mesmos*. Alimentados pela raiva e incapazes de sentir empatia por um menino indefeso, que estavam machucando... matando... cada menino esperava sua vez para espancar Eddie. Um deles segurava seu corpo franzino enquanto os outros golpeavam-no diversas vezes, deixando Eddie irreconhecível.

A falta de empatia é mais marcante quando uma pessoa continua a infligir dor em alguém *que já está machucado*. Nesse caso, assim como no caso de Eddie, a falta de empatia tem outro nome: tortura. É irônico que esse Bando de meninos utilizasse um símbolo universal dos meninos, o taco de beisebol, em seu ato desumano. Eles estavam *Sem Medo* e sem empatia.

Evidentemente, a morte chocante de Eddie Polec é um exemplo extremo de como a falta de empatia pode afetar os meninos e aqueles ao seu redor. Um exemplo menos extremo é visto nos atos de um menino de treze anos que espalha boatos sexuais sobre sua ex-namorada. Ela terminou o relacionamento e ele estava bravo e magoado. Espalhar boatos mal-intencionados supriu sua necessidade de vencer ou "preservar sua imagem" (Regras do Bando). Além disso, como ele não sentiu empatia, ou seja, não se colocou no lugar dela para perceber o que ela sentiu em relação aos boatos que ele espalhou, ele não se arrependeu. Ele não *sentiu empatia pela* mesma menina com quem dizia se importar apenas dois dias antes. A empatia poderia ter evitado que sua raiva machucasse tanto outra pessoa, assim como certamente teria evitado a morte de Eddie Polec.

Como a Empatia Se Desenvolve

O conhecimento sobre a origem e o desenvolvimento da empatia não é uma ciência exata. Poucos estudos relacionados ao desenvolvimento humano o são. Combinei aqui a abordagem fenomenológica (a experiência de um indivíduo) com a psicologia ligada ao desenvolvimento, para compreender como a empatia saudável se desenvolve. Mencionadas anteriormente, tanto as pesquisas acadêmicas como minha prática clínica, ainda me levam a propor a teoria de que a empatia pelos outros começa com a empatia por si mesmo. Portanto, os meninos não sentirão a tristeza de outra pessoa enquanto não sentirem sua própria tristeza, assim como não sentirão a felicidade de alguém se não conseguirem sentir sua própria felicidade.

Então, por que um menino desenvolve uma capacidade sadia de sentir empatia, enquanto outro não? Assim como qualquer outro aspecto do desenvolvimento humano, existem influências biológicas e ambientais que, por sua vez, interagem e afetam umas às outras. A explicação mais simples é esta: aparentemente um menino que receba do ambiente estímulos que reforcem sua empatia terá uma probabilidade maior de desenvolver "circuitos emocionais" que lhe permitam ter empatia por si mesmo e pelos outros. O contrário também parece ser verdadeiro. Se um menino não recebe o tipo de estimulação, isto é, comportamentos que reforçam a empatia, que o ajudem a desenvolver seus próprios sentimentos de empatia, sua capacidade de ter empatia pode ser distorcida de algum modo.

A Empatia dos Meninos Começa ao Nascer ou nos Primeiros Meses de Vida

A origem da empatia pode ser encontrada na infância. Alguns pesquisadores sugeriram que o modo como os recém-nascidos choram quando ouvem o choro de outros recém-nascidos, é uma forma de empatia. De fato, a maneira como um bebê imita a aflição de outro pode realmente ser um precursor da empatia. Durante a infância e aproximadamente até o primeiro ano de vida, parece que os bebês respondem à aflição dos outros como se ela fosse deles. Isso demonstra algum tipo de ligação ou "sensibilidade do interior" da aflição dos outros. Uma explicação é que os bebês ainda não desenvolveram a percepção de que estão separados dos outros (Mahler, Pine e Bergman 1975; Masterson 1993).

Aproximadamente entre um ano e dois anos e meio de vida, as crianças de colo começam a desenvolver a percepção de que estão separadas dos outros. O primeiro passo fundamental para o desenvolvimento da empatia é ser capaz de sentir seus próprios sentimentos. Uma vez que um menino comece a perceber que está separado dos outros, seus sentimentos tornam-se ou devem tornar-se próprios. Evidentemente, a importância do espelhamento, da compreensão e da aceitação dos sentimentos dos meninos nessa idade é essencial para desenvolver a capacidade de sentir empatia.

Como o Ambiente (Pais e Adultos) Influencia o Desenvolvimento da Empatia

Os pesquisadores que investigam o desenvolvimento da empatia prestam atenção particularmente às emoções e aos comportamentos pró-sociais relacionados com a empatia (Eisenberg e Miller 1987). A responsabilidade parece estar ligada tanto à empatia quanto à culpa, sendo que as meninas demonstram respostas mais pró-sociais e empáticas do que os meninos já na pré-escola (Zahn-Waxler e Robinson 1995; Zahn-Waxler, Cole, Welsh e Fox 1995). Por que há diferença tão grande relativa ao sexo nessa idade?

Uma explicação afirma que a combinação poderosa do temperamento das crianças, das experiências ambientais e das forças culturais cria, bem cedo, um distanciamento relativo a cada sexo. Como descrito nos Capítulos 2 e 3, os diversos temperamentos dos meninos *suscitam* respostas diferentes dos pais, as quais, por sua vez, afetam o aprendizado e o comportamento dos meninos. Isso não significa que os temperamentos dos meninos definam seu destino. Ao contrário, essa é uma dança (em termos científicos, um processo transacional) complicada, que ocorre entre os pais e os filhos numa cultura que raramente apóia as emoções dos meninos. Além disso, o desenvolvimento da empatia parece estar relacionado ao modo como o ambiente responde aos meninos. Simplificando, independentemente do temperamento, parece que, sem um ensino que vise diretamente às próprias emoções e aos sentimentos dos outros, há uma probabilidade menor de que os meninos desenvolvam a capacidade de sentir empatia.

A resposta ambiental mais importante, para facilitar o desenvolvimento da empatia em meninos (e na verdade em todos), parece ser a noção de que suas emoções interiores são conhecidas, compreendidas e aceitas. Portanto, para aprender empatia, um menino primeiramente deve passar pela experiência de alguém *que tenha empatia por seus sentimentos*. Isso precisa acontecer regularmente, começando na infância e continuando ao longo desta e da adolescência. Os pais ou as pessoas que cuidam dos meninos devem "sentir" a experiência deles. Os meninos precisam passar pela experiência de serem vistos e compreendidos *por dentro*.

Embora pareça que os precursores para o desenvolvimento da empatia estejam presentes durante a infância, as estimativas de quando os comportamentos de empatia se desenvolvem pela primeira vez em crianças variam dos dois aos quatro anos. Pode parecer uma variação muito grande para um aspecto tão fundamental do desenvolvimento humano. E realmente é. Mas, como muitos aspectos do comportamento humano, particularmente em bebês e crianças de colo, é difícil analisar e observar o que não é dito. Apesar desse desafio, pesquisadores descobriram muitos padrões interessantes que facilitam ou interferem no desenvolvimento da empatia.

Pesquisa da empatia. Numa série de estudos conduzidos sob os cuidados do National Institute of Mental Health, pesquisadores examinaram as interações entre os pais e seus filhos na pré-escola (Radke-Yarrow e Zahn-Waxler 1984). Baseados nessas observações, os pesquisadores concluíram que os métodos disciplinares dos pais estavam relacionados à capacidade dos filhos de sentir empatia. Mais especificamente, quando os métodos disciplinares dos pais envolviam ajudar os filhos a ver como o comportamento deles havia levado outra criança a sentir-se mal (por exemplo, "veja como Juliano ficou triste desde que você bateu nele"), essas crianças pareciam demonstrar mais empatia do que as crianças cujos pais as disciplinaram apenas com correções comportamentais (por exemplo: "você foi malcriado").

Outra descoberta interessante desse projeto de pesquisa foi que as crianças aparentemente aprendem a sentir empatia por meio tanto do ensino direto como de modelos indiretos. O ensino direto da empatia é mais familiar, como quando os adultos dizem diretamente aos filhos como prestar atenção nos sentimentos de outra criança. O modelo indireto (observar a empatia em outros) pode ser menos familiar. O pai que diz: "Veja como Charlie está triste porque não consegue subir no balanço" e "Eu me sentiria tão orgulhoso se fizesse um desenho como o do Flavio" mostra dois exemplos de modelo indireto.

Modelos como esses também ocorrem quando as crianças observam outros colegas que demonstram uma resposta empática a um colega com problemas. Por exemplo: o menino que viu outro menino oferecer a Charlie um lugar na caixa de areia (porque rejeitaram Charlie no balanço) está observando um modelo indireto. Ele não apenas aprende a reconhecer a dor em outro menino, como também vê como reconfortá-lo ajuda a aliviar a dor. Essa é uma boa lição para os meninos, sob muitos aspectos. Há uma infinidade de oportunidades para pais e adultos utilizarem o modelo indireto de empatia como ferramenta de ensino em qualquer idade. Juntos, esses estudos sugerem que a empatia pode ser ensinada diretamente, refletindo os sentimentos dos próprios meninos por meio de certas técnicas disciplinares e de modelos diretos e indiretos.

A resposta ambiental que parece ajudar os meninos a desenvolver a empatia, independentemente de seu temperamento (o menino não precisa ser do tipo "sensível" para sentir empatia), é a seguinte: os meninos precisam primeiro sentir as próprias emoções e *receber empatia* de seus pais, de pessoas de confiança que cuidam deles e de seus colegas. Os meninos podem aprender a sentir empatia com os outros por meio do ensino, da disciplina e de modelos. Além disso, os meninos que recebem empatia têm mais capacidade de senti-la.

Como a Empatia é Destruída nos Meninos

Se ensinar e aprender empatia são tão simples, por que os meninos correm um risco tão grande de não desenvolvê-la? O processo de destruir a empatia dos meninos envolve diversos passos. Porém, antes de concentrar-se nos meninos, é importante pensar em como a empatia não se desenvolve, independentemente do sexo. Os fatores de risco ambiental para o desenvolvimento da empatia parecem ser a falta de união com as pessoas que cuidam da criança, negligência emocional e qualquer tipo de abuso infantil, incluindo o físico, o emocional e o sexual (Cicchetti e Carlson 1989; Herrenkohl e Herrenkohl 1981). Os riscos aumentam com a cronicidade e a gravidade. Em outras palavras, quanto mais freqüentes e graves forem os fatores de risco, maior a probabilidade de que haja distúrbios no desenvolvimento da empatia das crianças (Main e George, 1985; Klimes-Dougan e Kistner 1990). Os distúrbios podem variar desde uma falta de empatia até uma "hiper" empatia.

Embora você provavelmente esteja familiarizado com os termos "sociopata" e "personalidade anti-social" (sem empatia ou consciência), o termo *hiperempatia* (extremamente sensível aos sentimentos e humores dos outros) pode ser menos familiar. Pessoas hiperempáticas não chamam muita atenção porque não transgridem regras sociais ou legais, como uma pessoa sem empatia. Na verdade, elas costumam ser "aduladoras de pessoas". Adular as pessoas é uma defesa psicológica que serve como maneira de proteger-se.

O "Período" para o Ensino da Empatia

O momento em que se ensina a empatia parece ser importante para o seu desenvolvimento. Como o desenvolvimento da empatia parece começar na infância, quanto mais cedo um menino experiencia o espelhamento e a união com aqueles que cuidam dele, melhor. Os psicólogos ligados ao desenvolvimento sugeriram que há um "período crítico" (o que significa que algumas habilidades devem ser aprendidas numa idade específica) para certos aspectos do desenvolvimento humano (Sroufe 1997). A empatia pode ser um deles. No entanto, grande parte do cérebro humano permanece "flexível", o que significa que habilidades novas podem ser aprendidas e experienciadas ao longo da vida. Sabe-se mais sobre quando começa o período da empatia do que quando ele acaba. Portanto, embora se saiba que é importante eliminar fatores de risco e espelhar as emoções dos meninos quando eles são bastante jovens, já que o cérebro é mais flexível, é possível que crianças mais velhas (até mesmo adultos) consigam desenvolver a empatia.

Boas intenções às vezes são prejudiciais. A maioria dos pais não procura ignorar intencionalmente os sentimentos de seus filhos ou destruir sua capacidade de ter empatia. Minha experiência como psicoterapeuta ensinou-me que as intenções dos pais normalmente são positivas. Embora o comportamento apresentado possa ser prejudicial para o menino, quase sempre a intenção implícita dos pais é protegê-lo de alguma forma. Trabalhei com pais que acreditavam honestamente que bater nos filhos era o melhor que podiam fazer para ajudá-los a comportar-se.

Quando os pais ignoram consistentemente os sentimentos dos filhos por razões bem-intencionadas, isso pode levar a resultados negativos. Por exemplo: num esforço para evitar que algo "suba à cabeça" da criança, alguns pais podem ignorar o orgulho do filho em relação a um projeto escolar ou a um papel principal na peça de teatro da escola.

Seguindo o mesmo raciocínio, outros pais podem ignorar a tristeza de seus filhos por não ganharem um prêmio no projeto de ciências ou por não passarem na última seletiva para a equipe de basquete. Esses pais não querem que seu filho "prolongue" a situação ruim; não querem que ele se concentre na derrota. Infelizmente, isso também pode levá-los a não conversar com ele sobre seus sentimentos. Embora alguns pesquisadores tenham descoberto que pensar seguidas vezes sobre acontecimentos negativos possa contribuir para a depressão em crianças (Nolen-Hoeksema 1994), concentrar-se nos sentimentos dos meninos não é a mesma coisa que "prolongar uma situação ruim". Ao contrário, conversar sobre experiências negativas muitas vezes evita que alguém volte a ter pensamentos negativos.

De fato, os meninos se beneficiam quando expressam suas emoções positivas e negativas e quando essas emoções são vistas, compreendidas e aceitas pelos outros. Isso é *particularmente* importante em relação ao desenvolvimento da empatia. Se as emoções dos meninos não forem legitimadas e compreendidas, as valiosas habilidades de empatia não serão praticadas. Quando os pais e outros adultos ignoram as emoções dos meninos e defendem as Regras do

Bando, isso pode contribuir para distorcer a capacidade dos meninos de sentir empatia.

Qual o Aspecto da Empatia nos Meninos?

Os meninos podem sentir empatia sadia, muito pouca empatia ou empatia demais. O menino com empatia sadia é descrito freqüentemente como um "bom menino". Ele não só é genuíno e carinhoso, como também independente. Um menino com muito pouca empatia normalmente transgride regras sociais ou legais e tem poucos relacionamentos reais (ou mesmo nenhum). Ele não tem consideração pelo sentimento dos outros. Esse menino pode ser muito encantador ou muito maldoso. O menino que tem empatia demais é o "adulador de pessoas", sentindo o humor e as necessidades dos outros como se fossem as dele. Ele sempre coloca as necessidades dos outros antes das suas.

Saber o que se sente no relacionamento com cada tipo de menino também é importante. Relacionar-se com "bons meninos" é realmente agradável. Há uma entrega saudável no relacionamento. Relacionar-se com um menino hiperempático é delicado como pisar em ovos, pois há o temor de magoá-lo de alguma forma. Relacionar-se com um menino com muito pouca empatia freqüentemente passa a impressão de que você está sendo manipulado, sempre após o fato acontecido, especialmente se o menino foi encantador.

É importante observar que o modo de pensar intuitivo das crianças com pouca idade levam-nas a acreditar que "as coisas são aquilo que parecem ser". Em outras palavras, se um menino sem empatia é legal com elas, então ele é legal. Contudo, crianças com mais idade perceberão, também intuitivamente, que há algo de que não gostam num menino com pouca ou nenhuma empatia. Às vezes, não conseguem dizer o que é e falam algo como "eu não gosto do Donnie... não quero passar o tempo com ele". Quando questionados por que não, a resposta igualmente vaga costuma ser "não sei o porquê... eu simplesmente não quero".

Olavo: Muito Pouca Empatia

Outra maneira de ver os aspectos saudáveis e prejudiciais da empatia é observar mais de perto a vida dos meninos. Olavo era o tipo de menino que não sentia muita empatia. Ele era mais do tipo maldoso do que encantador. Conheci Olavo em setembro de seu penúltimo ano no ensino médio. Por causa das diversas brigas em que se envolvia, ele era regularmente suspenso da escola. O diretor-assistente e o orientador recomendaram que Olavo e seus pais passassem por aconselhamento. Os pais de Olavo receberam as mesmas recomendações um ano antes, mas não se sentiram motivados a segui-las porque isso não aconteceu durante a temporada de futebol americano. Naquele ano, os problemas de conduta de Olavo levaram-no a correr o risco de ser expulso da equipe de futebol americano. Seus pais não queriam que isso acontecesse, portanto levaram Olavo para o aconselhamento. Entretanto, eles se recusaram a participar. Deixavam Olavo na clínica e partiam ou, na maioria das vezes, pediam a uma tia que o levasse à clínica.

Esse menino enorme fazia com que a cadeira de meu consultório parecesse pequena. Ele sentou na cadeira mais próxima da porta; aquela em que a maioria das pessoas senta quando não está certa se quer estar ali. Olavo foi educado e comunicativo nas respostas às minhas perguntas iniciais sobre a escola, os amigos, as brigas e sua família. Disse que não tinha muitos amigos e sua situação em casa era "boa". Quando perguntei por que ele brigava tanto na escola, respondeu que os outros meninos o provocavam. (Como Olavo era muito alto e musculoso, era difícil imaginar que alguém quisesse se envolver em alguma confusão com ele.) Ele explicou que era simples. Os meninos zombavam dele porque ele não era muito esperto, então batia neles.

Quando comecei a explorar os sentimentos de Olavo, ele disse que não tinha nenhum. Continuei a explorar, com todas as ferramentas clínicas que possuía, mas ele permaneceu estóico. No final das contas, ele estava certo. Não apenas lhe faltava empatia pelos meninos que machucava gravemente na escola, como também tinha pouca empatia por si mesmo. Olavo contou-me como se cortava secretamente há alguns anos com lâminas de barbear. Ele puxou a manga de seu agasalho. Ali, em seu braço musculoso de menino, mas quase um homem, estavam inúmeras cicatrizes brancas. Não me surpreendi quando Olavo mostrou-me suas cicatrizes depois que lhe perguntei sobre seus sentimentos. Ele explicou que se cortar era a única maneira de sentir algo.

Como ele esqueceu seus sentimentos. Olavo não conseguia se lembrar da última vez em que se sentiu triste, assustado ou magoado. Ele me disse que, no campo de futebol americano, às vezes se arrastava por dez metros, sem sentir dor, quando alguém se jogava contra ele. Quando perguntei o que os outros meninos sentiam na escola na hora em que ele batia suas cabeças contra o armário, por zombarem dele, Olavo disse: "Não sei. Não estou nem aí".

Como Olavo chegou ao ponto de não sentir suas emoções ou as emoções dos outros? Ou como ele podia não ter empatia pela sua dor ou pela dor dos outros? Lembre-se de que, entre os fatores de risco para não se desenvolver a empatia, estão o abuso e a negligência crônica durante a infância. Olavo experienciou ambos os fatores de risco. É muito comum observar o abuso e/ou a negligência de crianças em lares com relatos de alcoolismo e, no caso dos pais de Olavo, ambos eram alcoólatras. Eles não eram negligentes com as necessidades físicas dele; eles o alimentavam, vestiam e abrigavam. Apesar de Olavo pertencer a uma família de classe média alta, suas necessidades emocionais eram negligenciadas. O alcoolismo, o abuso e a negligência infantis, e a violência doméstica, atravessam todas as classes socioeconômicas e grupos raciais.

Olavo não conseguia se lembrar da última vez em que seu pai lhe disse algo agradável. Ele também não conseguia se lembrar da última vez em que seu pai ficou bravo, mas não bateu nele ou em um de seus irmãos. Nas lembranças de Olavo, esse abuso sempre esteve presente. Sua mãe também era emocionalmente abusiva e negligente. Ela gritava com seus irmãos e irmãs, insultando-os porque tinham dificuldades no aprendizado escolar (assim como Olavo). Quando perguntei a Olavo como seus irmãos e irmãs se sentiam em relação aos pais, ele disse que não sabia e ficou com uma expressão apática no rosto.

Traumas podem levar à ausência de sentimentos. Depois que os soldados experienciam o horror da guerra e voltam para casa, podem ser diagnosticados com Distúrbio Agudo de Estresse. Se seus sintomas continuam, ou o início deles é retardado, evidenciando-se apenas vários meses (ou anos) depois, o diagnóstico é Distúrbio de Estresse Pós-Traumático (DEPT). Do mesmo modo, se as crianças presenciam o horror da violência doméstica e passam por abusos em seus lares, também podem sofrer de DEPT ou Distúrbio Agudo de Estresse.

O Distúrbio de Estresse Pós-Traumático inclui diversos sintomas. O mais evidente em Olavo, e que lhe causava problemas na escola, era o enfraquecimento ou ausência dos sentimentos depois de ser hiperestimulado; ele "reagiria de forma excessiva" e em seguida agiria sem nenhum sentimento. Olavo passou por uma guerra durante os anos fundamentais de sua vida em que as emoções estão se desenvolvendo.

Não foi uma surpresa o fato de que Olavo não era mais capaz de sentir nada. Suas emoções não foram espelhadas, legitimadas ou compreendidas por seus pais ou pelas primeiras pessoas que cuidaram dele. E nunca houve modelos de empatia para ele. Todo o espelhamento que recebeu de outros adultos (professores, treinadores, avós) aparentemente não foi o bastante para equilibrar os efeitos graves e de longo prazo provocados pelo abuso e pela negligência sofridos na vida familiar.

Não sei se Olavo conseguiu desenvolver empatia por si e pelos outros. Uma vez que soube do abuso, relatei o caso ao Departamento de Serviços Sociais. (De acordo com a lei, os terapeutas devem relatar suspeitas de abuso infantil para a agência de proteção infantil apropriada em seu Estado.) Quando disse a Olavo que eu precisava fazer isso, ele reagiu com medo e alívio. Pensou que isso lhe traria mais problemas em casa, mas sabia que algo precisaria mudar. Não estou certa do que mudou para Olavo e sua família, caso algo realmente tenha mudado. Olavo deixou de vir às consultas depois que fiz o relato.

Dada a presença de tantos fatores de risco, não foi surpresa o fato de que a capacidade de Olavo de desenvolver empatia era inexistente. Com tanta violência e negligência em casa, seria uma surpresa se tivesse aprendido a lidar com sua raiva de um modo mais aceitável. Os sinais de que a empatia dos meninos foi destruída assumem muitas formas: agressão freqüente, ferimentos em si mesmo ou comportamentos de alto risco (beber, dirigir muito rápido), que são alertas vermelhos. A incapacidade de desenvolver relacionamentos familiares íntimos e relações sólidas com os colegas é um outro sinal. Olavo estava soando todos os alarmes.

Antonio: Empatia Saudável

Provavelmente a melhor maneira de descrever Antonio seria dizer que ele era um "bom menino". Essa descrição pode ser um dos melhores indicadores de uma empatia saudável nos meninos. Pense em alguém que você considera uma "boa pessoa". Normalmente é alguém que se preocupa com os outros. E uma das razões pelas quais se preocupa é porque pode ter empatia. Bons meninos não balançam gatos pelo rabo ou machucam outras pessoas. Bons meninos não são "bons demais" no sentido hiperempático ou encantadores como os sociopatas podem ser. Boas pessoas são independentes e, embora se preocupem com os outros, não sacrificam as próprias necessidades ou ignoram os próprios sentimentos.

Esse bom menino vivia com sua avó. Antonio nunca conheceu seu pai, enquanto sua mãe começava e saía da reabilitação por uso de drogas desde que ele nasceu. Antonio era um menino de dois anos, bastante ativo, quando foi viver com sua "Nanna". Ela era uma mulher trabalhadora, que sustentou Antonio e ela mesma com o salário de empregada doméstica. Ela se certificou de que Antonio soubesse a diferença entre o certo e o errado, tivesse orgulho de si mesmo e se preocupasse com os outros e os tratasse com respeito. Apesar de alguns comportamentos hiperativos que a aborreciam, Nanna não tinha palavras para descrever o quanto amava seu neto. O sentimento era recíproco.

Antonio começou a terapia aproximadamente seis meses após a morte de sua avó, vítima de um infarto repentino. Agora ele estava morando com os tios numa outra cidade. Suas notas despencaram. Seus parentes sabiam que Antonio era um aluno excelente e sempre tinha uma disposição boa e radiante. Mas o menino que vivia com eles parecia sombrio. Ele se irritava freqüentemente e, na maioria das vezes, parecia não se preocupar com nada. Seus tios temiam que ele seguisse um caminho errado e queriam ajudá-lo a manter-se no caminho certo. Eles sabiam que havia muitos caminhos tortuosos a serem seguidos em sua vizinhança.

A empatia saudável pode "machucar". Antonio também não queria seguir o caminho errado. O problema era que ele naturalmente ainda lamentava a morte de sua Nanna. Quando entrevistei Antonio pela primeira vez, ele fez um bom contato visual e falou abertamente de sua tristeza. Parecia aliviado por alguém finalmente falar com ele sobre seus sentimentos. Embora seus tios fossem bondosos com ele, não falavam abertamente sobre sentimentos em casa. Antonio acreditava que eles tinham medo de falar com ele sobre a Nanna porque temiam que isso pudesse chateá-lo. Ironicamente, Antonio descobriu sozinho que se sentiria *melhor* se eles falassem com mais freqüência sobre a Nanna... ou ouvissem quando ele falava.

Então, o ponto principal da terapia de Antonio passou a ser educar sua nova família para a tristeza. Seus tios receberam as ferramentas de que precisavam para ajudar Antonio a superar o primeiro e difícil ano após a perda de um ente querido. Gradualmente suas notas começaram a subir e um ano depois parecia ser ele mesmo outra vez.

Como Antonio tornou-se um menino tão bom? Por que ele não andava com um bando ou tinha comportamentos que machucassem os outros? Apesar do começo de sua vida, que não supriu suas necessidades (abandono e negligência precoce são dois fatores de risco), seu ambiente entre os dois e os nove anos foi que espelhou seu mundo interior. Mesmo com temperamento "difícil" (muito ativo, com muita energia), Antonio aprendeu a compreender os próprios sentimentos e os dos outros. Ele aprendeu a ter empatia de maneira saudável.

Maneiras Práticas de Ajudar os Meninos a Aprender e Manter a Empatia

Muitas influências ambientais determinam o desenvolvimento da empatia dos meninos. De fato, apesar do temperamento ativo de Antonio, Nanna nunca perdeu uma oportunidade de prestar atenção na vida emocional de Antonio. Em casa ela sempre espelhava os sentimentos dele e discutia abertamente as emoções dos dois.

De acordo com pesquisas atuais sobre cérebro–emoção–comportamento, parece ser possível que o ambiente *possa* determinar e mudar a base biológica dos comportamentos. Por exemplo: um estudo recente de fobia de dentista mostrou que os pacientes que aprenderam a acalmar-se com o uso de técnicas *comportamentais* (exercícios de relaxamento e conversas consigo mesmo) apresentaram menos ansiedade nas consultas do que um grupo de controle (que não sofreu intervenção) ou um grupo medicado (que tomou medicamentos antiansiedade) (Thom, Sartory e Johren, 2000). Portanto, com mudanças de comportamento, as emoções relacionadas também podem mudar; até mesmo o medo de dentista!

Desse modo, como os pais e outros adultos podem ajudar os meninos a desenvolver empatia? Que exercícios são tão eficazes para determinar as habilidades de empatia dos meninos quanto os exercícios de relaxamento, para determinar as emoções dos pacientes dos dentistas? Os principais apoios ambientais para o desenvolvimento de habilidades de empatia envolvem as seguintes intervenções ambientais para meninos de todas as idades.

★ **Sentir empatia pelos meninos.** Isso envolve realmente compreender as emoções dos meninos e "sentir o interior" de suas experiências. Não é difícil fazê-lo, mas certamente perturba as "Regras do Bando". Os adultos freqüentemente se sentem desconfortáveis em concentrar-se nos sentimentos dos meninos por medo de que isso os prejudique de algum modo. Eles temem que prestar atenção nos sentimentos dos meninos fará com que eles se tornem mais "femininos". Isso não é verdade. Sentir empatia pelos sentimentos dos meninos não faz nada além de torná-los mais humanos.

★ **Legitimar as emoções dos meninos.** Legitimar os sentimentos simplesmente significa que, ao compreender a emoção, você a reconheça e aceite, o que pode ser feito com palavras ou ações. Colocar a mão no ombro de um menino, quando ele se sente desencorajado é uma forma de legitimação. O mesmo vale para as palavras "eu entendo que você se sinta _____". Apenas ouvir um menino falar sobre seus sentimentos é uma legitimação. O contrário equivale a ignorar os meninos ou fazê-los ter vergonha do modo como se sentem (também é o oposto da empatia).

★ **Ensinar empatia.** Isso pode ser feito de maneiras simples. Quanto mais a empatia se torna parte do modo de a família pensar (e sentir), mais ela será uma habilidade que os meninos aprendem de maneira quase inconsciente, como andar de bicicleta. Em pouco tempo nem mesmo é preciso fazer esforço. A maneira mais simples de ensinar empatia é freqüentemente *perguntar como outras pessoas se sentem*. Para crianças mais jovens, é possível utilizar personagens de livros infantis, assim como amigos e familiares. Para crianças maiores e adolescentes, isso pode ser igualmente casual, como concentrar-se em irmãos, membros da família, programas de TV, filmes, personagens de romances, amigos, membros da equipe, professores e assim por diante. Isso não precisa estar relacionado com questões fundamentais da vida; ensinar empatia é apenas reconhecer que as outras pessoas têm necessidades e sentimentos. Depois que isso é entendido, a próxima relação a ser feita é concentrar-se no modo como as pessoas se sentem em resposta ao comportamento dos meninos: "E como Jaime se sentiu quando você disse aquilo?" Se a resposta for "não sei", encoraje o menino a adivinhar. Se ele ainda assim não souber, descreva emoções possíveis. Isso vai estabelecer uma relação entre o menino e os sentimentos da outra pessoa.

★ **Ensine os limites.** Quando as crianças e os adolescentes sentem os sentimentos de outra pessoa, é importante que aprendam a estabelecer um limite psicológico entre elas e a outra pessoa. Sem um limite entre si e os outros, ocorre um estado de simbiose (combinação psicológica), que leva a uma confusão relativa sobre quais necessidades e sentimentos pertencem a quem. A simbiose é considerada um estágio natural do desenvolvimento psicológico quando se tem menos de dois anos de idade, e eventualmente é substituída pela individualização (identidade sólida). Limites psicológicos sadios refletem essa individualização e definem as diferenças entre *preocupar-se com outra pessoa* e *assumir os problemas dessa pessoa*. Quando os meninos têm empatia pelos outros, é importante que eles aprendam a se preocupar, sem deixar de lado as próprias necessidades, pensamentos e sentimentos, por conta da preocupação com outras pessoas. Os limites psicológicos ajudam a estabelecer e manter a identidade.

- **Apresentar modelos diretos de empatia.** Apresentar modelos *diretos* de empatia pode ocorrer em conversas cotidianas com os meninos. É tão simples quanto "pensar em voz alta" para que os meninos possam ouvir os adultos dizerem coisas como "eu me sinto tão chateado pela família que teve a casa destruída pelo incêndio... eles devem estar chocados e desesperados". Ou "eu me sinto impotente em relação às crianças na Guatemala que vasculham os montes de lixo oito horas por dia para alimentar suas famílias". E não se esqueça de modelos positivos, como "a equipe de futebol americano deve estar tão emocionada com a conquista do campeonato estadual". Observe que todas essas afirmações são modelos diretos de empatia, pois descrevem as emoções de outras pessoas.

- **Apresentar modelos indiretos de empatia.** Formas *indiretas* de empatia podem envolver a observação de como outras pessoas demonstram empatia e possivelmente fazer comentários positivos sobre isso. Pode acontecer quando um irmão tem empatia com alguém da família e você comenta "o Samuel foi realmente legal com o Joshua". No final da infância e na adolescência, há muitos exemplos a serem comentados de meninos que demonstram empatia. Tudo que é preciso é um adulto observar isso e dizer algo. Reforçar a empatia dos meninos de forma positiva é o que faz a diferença entre ser um "fracote" e ser uma "boa pessoa". Muitas vezes, os meninos demonstram empatia por outros meninos e isso é ignorado ou não é visto como algo bom. Ensine aos meninos que ter empatia é bom.

Conclusões

A base biológica da empatia também deve ser reconhecida. Alguns estudiosos sugeriram que há um "gene criminoso" e diferenças no funcionamento cerebral que impedem que algumas pessoas experienciem empatia ou tenham uma consciência (Brothers 1989; Patrick, Cuthbert e Lang 1994). Há um debate em andamento sobre essa teoria e essas pesquisas. Eu apenas gostaria de reconhecer aqui os possíveis aspectos genéticos do desenvolvimento da empatia.

A discussão sobre a empatia dos meninos neste capítulo concentrou-se nos aspectos ambientais do desenvolvimento da empatia, pois essa é a parte que pode ser determinada. Evidentemente, os pais têm mais controle sobre como criar seus filhos do que sobre que atitudes tomar em relação aos genes que seus filhos herdam. As respostas ambientais às emoções dos meninos podem afetar o desenvolvimento da empatia tanto de maneiras positivas como negativas.

É possível desenvolver uma empatia saudável em meninos com muito pouca empatia ou empatia demais? Não posso dar uma resposta certa para todos os meninos, porém de um modo consistente com meu posicionamento relativo à expressão emocional dos meninos, afirmo que é possível ensinar a eles as habilidades emocionais da empatia sobre seus próprios sentimentos e os sentimentos dos outros, em qualquer idade. Essa é uma habilidade necessária para a saúde emocional deles.

CAPÍTULO 6

Raiva dos Meninos: Alternativas à Agressão

O que eu deveria fazer?... Ficar parado e deixá-lo se safar?
– David, 16 anos, após jogar seu irmão mais novo
contra a parede por ter sido zombado por ele.

A raiva é uma das poucas emoções que nossa cultura permite aos meninos sentir. Os meninos podem ficar furiosos, mas não assustados; podem ficar furiosos, mas não magoados; podem ficar furiosos, mas não envergonhados. Portanto é compreensível que a raiva seja uma emoção experienciada e expressada freqüentemente pelos meninos. Também é compreensível que a raiva dos meninos costume ser expressa por meio da agressão ativa. Por quê? Porque a agressão não apenas é amplamente aceita nas Regras do Bando como também está codificada na frase popular que, tantas vezes, define a masculinidade: *meninos serão meninos*.

Grande parte do comportamento agressivo dos meninos se dá primeiro em casa – entre os irmãos. Um irmão mais velho ou maior vai provocar seu irmão ou irmã menor. Caso seja permitido que isso continue, os meninos podem tornar-se agressivos com seus colegas e com a propriedade escolar e, em seguida, com a comunidade. Os meninos freqüentemente deixam de expressar sua raiva de maneira saudável. Eles batem, socam, chutam, jogam pedras, insultam, xingam e dão encontrões e cabeçadas... mas raramente utilizam palavras ou são encorajados a utilizá-las para expressar seus sentimentos.

A Raiva dos Meninos Sempre Precisa Resultar em Agressões?

Há muitas razões para os meninos não se expressarem de maneira saudável quando sentem raiva. Uma razão é que poucas pessoas sabem o que é isso! As três regras básicas sobre a expressão saudável da raiva são: quando você expressa a raiva: 1) ela não pode machucá-lo; 2) ela não pode machucar os outros; e 3) ela não pode destruir propriedade alheia. Outra razão que leva muitos meninos a expressar a raiva de maneira prejudicial e nociva é o modo como as Regras do Bando invariavelmente se sobressaem em relação a regras mais saudáveis. Este capítulo se concentra em como e por que isso acontece, ao mesmo tempo em que apresenta estratégias para ajudar os meninos a continuar sentindo sua raiva sem transformá-la em agressão. A agressão é um comportamento humano. Ela não é masculina (ou feminina). Então, vamos examinar por que a agressão ficou associada à masculinidade e o que pode ser feito para mudar isso.

Super-Heróis à Espera

Num determinado ano, mais de uma dúzia de adolescentes do sexo masculino me foram encaminhados para aconselhamento. Todos apresentavam o mesmo sintoma: dificuldade para controlar a raiva. Eles eram agressivos em casa ou na escola. Às vezes, em ambos os lugares. Durante as entrevistas clínicas, descobri que eram fascinados por bonequinhos quando eram menores e, no começo da adolescência, eram fanáticos por luta livre profissional e futebol americano. Para esses meninos, esportes como esses exemplificavam a essência do que era ser um homem, ou seja, ser grande, destemido e forte – tal qual um super-herói.

A atração por lutadores e outros atletas também foi observada no fascínio dos meninos por bonequinhos. Por quase uma década, os mesmos corpos grandes e musculosos vistos nos lutadores da televisão eram moldados em pequenos brinquedos de plástico, que se tornavam extensões dos egos e dos corpos em desenvolvimento dos meninos. "Se eu simplesmente pudesse ser assim" era um desejo manifestado freqüentemente pelos meninos mais jovens de quem eu tratava na terapia com brinquedos. Com a mesma freqüência também afirmavam: "Um dia *vou ser* parecido com ele!".

A Relação Cultural

O que a idolatria a super-heróis, lutadores profissionais, bonequinhos musculosos e a resistência à dor física têm a ver com a raiva dos meninos? Há relações em pelo menos dois níveis, e ambas estão relacionadas à cultura. A primeira é a mensagem aos meninos relativa à agressão; isto é, não há problema em ser agressivo. A segunda é a norma cultural de que os meninos devem ser poderosos. Freqüentemente esse poder assume a forma de dominação. Se um menino é musculoso, vitorioso e aparentemente indestrutível, isto é, ele é um jogador de futebol americano ou um lutador, então ele é legal. Essa combinação da determinação cultural para que os meninos se tornem o mais poderosos possível, com a permissão tácita ou explícita para a agressão, é uma receita certa para a violência. No entanto, a violência e a raiva não são sinônimos.

Do mesmo modo que qualquer outra pessoa, os meninos experienciam a raiva (a não ser que tenham feito esse sentimento desaparecer). Ficam bravos basicamente pelas mesmas razões que irritam qualquer outra pessoa no dia-a-dia. No entanto, quando a norma cultural determina que eles devem ser todos poderosos e dominantes, concluem de maneira inocente, mas incorreta, que é inaceitável sentir medo, ter necessidades ou fraquezas. Os meninos pensam que não podem aceitar a idéia de *não* ser poderosos. Infelizmente, uma solução comum utilizada pelos meninos para esse paradoxo é a agressão.

Poder e Agressão

Nos Estados Unidos e em muitas outras culturas, masculinidade freqüentemente se torna sinônimo de comportamento agressivo para meninos e homens. Essa é uma visão infeliz, porque (entre outras razões) pode ofuscar nosso apreço por muitos aspectos positivos associados à masculinidade. Um padrão sexual semelhante para as meninas é tornarem-se lindas pela manifestação da imagem corporal. As meninas internalizam as imagens da mídia e são obrigadas pela norma cultural a tornar-se *objetos de beleza*, de acordo com a definição cultural de beleza naquele dado momento. Um processo paralelo parece ocorrer com os meninos e a agressão. Numa cultura que retrata os homens como *objetos de poder*, é compreensível que os meninos e os homens internalizem a imagem de que devam ser poderosos. Infelizmente, quando ser poderoso define a identidade, como no caso da beleza, isso se torna uma faca de dois gumes.

Para as meninas que pensam que devem ser parecidas com as modelos, e para os meninos que pensam que sempre devem ser poderosos, não é difícil ligar os pontos e ver a questão como um todo. Muitas meninas fazem dieta, comem pouco, passam fome, desintoxicam-se e distorcem as simples experiências humanas de ter fome e comer, até que não saibam mais o que é uma simples alimentação saudável. De modo semelhante, muitos meninos brincam e lutam ignorando qualquer dor que possam experienciar. Eles negam uma parte saudável de ser humano sob outros aspectos, ou seja, sentir-se vulnerável, até que não saibam mais o que é a raiva saudável.

O processo acorre mais ou menos da seguinte maneira. Os sentimentos de um menino são magoados ou ele é ameaçado fisicamente de algum modo. A raiva saudável é uma defesa que indica: "Perigo – faça algo para proteger-se!". No entanto, se ele seguir as Regras do Bando ou outras normas rígidas sobre o que é ser masculino, compensará excessivamente sua vulnerabilidade por meio do poder. Isso por si só não é prejudicial ou artificial, porém torna-se prejudicial quando é a *única* opção que ele considera, e quando é combinado com todas as outras ordens que os meninos recebem (*vença a todo custo, a agressão não é ruim, meninos serão meninos*). Assim como as meninas que sentem a pressão para *não serem gordas*, os meninos que sentem a pressão para *não serem vulneráveis* podem acabar sacrificando seu verdadeiro eu. O resultado final são menos opções razoáveis para eles. Falar sobre os sentimentos de vulnerabilidade e aprender a lidar com problemas sem agressões são alternativas que devemos ensinar aos meninos.

Em suma, uma cultura pode mediar a maneira como as crianças definem quem são e como se apresentam aos outros. Desse modo, quando um menino se sente triste, magoado, assustado, sozinho, oprimido, estressado ou bravo – todas essas emoções têm apenas uma válvula de escape culturalmente aceita e ele tem uma opção: ser agressivo. As regras culturais de manifestação ditam como os meninos devem lidar com a raiva.

É claro que o comportamento dos meninos, em resposta ao sentimento de medo ou vulnerabilidade, varia em diferentes subculturas e situações. Alguns meninos nunca vão brigar, enquanto outros vão lutar caso o Bando esteja ao seu redor. Outros meninos brigam apenas quando carregam armas (facas, revólveres), enquanto outros brigam com palavras e insultos, para mais tarde passar para os empurrões ou socos. Se você considerar as características comuns entre esses exemplos de agressão, todos os comportamentos estão intimamente ligados à sensação de poder por meio da dominação, em vez da tentativa de lidar com a vulnerabilidade de forma não agressiva. Portanto, a agressão física pode ser uma defesa prescrita culturalmente contra sentimentos de vulnerabilidade. A necessidade de dominação e poder físicos pode tornar-se uma defesa que se aprende a utilizar contra o sentimento de medo. Sem mudar as normas e questionar as Regras do Bando, os meninos não têm alternativas culturalmente aceitáveis à agressão e à dominação.

Expressão Saudável da Raiva

A visão que apresento neste livro promove a expressão saudável da raiva. As regras simples para expressar a raiva de maneira não destrutiva (a raiva não deve machucar a pessoa que a sente, os outros ou destruir propriedade alheia) descrevem basicamente como é uma expressão saudável de raiva. Os meninos podem aprender em qualquer idade a sentir e expressar sua raiva de forma afirmativa e direta. Sempre é recomendável que se ensine aos meninos modos saudáveis de expressar a raiva no começo da infância, simplesmente porque haverá uma probabilidade maior de esse tipo de expressão saudável da raiva tornar-se uma parte natural de seu comportamento, se for apresentada e praticada cedo.

Juliano

Quando penso sobre o valor de ensinar cedo a expressão saudável da raiva, lembro-me de Juliano, um menino de sete anos com quem trabalhei há poucos anos. O temperamento de Juliano era "difícil" ou seja, ele era impulsivo e opositor em casa, na escola, na creche e na casa dos amigos. Quando o encontrei pela primeira vez, avaliei sua capacidade de nomear e expressar emoções positivas e negativas. Perguntei como se sentia em relação a coisas típicas, como conseguir uma nota boa em um trabalho de matemática ou ser provocado por outra criança na creche. As respostas de Juliano sempre eram estruturadas como pensamentos: "acho que os meninos não deveriam me provocar" ou "acho que foi um bom trabalho de matemática", eram respostas típicas. Ele era incapaz de identificar ou expressar suas emoções.

Após algumas sessões de terapia e um pouco de prática na identificação e expressão de suas emoções em casa, Juliano aprendeu a fazê-lo. Ele continuou a ter um temperamento "difícil", mas seus atos de agressão diminuíram significativamente. Como? A família de Juliano assumiu o compromisso de adotar uma política de "tolerância zero" em relação a comportamentos agressivos entre os pais, os irmãos ou os amigos. Isso significa que os pais alteraram a norma para eles mesmos, assim como para Juliano. Eles questionaram as Regras do Bando. Em vez de continuar vendo a agressão de Juliano como um comportamento típico de "meninos serão meninos", eles disseram que isso não era saudável e mostraram-lhe outras maneiras de expressar sua raiva.

Juliano aprendeu rápido e estava muito motivado, pois seus pais utilizaram uma tabela de comportamento para registrar seu progresso. Eles o recompensavam com elogios (nenhum dinheiro, nenhum brinquedo, apenas frases como "ah, que maravilha!"). Outra intervenção envolveu o *video game* pelo qual ele estava obcecado. Havia muita violência nos jogos (super-heróis que batiam em outros super-heróis etc.). Sob minha recomendação, os pais de Juliano desconstruíram seu jogo de fantasia. Disseram a Juliano que tudo era apenas um jogo de faz-de-conta e que, se ele continuasse a praticar "Chutes Poderosos" de verdade contra seu irmão menor (como os chutes que via no *video game*), o jogo seria desligado por três dias. Como não conseguia passar três horas sem jogá-lo, Juliano entendeu. Mesmo em níveis cognitivos bastantes precoces, as crianças entendem a diferença entre o real e o imaginário, assim como relações de causa e efeito. "Chute seu irmão menor mais uma vez e você não poderá brincar com seu jogo favorito por três dias" não é um conceito difícil de entender para um menino de sete anos.

Outra parte interessante do padrão de raiva e agressão de Juliano foi que, quando lhe expliquei pela primeira vez que sentir-se bravo não significa que precisa ser agressivo, ele me olhou como se nunca tivesse pensado nessa possibilidade. Utilizei interpretações de papéis para mostrar-lhe que a raiva não precisava transformar-se em agressão. Desenhei isso. Mostrei como utilizar a voz, em vez de bater ou chutar. Juliano não aprendera *diretamente* outras maneiras de expressar a raiva, além da agressão. Talvez a maioria dos meninos precise de instruções diretas como essas em razão de todas as mensagens que recebem da cultura dominante de que não há problemas quanto à agressão.

Ensinando e Aprendendo sobre a Expressão Saudável da Raiva

A raiva é um sinal. Ela é uma mensagem que informa que uma ameaça psicológica ou física está presente. Pode ser uma ameaça real ou percebida, mas o medo, muitas vezes, é a essência comum subjacente à raiva. Esse medo dá início às respostas bioquímicas de "luta ou fuga" do corpo. Entretanto, o dilema para os meninos é que, se internalizaram a idéia de que deveriam ser *um objeto de poder*, eles não poderiam ser ameaçados... não poderiam sentir medo (outra vez o clichê: Sem Medo). Se você pensar sobre isso, chega à conclusão de que é um paradoxo desumanizador... ser ameaçado e não ter permissão para sentir medo. Em parte, penso que essa incoerência contribui para todo o ciclo de medo, raiva e agressão.

Rompendo o ciclo de Medo → Raiva → Agressão

Embora as pessoas possam ficar bravas porque estão frustradas, cansadas, enciumadas e assim por diante, notei um padrão consistente em relação à raiva de muitos meninos. Ele envolve um ciclo de medo não processado, raiva ampliada e comportamento agressivo pelo qual os meninos passam incessantemente em relação às demais pessoas.

Chamo isso de ciclo de Medo → Raiva → Agressão. Ele surge como resultado de relação entre a fisiologia humana do menino e as normas culturais para que ele se torne um objeto de poder. Em qualquer idade, o corpo humano tem uma resposta razoavelmente previsível para o medo, sendo a raiva parte dessa resposta. Vista dessa maneira, a raiva na verdade é uma defesa. Ela ajuda a proteger alguém de ameaças reais ou imaginárias.

Na maioria das situações, os meninos não precisam defender a vida. Eles não precisam de toda a adrenalina que flui pelo corpo em

Rompendo o ciclo de Medo → Raiva → Agressão
Um Modelo para Mudar a Agressão Interpessoal dos Garotos

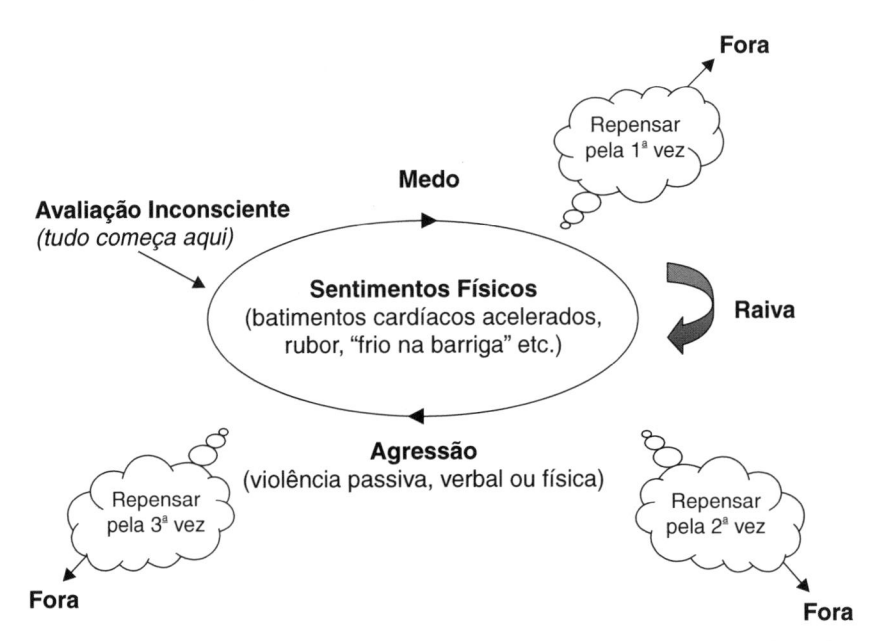

```
                                          Fora
                                           ↑
                                  ⌒Repensar⌒
                                   pela 1ª vez
                          Medo
Avaliação Inconsciente      →
(tudo começa aqui)
              ↘
              Sentimentos Físicos
              (batimentos cardíacos acelerados,     Raiva
              rubor, "frio na barriga" etc.)
                           ↑
                       Agressão
         ⌒Repensar⌒ (violência passiva, verbal ou física) ⌒Repensar⌒
          pela 3ª vez                                      pela 2ª vez
         ↓                                                      ↓
        Fora                                                   Fora
```

"Repensar" é o processo de reavaliação que encoraja os garotos a considerar alternativas à agressão e a mais medo
1ª vez – Pergunte a si mesmo se você realmente corre perigo, seja ele físico ou psicológico. Converse consigo mesmo, dizendo "estou bem" ou "posso lidar com isso".
2ª vez – Em vez de lutar, atirar objetos, brigar, empurrar etc., diga a si mesmo "vou me acalmar". (Deixe o local e vá a algum lugar onde você possa se acalmar.)
3ª vez – Esse é o melhor momento para ter uma visão objetiva, então converse com alguém! (Também é a última oportunidade para romper o ciclo, antes de ser obrigado a passar por ele outra vez...)

Figura 6.1

direção aos braços e pernas para que fiquem e (de maneira insensata) lutem contra o tigre dente-de-sabre ou (sabiamente) fujam dele. De fato, em muitas situações cotidianas, os meninos reagem apenas a ameaças psicológicas. Mas se os meninos não têm permissão para sentir medo, como eles podem perceber mais tarde que estão a salvo?

Interrompendo o Ciclo

Compreender os fatores que levam à raiva pode ajudá-lo a compreender onde interromper o ciclo de Medo → Raiva → Agressão. Não acredito que realmente faça diferença em que ponto do ciclo a mudança seja feita (ver Figura 6.1). Como você pode ver, qualquer lugar é um ponto de entrada e de mudança em potencial. Para que a agressão seja totalmente prevenida, o ponto de entrada, logo após tomar inicialmente consciência do medo, é a primeira oportunidade para romper o ciclo. Por exemplo: quando um menino percebe, pela primeira vez, que foi humilhado ou ameaçado psicologicamente, ele pode notar (se repensar o acontecimento) que na verdade não foi ameaçado daquela maneira. Ele pode utilizar considerações sobre si mesmo para assegurar-se de que não foi ameaçado, que está a salvo e que não precisa tornar-se agressivo.

Ou, se ele não puder deter sua raiva ao repensar seu medo, segundos mais tarde, quando *ficar ciente de que está bravo* ou que foi agressivo, ele ainda poderá romper o ciclo. Se *repensar sua agressão* e perceber que não quer machucar ninguém, pode optar por ir embora, em vez de machucar outra pessoa (a empatia definitivamente ajuda os meninos a romper o ciclo).

Um auxílio contínuo para romper o ciclo exige que o menino observe as sensações físicas que experiencia durante os encontros hostis. Quando ele toma consciência dos batimentos cardíacos acelerados em seu peito ou o calor de seu rosto corado, pode optar por acalmar-se antes de fazer qualquer outra coisa. Reconhecer e compreender conscientemente os sintomas físicos da raiva, assim como prestar atenção nesses sinais, pode ajudar os meninos a encontrar equilíbrio em seus corpos e também pode dar-lhes tempo para pensar antes de agir de acordo com aquilo que estão sentindo.

A emoção que chamamos de raiva tem muitas características fisiológicas comuns. Como cada pessoa é diferente, sabemos que há necessariamente muitas variações entre os indivíduos, e a raiva pode ser experienciada de maneiras diferentes.

A Fisiologia da Raiva

Estudos foram conduzidos para determinar o que acontece no corpo humano quando se sente raiva. A adrenalina (também chamada de epinefrina) parece ser o principal catalisador da fisiologia da raiva. Ou, como disse Carol Tavris (1989) em *Anger: The Misunderstood Emotion*, a adrenalina é "o combustível da raiva". Esse hormônio, junto com a noradrenalina (também chamada de norepinefrina), é o que sinaliza aos humanos para que lutem ou fujam. Os dois hormônios também parecem estar envolvidos com as emoções da raiva e do medo. Eles parecem ter funções semelhantes, mas surgem em quantidades diferentes e afetam parte diferentes do circuito cérebro–emoção–comportamento.

O SNA (sistema nervoso autônomo) comunica-se com a glândula supra-renal e com o sistema endócrino por meio desses hormônios e outros hormônios esteróides de estresse. Para uma discussão detalhada sobre a anatomia das emoções, veja o Capítulo 1 ou qualquer bom livro didático de anatomia ou fisiologia. Poucas partes do cérebro controlam apenas um comportamento, enquanto muitos hormônios e neurotransmissores trabalham juntos para produzir comportamentos. Isso certamente parece ser verdade para emoções como a raiva e o medo.

A Diferença entre o Sentimento de Raiva e a Emoção da Raiva

Como foi mencionado, a adrenalina e a noradrenalina aparentemente representam um papel fundamental no sentimento da raiva. Quando secretadas em grandes quantidades, elas podem causar os seguintes sintomas: *batimento cardíaco acelerado, frio no estômago, calor no peito ou na face e tensão nos músculos da panturrilha ou do bíceps*. Esses hormônios são liberados pelas glândulas supra-renais e instruídos pelo cérebro a "conversar" com o corpo e prepará-lo para reagir. Mas esse sentimento de raiva não é um sinônimo para a *emoção* da raiva.

Estudos laboratoriais (Ax 1953; Neiss 1988) demonstraram que se pode injetar adrenalina numa pessoa e ela não sentirá necessariamente raiva. Em vez disso, a pessoa sentirá as sensações fisiológicas da raiva (isto é, mudanças cardiovasculares). Portanto, o *sentimento* de raiva não se torna *emoção* da raiva baseado apenas em mudanças fisiológicas. Essa distinção entre o sentimento de raiva e a emoção da raiva faz ainda mais sentido quando se considera algumas das outras funções da adrenalina e da noradrenalina. Esses dois hormônios também podem ser responsáveis por estados emocionais: alegria, inveja, ansiedade e empolgação.

A liberação de noradrenalina e adrenalina fazem parte da resposta de estresse do corpo humano, sendo elas liberadas em resposta à dor, aos exercícios físicos, a drogas (isto é, cafeína, álcool, drogas ilegais ou receitadas) e estressores ameaçadores (isto é, ser desprezado, fazer um discurso, ser o último corredor numa equipe de revezamento). A adrenalina e a noradrenalina também podem ser liberadas quando sua mente e seu corpo estão subestimulados ou entediados. Sua quantidade é menor quando o corpo e a mente estão empenhados em algo de forma confortável; não há razão para um contrapeso químico no corpo. Mas quando você percebe uma ameaça, as emoções do medo e da raiva dão início ao processo químico. Portanto, suas percepções ajudam a fazer a distinção entre a raiva fisiológica e a emoção da raiva.

Avaliação e Reavaliação (Repensar)

Um aspecto importante para dar início ao processo químico no ciclo Medo → Raiva → Agressão é a avaliação, ou pensar sobre uma experiência e "classificá-la". Embora avaliações não sejam psicológicas, elas fazem parte do ciclo psicológico porque intervêm nas emoções de medo e de raiva e nas respostas comportamentais resultantes.

Há, pelo menos, dois tipos de avaliação de raiva. Um é a resposta ou pensamento inconsciente que interpreta automaticamente o que está acontecendo e "diz" se você deve lutar ou fugir. O outro é a reavaliação, ou ato de repensar. Isso é consciente. Quando você repensa uma experiência, ela deixa de ser inconsciente e você deixa de estar no piloto automático. Por exemplo: suponha que o balconista de uma loja trate um cliente com desprezo. O cliente pode ficar irado instantaneamente devido à sua avaliação inicial (inconsciente) de que foi insultado (ameaçado) intencionalmente. Ou pode raciocinar (reavaliar) sobre a situação e supor que o balconista simplesmente teve um dia ruim e isso na verdade não tem nada a ver com ele.

A reavaliação transforma a ameaça psicológica. A raiva passa. O cliente não se sente mais fisicamente irritado (o ritmo cardíaco volta ao normal, o rosto não está mais corado) e deixa de sentir a emoção da raiva. Nesse exemplo, a reação inicial é uma avaliação inconsciente que alimenta a resposta psicológica, enquanto a reavaliação subseqüente intervém na resposta de raiva.

Outro exemplo de como o ciclo de Medo → Raiva → Agressão pode ser interrompido pela reavaliação ocorre quando um menino torna-se agressivo depois de ser provocado. Após a motivação (a percepção de uma ameaça), ele tem a opção de repensar na situação: "Flávio só está sendo chato. Não vou mais ficar junto dele". Esse tipo de reavaliação é muito diferente de "preservar a imagem" ou restabelecer o domínio após uma rejeição. Esse é basicamente um estado consciente e racional, em vez de um estado fisiologicamente agressivo.

Dada a distinção entre o *sentimento* e a *emoção* da raiva, você pode ver como as reavaliações são vitais para a experiência da raiva. Espero que você perceba como isso é relevante para mudar a norma quanto à agressividade dos meninos. Eles podem aprender a reavaliar uma situação, para que não precisem responder a motivações com agressão. Como ilustrado na Figura 6.1, a reavaliação pode ocorrer em diversos pontos do ciclo. No entanto, dada a permissão cultural para que os "meninos sejam meninos", uma mudança também deve ocorrer na maneira como eles são socializados em relação à agressão. Simplificando, se a agressão não for mais o modo culturalmente esperado de estabelecer e manter o poder, quando forem ameaçados, os meninos terão uma probabilidade maior de repensar nas situações ameaçadoras sem que sejam levados a comportamentos agressivos como uma solução padrão.

Quando a Raiva dos Meninos é Liberada de "Maneira Alternativa" Como Agressão

No outono passado, fui às montanhas com minha família e alguns amigos. Nossos amigos têm dois filhos maravilhosos. Na época, o filho mais velho, David, tinha dezesseis anos e era grande para sua idade (alto, pesado e musculoso). Seu irmão menor, Jimmy, tinha treze anos e era franzino. Os meninos ficaram confinados por causa da chuva e brigavam na maior parte do tempo. Enquanto os adultos conversavam sentados numa varanda cercada por uma tela, ouviu-se um barulho vindo do quarto onde estavam as crianças, o que assustou a todos. Era como se um móvel tivesse sido jogado contra a parede. O baque que balançou a casa foi seguido por gritos.

Corremos para o quarto e vimos David em cima de Jimmy. O rosto de David estava vermelho de raiva. Marcos estava no chão, encolhido numa posição fetal, o rosto vermelho de medo e soluçava. Todos os adultos ficaram bravos imediatamente. A imagem do menino maior sobre o menino menor e machucado ativou todas as células de nosso sistema nervoso simpático, especialmente porque muitas crianças pequenas estavam no quarto e viram toda a cena de perto. Agora elas estavam eretas, como estátuas, de olhos arregalados, sentadas no sofá. "Há alguns segundos vimos David e Jimmy brincando com o *video game*... Por quê?... Como?... O que aconteceu?" todas traziam essas questões nos rostos, porém sem nada dizer.

Meu marido, John, gritou, exteriorizando o que as crianças não podiam: "O que aconteceu"!? Em vez de acalmar a situação, sua fúria era um combustível óbvio para um inferno.

Os punhos de David ainda estavam cerrados nas extremidades de seus braços repletos de adrenalina quando ele respondeu: "O que eu deveria fazer?... Ficar parado e deixá-lo se safar?" As Regras do Bando ecoavam ritualisticamente na resposta de David: *preserve sua imagem quando seu poder for ameaçado; vença a todo custo; seja agressivo.*

Descobrimos que Jimmy zombara de David o dia todo e ele estava agüentando, sem reagir de nenhum modo pró-social. Ele apenas o insultava também. David nunca pensou em contar a um dos adultos, por exemplo, que seu irmão o estava chateando (isso não faz parte das Regras do Bando). Também nunca pensou em pedir firmemente a Jimmy que parasse (*Afinal de contas, um irmão pequeno nunca consegue realmente entender você, não é mesmo?*). Aparentemente, Jimmy também estava seguindo as Regras do Bando. Um pouco mais tarde, ele decidiu que era hora de surpreender David com uma pancada nas costas. Talvez Jimmy visse o momento como uma oportunidade para finalmente provar que tinha poder, especialmente na frente de um público formado por crianças menores.

Após meu período de reavaliação (levei aproximadamente quarenta segundos), pude ver que os dois meninos se sentiam muito mal por suas respectivas participações na violência. Depois de reavaliar a situação, não me senti mais ameaçada: *eles eram "bons" meninos, não criminosos, violentos ou sem consciência.* Meus níveis de medo e raiva caíram conforme percebi que David agira instintivamente, em vez de ter alguma malícia intencional. Pude ver que David estava nas mãos das Regras do Bando e que a única opção disponível para ele no momento era jogar Jimmy contra a parede.

Percebi que David começou a sentir-se mal quando olhou para as crianças de olhos arregalados no sofá. Entrar em contato com seus outros sentimentos (culpa, tristeza, vergonha) parecia ajudar David a reavaliar a situação e deter o ciclo de mais comportamentos agressivos. Mas ele ainda precisava "preservar sua imagem" diante de todos, a avaliação original que motivou esse ciclo de agressão. A opção que escolhi foi ajudar os meninos a reconciliar-se e ensinar às crianças assustadas que, quando se está bravo, a violência não é uma solução. Portanto, minha intervenção foi a seguinte: disse a David, na frente de todos, que entendia como e por que ele reagiu tão impulsivamente. Então lhe disse que sabia que ele era um bom menino e não queria assustar as crianças e machucar Jimmy. Parei por um instante. Ele olhava para o chão enquanto eu falava, mas agora levantava os olhos e encarava os meus. Ele sabia que estava sendo perdoado e queria que isso acontecesse (essa é a verdadeira maneira de preservar a imagem).

Continuei explicando que havia outros modos de lidar com esse tipo de "ataque" que ele sofreu. Então pedi que David dissesse o que poderia fazer de diferente se isso acontecesse outra vez. Ele disse: "eu iria embora e não bateria nele". Depois disso, pedi que ele se desculpasse com as crianças (ele o fez) e lhes dissesse que não deveriam utilizar a violência para resolver seus problemas (ele também fez isso). Então, virei-me para Jimmy, que, apesar da dor, precisava assumir a responsabilidade por sua parte no incidente. Pedi que se desculpasse por zombar de seu irmão mais velho e por bater nele. Assim como David, Jimmy pronta e sinceramente o fez. Foi apenas depois desse último pedido de desculpas que as crianças menores, que ainda estavam tensas, finalmente relaxaram e se reclinaram no sofá. Todo esse incidente levou aproximadamente dois minutos do começo ao fim.

Reavaliando a Raiva, a Agressão e as Regras do Bando

Esse incidente resume o dilema relativo à raiva dos meninos. A única válvula de escape que David tinha, dadas todas as forças restabelecer seu poder jogando o irmão contra a parede. Naquele momento, nem sequer passou pela cabeça de David – ou de João – que havia alternativas à violência física e aos gritos. De fato, para eles outras opções nem mesmo *existiam*. Eles aprenderam bem as Regras do Bando. Certamente nem todos os meninos (ou homens) expressam sua raiva por meio de comportamentos agressivos, como a violência física ou os berros. Há meninos que contêm sua raiva e não a expressam de modo algum. No entanto, "exteriorizar" por meio da agressão ou "interiorizar" ao conter a raiva são ambos indicadores ruins de que a raiva está sendo liberada de forma alternativa.

A Raiva "Alternativa" dos Meninos

Expressar a raiva de maneira "alternativa" se refere à idéia discutida neste livro de que, se os meninos não conseguem experienciar e expressar suas emoções diretamente, e de modo saudável, essas emoções vão se expressar por meios alternativos e prejudiciais. A raiva é uma de muitas emoções exprimidas de maneira alternativa. Você provavelmente está familiarizado com o termo "agressão passiva", que se refere ao modo pelo qual as pessoas expressam indiretamente sua raiva. Para os meninos, o meio alternativo, muitas vezes, se manifesta em comportamentos de agressividade ativa ou passiva ou, com menos freqüência, no desconforto somático (físico). Quando utilizo o termo "emoções alternativas" com os pais, parece que eles compreendem isso imediatamente quando pensam no comportamento ou no desconforto somático dos filhos. Isso é particularmente compreensível para os pais de meninos, pois poucos são treinados para expressar sua raiva de maneira direta e saudável.

A Raiva "Alternativa" de André em Relação ao Divórcio

Uma vez aconselhei um menino de onze anos que desenvolveu repentinamente um conjunto de problemas somáticos ao mesmo tempo: dores de cabeça, dores de estômago e distúrbios de sono. Ele também perdeu o interesse pelas brincadeiras com os amigos e suas notas na escola, de súbito, caíram. Esses problemas surgiram de maneira tão repentina que a mãe de André suspeitou que ele tivesse um tumor no cérebro. Quando todas as causas médicas foram eliminadas, sua mãe percebeu que era hora de visitar um orientador. Na primeira sessão, a mãe de André o descreveu como um menino "sensível" (entra em cena o temperamento) que, quando era mais jovem, chorava freqüentemente ao se machucar, ou ficava frustrado. No entanto, parecia ter superado isso no começo do ensino fundamental, pois parou de chorar com bastante facilidade e também fez muitos amigos. Ela relatou que atualmente não havia fatores de risco, como abuso ou negligência.

Seu pai reconheceu que, embora o divórcio tivesse sido triste, ele acontecera muitos anos atrás e agora eles estavam se relacionando extraordinariamente bem. Houve uma mudança de residência na época, mas André "lidou muito bem" com tudo. Foi nesse ponto que procurei mais detalhes. Qualquer criança que lida muito bem com um divórcio, normalmente está disfarçando muito bem emoções intensas. Quando questionei um pouco mais, os pais responderam que "André nunca chorou por causa do divórcio ou por mudar-se de uma casa espaçosa para um apartamento. Ele realmente facilitou tudo. Na verdade, ele nos ajudou a passar por isso..."

Nesse ponto, os problemas físicos de André começaram a fazer algum sentido. Talvez fosse uma reação pós-traumática. De fato, a maioria dos pais pensa que, se uma criança não expressa ou demonstra emoções negativas, ela não *tem* nenhuma emoção negativa. Na verdade é exatamente o contrário. O que acontece é que a maioria das crianças é habilidosa em saber que emoções podem ou não demonstrar com segurança. Além disso, os meninos também têm a influência das Regras do Bando para orientá-los a disfarçar seus sentimentos de vulnerabilidade. André concluiu que, como seus pais estavam tristes por causa do divórcio, ele não podia ficar triste. Ele decidiu não entristecê-los ainda mais. Contudo, ao fazê-lo, desistiu dos *próprios* sentimentos de tristeza e raiva.

Descobrindo as coisas. Não apenas André fez seus sentimentos relativos ao divórcio dos pais "desaparecerem" como também havia um novo estressor para ele: o fato de que seu pai começara a namorar. Foi fácil entender como seus pais ignoraram esse estressor. André "passou tranqüilamente" pelo divórcio e pela mudança, as visitas iam bem e seu desempenho acadêmico era bom. Eles acreditavam que André superara todas as implicações negativas relacionadas ao divórcio. Portanto, quando seu pai começou a namorar pela primeira vez (*apenas uma semana antes do início dos sintomas de André*), nenhum dos pais percebeu que os dois fatos estavam relacionados. Afinal de contas, a nova namorada do pai era uma boa pessoa e amiga da família!

No estudo da psicologia do desenvolvimento, aprendemos que, depois do divórcio, as crianças sempre acreditam na possibilidade de que seus pais voltem a viver juntos. Às vezes, esse é um pensamento consciente e, às vezes, não. Isso também vale para pré-adolescentes e adolescentes. (Tenho uma amiga que havia se divorciado há vários anos quando seu filho de dezessete anos ligou na noite anterior a seu segundo casamento para perguntar: "Se o papai ligar em uma hora para convidá-la para sair... você cancelaria, por favor, o casamento"?)

A terapia de André. O ponto central da terapia de André foi ajudá-lo a identificar e expressar as emoções que ele fez "desaparecer" relativas ao divórcio... e que agora estavam sendo liberadas de forma alternativa. O modo como fiz isso foi começando no presente e retrocedendo ao longo do tempo. André estava bravo com seu pai porque ele estava namorando outra pessoa. Não apenas porque isso acabava com suas esperanças de que seus pais voltassem a ficar juntos, mas também porque sua mãe ainda não estava namorando. André temia que ela se sentisse magoada e sozinha. Nessa idade, ele também tinha a percepção de que talvez tivesse de cuidar outra vez dos sentimentos (imaginariamente) magoados de sua mãe. Ele já "tinha passado por isso" depois do divórcio (é estressante demais para qualquer criança ter de cuidar dos sentimentos dos pais).

Portanto, outra parte do tratamento de André consistia em ajudar seus pais e ele a desenvolver limites saudáveis. Da parte de André, ele precisava aprender como sentir empatia pelos sentimentos dos outros (assim como os de sua mãe) sem confundi-los com os próprios sentimentos. O tratamento também incluía consultas com os pais para fornecer-lhes informações relativas à educação e ao desenvolvimento, para facilitar a expressão emocional saudável em casa. Um fato interessante surgiu disso tudo. Os pais de André descobriram que não precisavam utilizar as informações recentemente adquiridas sobre o desenvolvimento das crianças com as irmãs de André. Elas eram meninas que sempre expressaram seus sentimentos.

Da mesma maneira que muitos meninos, André aprendera a não expressar suas emoções negativas. Infelizmente, ele também aprendeu a restringir suas emoções positivas. Havia pouca alegria ou "vida" no seu dia-a-dia. Levou um certo tempo até que ele voltasse ao normal. O apoio de sua família foi necessário para ajudá-lo a manter uma expressão emocional saudável. Certamente os próprios pais aprenderam algumas novas habilidades emocionais importantes (particularmente o pai, que crescera com as Regras do Bando). Os sintomas de André sumiram totalmente após dois meses de aconselhamento.

A Raiva do Ponto de Vista do Desenvolvimento

A expressão da raiva varia de acordo com muitos fatores individuais, incluindo o desenvolvimento cognitivo e emocional, o temperamento, o condicionamento cultural e os genes. Você provavelmente percebeu que a maioria das pessoas abandona os acessos de raiva e aprende a expressar esse sentimento sem bater, chutar ou gritar. Então o que é essa progressão do desenvolvimento? E por que o desenvolvimento da expressão da raiva nos meninos freqüentemente difere da expressão da raiva nas meninas?

A Raiva é um Sinal de Que Se é uma Pessoa

Para responder a essas perguntas, devemos começar com o conceito do eu emergente e a capacidade relacionada ao pensamento representacional (a capacidade de distinguir você mesmo dos outros). Argumenta-se que a emoção da raiva não pode estar presente, até que a criança sinta que é um indivíduo separado, um "nascimento psicológico" (Mahler, Pine e Bergman 1975). Se a raiva está realmente relacionada com a experiência de ser ameaçado física ou psicologicamente, esse argumento faz sentido, pois uma criança teria que se ver como alguém separado de outro, em vez de ser sua extensão. Esse pensamento representacional começa em algum ponto no segundo ano de vida. Portanto, embora os bebês possam sentir-se frustrados por não serem alimentados ou incomodados por causa da dor, eles não estão realmente *bravos*, pois nem mesmo sabem que têm sentimentos separados (Zahn-Waxler e Smith 1992).

Portanto, não é uma surpresa o fato de que o começo dos acessos de raiva ocorra mais ou menos na mesma época do nascimento psicológico. Agora que a criança tem seus próprios pensamentos e ouve alguém lhe dizer: "Não! Não bata na janela com o brinquedo!", ela realmente pode *sentir* raiva. Todos os "nãos" ameaçam essa nova percepção de si mesmo. E sem as habilidades cognitivas para conter sua ira, ocorre um acesso de raiva. Se você pensar sobre isso, as crianças ouvem muitos "nãos" para muitas coisas nessa idade. É compreensível que haja uma disputa contínua de vontades com crianças dessa idade: agora há duas pessoas no ringue.

Temperamento e Raiva

A freqüência com que você precisa brigar com a raiva das crianças depende do temperamento delas. A maioria dos pais compara histórias sobre como seus filhos eram "fáceis" ou "difíceis" durante o segundo ou terceiro ano de vida. Quando os pequenos começam a explorar o mundo, por motivo de segurança os pais precisam estabelecer limites para essas explorações. Ou como disse o primeiro pediatra de nossas filhas: "Nessa idade, as crianças são mais móveis do que inteligentes". Contudo, nem todos os pais se chateiam com os acessos de raiva de seus filhos.

Uma criança bastante agitada e ansiosa pode ter reações de raiva mais intensas do que crianças tranqüilas, que se recuperam rapidamente depois que são tiradas de perto da janela na qual queriam bater com um bloco de madeira. Mas grande parte da questão depende dos olhos de quem vê. Alguns pais podem ver a raiva como uma emoção saudável, não "ruim". De fato, é desse modo que alguns psicoterapeutas vêem a raiva. A citação a seguir, do renomado psicólogo do desenvolvimento Alan Sroufe (1978, 56), resume esse ponto de vista:

> Uma criança que tem um ritmo acelerado pode estar irrequieta em virtude da raiva, ser hostil com outras crianças, incapaz de controlar seus impulsos e repleta de sentimentos de inutilidade. Entretanto, uma criança que tem um ritmo acelerado também pode ser ansiosa, espirituosa, eficiente e agradável com os outros, assim como pode gostar de si mesma.

Parte da ajuda no controle da raiva e das tendências do temperamento das crianças vem da capacidade dos adultos, na família, de entender e lidar com os próprios temperamentos e controle da raiva. Uma vez trabalhei com uma família que tinha uma criança "fácil" e uma "difícil". O temperamento de cada uma espelhava o temperamento de um dos pais (o menino tinha o temperamento do pai e a menina o da mãe). A situação não melhorou nessa família até que os pais cuidassem de seus estilos de personalidade e examinassem como isso afetava o modo como criavam a criança mais parecida com cada um deles. Quando as crianças têm temperamentos parecidos com os de seus pais, isso pode ser uma maravilha ou um inferno. Depende em parte do modo como os pais aceitam, apreciam e lidam com os próprios temperamentos.

Quanto mais os pais se gostam, mais vão gostar da criança que segue as pegadas de seu temperamento. Isso não significa que não existam conflitos ou que todos vivam harmoniosamente. Na verdade, significa que o pano de fundo diante do qual a vida cotidiana se desenrola é aquele em que a criança simplesmente se sente querida. Quando os pais entendem e gostam de si mesmos, eles estão mais bem equipados para entender e gostar dos filhos. O temperamento parece ter um papel importante nesse processo de transição. De fato, os pais, as pessoas que cuidam das crianças e os professores têm um papel significativo para definir se as crianças vão ou não gostar de si mesmas.

Quase não é preciso dizer que a aceitação de si mesmo é um fator de proteção para a saúde emocional. Embora os meninos com temperamentos difíceis possam ter dificuldades para controlar emoções fisiológicas fortes, como a raiva, *é* possível ensiná-los a fazê-lo. Gostar desses meninos pode ser mais de metade da lição.

Relações Ambientais entre a Raiva e a Agressão

Embora o temperamento tenha seu papel na predisposição, elementos no ambiente também atuam para aumentar ou reduzir a agressividade das crianças. Quando os estudiosos e pesquisadores examinam os aspectos pró-sociais do desenvolvimento (como a empatia, a simpatia e a preocupação com os outros), eles também aprendem algo sobre a agressividade das crianças. Por exemplo: crianças que não demonstram comportamentos pró-sociais freqüentemente apresentam comportamentos anti-sociais, como falta de empatia ou preocupação com os outros. Comportamentos agressivos ou violentos são exemplos da falta de preocupação com os outros.

Violência Doméstica

Décadas de observação clínica e pesquisa empírica relacionaram a agressividade e o comportamento anti-social das crianças com o fato de terem vivido em lares violentos (Crittendon e Ainsworth 1989; Dodge, Pettit e Bates 1990; George e Main 1979). Essa violência pode incluir casos em que a criança é testemunha ou vítima da violência. Embora nem todas as crianças que crescem em lares violentos tornam-se agressivas e violentas, crianças que são agressivas normalmente testemunharam ou experienciaram o ciclo de Medo → Raiva → Agressão em suas famílias. Em suma, eles aprenderam isso em casa. Aprenderam que a raiva dos adultos é incontrolável e que a agressão e a violência são maneiras de expressar a raiva.

Essas crianças também aprendem a ser atentas e a prestar atenção seletivamente em sinais de hostilidade, como tom de voz, expressões faciais e gestos e posturas corporais (Dodge, Pettit e Bates 1994; Rieder e Cicchetti 1989). Isso tem implicações importantes para o ciclo de raiva dos meninos. O medo, com base na avaliação da ameaça e na percepção de sinais de hostilidade, pode ser distorcido para os meninos que foram vítimas seguidas vezes de agressão, a não ser que ocorra uma reavaliação ou um "repensar" mais drástico.

A Tolerância à Agressividade dos Meninos em Nossa Cultura

Embora se estabeleça a relação de que meninos que são testemunhas ou vítimas de violência em suas casas tendem a ser agressivos quando estão bravos, o que dizer dos meninos que crescem em lares não violentos e também se tornam agressivos? Nesse caso, podemos obter algumas respostas observando nossa cultura dominante, que tolera a agressividade dos meninos.

Foi solicitado aos participantes da pesquisa referente a um estudo que demonstra essa tolerância, que observassem duas crianças que brincavam (Condry e Ross 1985). Ambas estavam em trajes de inverno grossos e de lã, o que tornava impossível identificar o sexo de cada uma. Caso se dissesse aos observadores que as duas crianças que brincavam eram meninos, eles "viam" menos agressividade do que quando se dizia que estavam observando duas meninas ou uma menina e um menino. Esse estudo sugere que a agressividade dos meninos seja mais tolerada do que a das meninas.

Entretenimento e agressividade. Além da tolerância à agressividade dos meninos, nos Estados Unidos de hoje esses meninos crescem numa cultura saturada de violência. Simplesmente veja os *video games*, os filmes, a televisão e os esportes profissionais. Esses aspectos da cultura parecem reforçar os comportamentos agressivos dos meninos. O estudo atualmente clássico de Bandura, Ross e Ross (1963), em que meninos assistiam programas de TV violentos e em seguida estavam batendo em bonecos infláveis do tipo "joão-bobo" foi apenas o primeiro de muitos estudos que relacionaram a agressividade ao fato de uma pessoa assistir à violência.

Meninos nos Estados Unidos aprendem lições indeléveis com a World Wrestling Federation* e *video games* agressivos. A lição afirma: *Não há problema com a agressividade; ela é entretenimento. Não se preocupe com o modo como os outros meninos se sentem. Vencer traz poder, domínio e respeito. Arrasar seu oponente é o que se deve fazer.* Além disso, quanto mais jovem for um menino quando ele é exposto a essas lições ("entretenimento"), menor a probabilidade de que ele entenda que isso não é real... e que não deve agir dessa maneira em casa ou com seu primo mais novo.

Algumas das respostas iniciais da indústria do entretenimento aos ataques terroristas ao World Trade Center e ao Pentágono foram a retirada das prateleiras de muitos jogos violentos, por parte dos fabricantes, e mudanças nos *video games*, especialmente aqueles com temáticas terroristas. Os produtores de televisão e cinema apresentaram respostas semelhantes, reduzindo a exibição de videoclipes violentos em programas de televisão e filmes. Espero que esse compromisso com a redução da violência no entretenimento continue em nossa cultura.

Diferenças relativas ao sexo na agressividade. Quanto às diferenças relativas ao sexo, há muitos paralelos entre o desenvolvimento da empatia e da raiva. Estudiosos e pesquisadores evolucionários sugerem que, para a sobrevivência da espécie humana, as mulheres se tornaram mais carinhosas e empáticas (dar à luz as crianças

---

* Federação Mundial de Luta Livre. Programa de televisão popular nos Estados Unidos, em que os lutadores se enfrentam e provocam uns aos outros. (N. do T.)

e cuidar delas) e os homens se tornaram mais agressivos (para matar mastodontes e outros animais grandes, para obter comida). A perspectiva evolucionária enfatiza o papel da biologia.

A questão de os meninos serem ou não mais agressivos que as meninas é examinada há muito tempo por psicólogos (Basow 1992; Maccoby e Jacklin 1974). Estudos entre diferentes culturas podem ser úteis quando se estuda o comportamento humano. Laura Cummings (1991) estudou as "cholos", meninas que pertenciam a gangues violentas do México, para aprender mais sobre a relação entre o sexo e a agressividade. Sua pesquisa antropológica demonstrou que essas meninas podiam ser tão agressivas quanto os meninos. De fato, a agressividade das "cholos" envolvia o uso de chutes, tacos, facas e outras formas letais de combate, como armas de fogo. O estudo de Cummings sobre a agressão levou-a a concluir que o modo como as meninas e os meninos são influenciados pelas regras culturais pode sobrepujar qualquer influência genética relativa ao comportamento agressivo.

Pesquisas epidemiológicas (estudos de grande escala, conduzidos para identificar a ocorrência de determinados comportamentos, doenças etc.) revelam informações adicionais sobre as diferenças sexuais na agressividade. Um desses indicadores é a incidência de violência heterossexual nos encontros (agressão física e sexual). O Estudo do Comportamento de Risco em Jovens de Massachusetts de 1997 e 1999, conduzido com um total combinado de 8.173 alunos de escolas públicas do ensino médio, revelou que aproximadamente uma em cada cinco alunas (20,2% em 1997 e 18,0% em 1999) relatou casos de abusos físicos e/ou sexuais por parte da pessoa com quem saía (Silverman, Raj, Mucci e Hathaway 2001). Em um estudo anterior, em 1995, as meninas tinham uma chance sete vezes maior do que os meninos de tornar-se vítimas de violência nos encontros (Massachusetts Department of Education, maio de 1996). Os pesquisadores especularam que os meninos viam com menor freqüência a violência (a agressão, por exemplo) em encontros românticos.

Independentemente da orientação teórica de cada um, é difícil ignorar o modo como expectativas sociais e culturais determinaram uma tendência carinhosa para as mulheres e uma tendência agressiva para os homens. Parece que as influências ambientais, em contraste com as biológicas, são responsáveis por grande parte dos resultados do desenvolvimento da empatia ou da agressão nas crianças. E essa perspectiva é que permite aos pais e aos meninos interromper o ciclo de Medo → Raiva → Agressão.

Formas Saudáveis de Expressar a Raiva

Então, como os meninos podem passar de um comportamento agressivo para uma expressão saudável da raiva? Certamente esse é um processo que dura a vida toda para os meninos (na verdade para qualquer um). Trabalhei com homens e mulheres adultos que ainda tinham acessos de raiva com idades entre os trinta e os quarenta anos. É possível argumentar que, se uma pessoa age agressivamente porque se sente irritada, ela não possui o controle da expressão da raiva que teria uma criança de dois anos de idade. Dominar a raiva é um marco no desenvolvimento de todas as pessoas. Basicamente, aprender a controlar sua raiva envolve aprender como ela funciona em seu corpo e mente e, em seguida, aprender como expressá-la de maneira não destrutiva e não agressiva.

Um resultado do condicionamento cultural dos meninos (não há problema em ser agressivo) é que o medo deles fica enterrado em suas psiques. Ele continua enterrado até que entra em erupção, como um vulcão que expele lava. Mas os meninos podem interromper o ciclo de ameaça, medo, raiva e agressão. E o melhor lugar para começar é intervir em qualquer ponto do ciclo, pois *basicamente qualquer mudança altera o ciclo*.

Acredito que a reavaliação consciente, ou o ato de repensar durante a situação, é tão útil em qualquer ponto do ciclo de Medo → Raiva → Agressão que me concentro nisso como um ferramental fundamental de intervenção. As seguintes sugestões podem ajudar os meninos a repensar em sua experiência e expressão da raiva. Sempre é preferível evitar que a agressão ocorra. Mas se for possível evitá-la na segunda vez que se passa pelo ciclo, isso também é válido. De fato, a raiva freqüentemente passa diversas vezes pelo ciclo antes de finalmente deixar o corpo.

Um Curso Geral para a Expressão Saudável da Raiva

As seguintes sugestões têm como objetivo servir de orientações gerais para que você comece a mudar as regras para a agressividade dos meninos em sua casa, sala de aula, time, classes de final de semana, grupos de revezamento para levar as crianças à escola, grupos de amigos, viagens e assim por diante. Essas sugestões genéricas são adequadas para crianças de todas as idades. As técnicas específicas podem variar de acordo com a idade e o temperamento dos meninos.

- **Eduque os meninos sobre a raiva.** O primeiro passo para repensar durante a raiva e a agressividade envolve a educação. Os meninos precisam saber que a raiva é uma parte natural do ser humano. Eles também precisam aprender que o comportamento agressivo é uma escolha. Ajude os meninos a acabar com o mito de que eles "perdem a consciência" ou não podem controlar sua raiva e de que ocultar a raiva é um sinal de força. Ensine aos meninos que a expressão saudável da raiva evita que ela seja liberada de forma "alternativa".

- **Mostre aos meninos o ciclo de Medo → Raiva → Agressão e como interrompê-lo.** Mostre-lhes como decidir-se por outras opções ao treiná-los a repensar suas avaliações inconscientes. Isso pode ser muito poderoso, uma vez que ajuda a transformar a raiva e o medo em empatia, compreensão e mudança.

- **Faça com que os meninos se comprometam a mudar** de uma expressão agressiva para uma expressão saudável da raiva. Sem que o próprio menino decida expressar a raiva de maneiras saudáveis, ele não mudará.

- **Ensine aos meninos as três regras simples da expressão saudável da raiva.** A expressão da raiva *não pode machucar vocês mesmos, os outros ou a propriedade alheia.*

- **Ajude os meninos a identificar os motivos da raiva.** Peça que se concentrem nos sentimentos de mágoa e medo e em suas percepções de ameaça. Em seguida, peça que explorem reações secundárias, como sentimentos de inutilidade, desorientação, solidão, inveja, ofensa etc.

- **Mostre aos meninos como identificar os sinais físicos da raiva.** Eles estão em sua cabeça, boca, peito, braços, pernas ou intestino? Os meninos estão com calor ou com frio? Seus corações estão batendo forte? Eles podem sentir a pressão em algum lugar? Explore o que mais pode ser provocado, particularmente, pela experiência da raiva em seus corpos.

- **Apresente modelos de expressão saudável da raiva em casa.** Analise-se e observe seu estilo de expressão da raiva. Se for uma agressividade passiva ou ativa, mude isso e diga aos seus filhos que você está se esforçando. Isso é particularmente válido para os pais (tios ou irmãos mais velhos), que os meninos vêem como exemplos. *A expressão saudável da raiva simplesmente envolve demonstrar sua raiva com palavras afirmativas (não agressivas).* Evite frases como: "você me deixa louco". Essa é uma renúncia de responsabilidade. Em vez disso, uma "mensagem do tipo eu" é mais correta e passa uma postura menos defensiva: "Estou bravo porque você não arrumou seu quarto (ou a garagem ou a casa do cachorro) como prometeu." Aqui o foco está no comportamento do menino em vez de uma atribuição incorreta de poder.

- **Confronte a raiva oculta dos meninos, assim como seus estilos passivos e agressivos de raiva.** Não só os meninos, mas também todo o mundo têm freqüentemente um dos três comportamentos prejudiciais em relação à raiva: (1) Contê-la e tentar evitá-la; (2) Expressá-la agressivamente por meio de violência (verbal ou física); (3) Expressá-la passivamente por meio da reclusão ou do tratamento de silêncio (recusar-se a falar ou cooperar para superar um conflito). Todos esses comportamentos são prejudiciais e precisam ser confrontados. A maioria dos meninos tende a agir de maneira fisicamente agressiva devido à influência cultural (a mídia, as Regras do Bando etc.). Berrar, insultar, bater, chutar ou socar as paredes, muitas vezes são aceitos como comportamentos "normais" para os meninos.

- **Ofereça formas alternativas de lidar com a situação sem agressão.** Um exemplo com um menino de dois anos poderia ser: "Juliano, você não pode me bater, mas pode dizer que está bravo por meio de palavras." Com um pré-adolescente ou adolescente, poderia ser algo como: "Jaime, você não pode gritar comigo, mas pode ir ao seu quarto, acalmar-se e tentar conversar comigo mais tarde".

- **Mude as expectativas de padrões de comportamento relativos ao sexo para seu filho e outros meninos.** Permita que os meninos sintam-se *vulneráveis* e lembre que eles não precisam ser poderosos e dominantes para serem reais.

- **Não assuma os problemas de seu filho quando ele estiver bravo.** Ele está tentando atravessar uma ponte suspensa por cordas e você tem duas tarefas: não fique no meio do caminho e não fique pulando do outro lado (fora de controle com a própria raiva).

- **Não se sinta desencorajado se os padrões prejudiciais de agressividade retornarem.** É difícil abandonar velhos hábitos. Combine seu medo e decepção com o raciocínio... vislumbre o futuro e pense no progresso que ele já fez e lembre-se de que o comportamento dele *agora* não será o mesmo de quando ele for mais velho (isto é, não telescope). Ele ainda não acabou de desenvolver-se!

No Calor do Momento: Ferramentas Específicas para os Pais

- **Os pais devem lembrar-se de que precisam manter a calma.** A raiva transforma-se em agressão mais rápido quando as duas pessoas perdem o controle (se um não quer, dois não brigam).

- **Não dê punições em meio a sua raiva ou dele.** Espere até que você e seu filho tenham se acalmado.

- **Permita que seu filho fique bravo.** Utilize palavras como "entendo sua raiva" ou "eu também ficaria bravo" (você ficaria surpreso com o quanto isso acalma certas situações).

- **Não censure seu sentimento de raiva, mas estabeleça limites para a agressividade.** Não diga "você não deve ficar bravo" quando na verdade quer dizer "não seja agressivo".

- **Encontre maneiras de solucionar os problemas** para lidar com a situação, sem recorrer à agressão, depois que a situação estiver mais calma (mais ou menos como um treino na segunda-feira após o jogo).

- **Seja consistente ao determinar as conseqüências para comportamentos agressivos.** Não "deixe passar dessa vez" porque você está cansado ou sobrecarregado.

- **Monitore o progresso e elogie.** Dê respostas aos meninos quando eles agirem corretamente. Seja com a diminuição da

- **Pausas são boas para "crianças de dois anos", "adolescentes" e adultos.** Às vezes, tudo que você precisa dar ao seu filho é a *oportunidade* para que ele se acalme. Independentemente de ele ter dois, dez ou dezesseis anos, provavelmente se beneficiará com o momento para acalmar-se. Apenas lembre-se de retornar a isso mais tarde e processar o que aconteceu, quando ambos estiverem mais calmos.

- **Faça da sua casa um local de "tolerância zero" para a agressividade.**

No Calor do Momento: Passos Específicos para a Expressão Saudável da Raiva pelos Meninos

As recomendações anteriores fornecem aos adultos orientações para ajudar os meninos a ficarem bravos sem tornarem-se agressivos. Mas não basta simplesmente dizer aos meninos o que eles não podem fazer com sua raiva; eles precisam preencher o vazio fazendo outra coisa. Simplificando, se algo está sendo retirado, nesse caso a agressão, os meninos precisam receber algo em seu lugar. Eles podem aprender a agir de maneira diferente no calor do momento, utilizando três passos simples (garantias de ajuda na interrupção do ciclo de Medo → Raiva → Agressão):

1. **Retarde propositadamente as ações quando se está bravo.** Diga aos meninos que não há problema em fazer uma pausa. Esperar alguns minutos (ou segundos) antes de agir pode fazer uma grande diferença (a tática de contar até vinte é bastante subestimada). Permitir que os meninos abandonem uma situação ruim (exaltada e explosiva) pode ser um sinal de bom julgamento.

2. **Utilize considerações sobre si mesmo quando se está bravo.** Diga aos meninos que as considerações sobre si mesmo são exatamente o que parecem ser, conversar consigo mesmo, mas mentalmente. Dizer "não posso lidar com isso" no calor do momento ajudou até mesmo um executivo de 48 anos e um físico de 56 anos a controlar sua raiva. Afirmações como "não há problemas" ou "estou bem" podem fazer com que o

fluxo de adrenalina pare de irrigar o corpo. Diga aos meninos que o corpo ouve a mente. O efeito tranqüilizador que se segue às considerações sobre si mesmo permite que o raciocínio (reavaliações ou o ato de repensar algo) fique mais claro.

3. **Planeje – e faça – uma ação física alternativa.** Evidentemente, os meninos nem sempre sabem quando vão ficar bravos. Mas eles podem planejar de antemão sabendo o que vão fazer quando estiverem bravos. Se os meninos tiverem a permissão cultural para *não* utilizar a violência, provavelmente vão controlar sua reação física naquele momento e vão sair, correr ou ficar até mais tarde na academia, como maneira de liberar a tensão física e livrar o corpo do excesso de energia.

Conclusão

A maneira como a raiva é expressa depende em grande parte do que o menino aprende. E os meninos aprendem muito com a tolerância à agressão que prevalece na sociedade americana. Mesmo se considerarmos o temperamento individual e as influências evolucionárias, parece que o modo como a raiva é canalizada e a possibilidade de ela criar um estilo de resposta agressiva consistente dependem em grande parte do que as crianças aprendem sobre a expressão da raiva. Se essas crianças são meninos ou meninas também parece ser importante.

CAPÍTULO 7

Para os Pais: O que as Famílias Podem Fazer

> *A vida familiar é a primeira escola para o aprendizado emocional.*
> – Daniel Goleman, *Emotional Intelligence*

O desenvolvimento emocional dos meninos é determinado principalmente, mas não inteiramente, pela família. Grande parte deste capítulo utiliza teorias da psicologia do desenvolvimento e da psicologia clínica para ajudar os pais a traçar a relação entre as influências da família, o temperamento dos meninos e sua socialização. Espera-se que essas informações sejam explicadas de maneira que faça sentido aos pais. Ofereço sugestões para responder de um modo diferente às emoções dos meninos com pequenas mudanças diárias, em vez de um conjunto completamente novo de respostas estranhas. Minha abordagem pretende respeitar padrões de comunicação já estabelecidos entre os pais e seus filhos, enquanto estende essa comunicação para que possa ajudar os pais a facilitar as habilidades emocionais dos meninos.

Um Quadro de Como Pode Ser a Expressão Emocional para os Meninos

Provavelmente você já percebeu que, às vezes, faço comparações com meninas quando falo sobre os meninos. Esses contrastes são utilizados com o único propósito de descrever uma variedade maior de expressões humanas, muitas vezes negadas aos meninos. Considere a seguinte história verídica. Certa noite, Catarina estava sentada no sofá. Já era quase hora de dormir para aquela menina da 2ª série do ensino fundamental. Catarina tinha sido a menina agitada de sempre naquela noite, mas de repente ficou quieta quando lhe disseram que era hora de dormir. Quando o pai de Catarina lhe perguntou qual era o problema, os olhos da menina imediatamente se encheram de lágrimas e em seu rosto via-se um expressão consternada. Então ela disse: "Não quero mais pegar o ônibus escolar. As crianças são muito barulhentas e nunca ouvem o motorista do ônibus. Mas hoje à tarde ele disse que todos nós iríamos para a sala do diretor amanhã de manhã"!

O pai de Catarina ouviu atentamente e compreendeu a mudança no humor de sua filha. Aparentemente, Catarina esquecera esse medo até que chegou a hora de dormir, o que a fez se lembrar do dia seguinte, que por sua vez a lembrou de que teria de pegar o ônibus. Seu pai respondeu primeiro perguntando a Catarina se ela obedecera o motorista do ônibus (talvez Catarina simplesmente tivesse medo de meter-se em alguma confusão?). Ela disse ao pai que havia obedecido, assim como fazia todos os dias. Eliminando essa possibilidade, ele, em seguida, perguntou a Catarina como ela estava se sentindo. Ela respondeu: "Estou assustada... e brava". Seu pai assegurou a Catarina que ela não havia feito nada de errado e que seus sentimentos eram compreensíveis. Ela parecia ter começado a relaxar. Então seu pai perguntou por que ela estava brava ("porque não fiz nada de errado e terei de ir à sala do diretor") e assustada ("porque não gosto quando as outras crianças não fazem aquilo que o motorista pede."). O pai de Catarina argumentou que esses sentimentos eram compreensíveis e que ele também se sentiria assim se estivesse em seu lugar.

Em seguida, Catarina e seu pai desenvolveram um plano para que ela lidasse com o dia seguinte no ônibus. Eles também conversaram sobre o que Catarina poderia fazer e dizer se fosse para a sala do diretor. Após traçar esse último plano, o rosto sério de Catarina voltou a ter o sorriso de sempre. Sua aparência era de que todo o peso do mundo havia sido retirado de suas costas. Para uma criança da 2ª série, isso é mais do que apenas uma metáfora; o peso do mundo *realmente* desapareceu. E Catarina logo adormeceu naquela noite.

Os Sentimentos por Trás dos Comportamentos

O cenário descrito anteriormente é repetido inúmeras vezes em diferentes lares. O problema pode mudar (um valentão na escola, uma prova importante, as seletivas para a equipe, o fim do romance adolescente etc.), mas a necessidade de sentir e expressar emoções, ser compreendido e resolver um problema é universal. Quando sentimentos de tristeza e raiva são muito grandes, as crianças precisam da ajuda dos adultos para orientar-se em meio a seus sentimentos e controlar o problema. De outro modo, sentimentos de tristeza e raiva podem "desaparecer" ou ser liberados de forma alternativa e as crianças não aprenderão a expressar e lidar com eles de maneira direta e saudável.

Você pode estar se perguntando por que contei a história verídica de Catarina. Porque muitas vezes histórias como essa têm um final feliz *para as meninas*. Se Catarina fosse "Mateus", uma história como essa teria uma probabilidade menor de acabar do mesmo modo. Se você leu os capítulos anteriores, as razões são familiares: os meninos aprendem que não é correto dizer que têm medo (alguns meninos concluem que nem mesmo *sentir* medo é correto) e freqüentemente aprendem a ser agressivos quando estão bravos ou assustados (em vez de falar sobre seus sentimentos).

Se Catarina fosse um menino, a resposta para "qual é o problema?" provavelmente seria "nada". As Regras do Bando exigem que os meninos disfarcem seus sentimentos de vulnerabilidade no intuito de serem "fortes". Caso Catarina fosse Mateus, a criança provavelmente teria escondido seu medo e sua raiva, que poderiam ser liberados por meio de comportamentos alternativos como tolice, hiperatividade ou incapacidade de dormir naquela noite.

Os pais enfrentam continuamente o desafio de criar meninos para transgredirem regras sociais (também conhecidas como Regras do Bando) quando for saudável fazê-lo. Uma parte importante desse desafio é enxergar os sentimentos por trás dos comportamentos e saber o que fazer com eles.

Não Vou Transformar meu Filho num Fracote Se Ele Falar sobre Seus Sentimentos?

Não, você não vai transformar seu filho em um fracote ao conversar sobre os sentimentos dele. Como se afirmou anteriormente no Capítulo 1, muitos pais resistem às emoções dos meninos em razão desse medo específico. Em seu aspecto mais simples, o medo é de que seu filho seja menos menino ou masculino, caso sinta e expresse suas emoções. Isso é reforçado pela consciência de que ele provavelmente será rejeitado pelos meninos que seguem as Regras do Bando, se optar por não segui-las. Mas se for possível provar que os meninos continuam sendo "meninos de verdade" e fortes, mesmo se forem criados para conhecer e expressar suas emoções? Para fundamentar essa idéia, vamos observar a socialização e os comportamentos das meninas.

Em ambientes públicos, os meninos e as meninas comportam-se de acordo com padrões masculinos muito semelhantes. Ambos sabem que é importante restringir a expressão de suas emoções em público; as meninas não gostam de ser vistas chorando na escola mais do que os meninos. Elas demonstram características "masculinas" como confiança, independência, capacidade de raciocínio lógico e orientação rumo a seus objetivos. No entanto, as famílias são mais tolerantes com as emoções de vulnerabilidade das meninas. Em outras palavras, permite-se que as meninas chorem, mas não os meninos. Com que freqüência você vê meninas chorando na escola ou na faculdade? Com que freqüência você vê mulheres chorando no trabalho? Não estou dizendo que chorar seja ruim. O que estou dizendo é que o medo das famílias de que seus filhos se tornem "fracotes" se suas emoções forem legitimadas e cuidadas parece ser infundado.

Portanto, embora as emoções de vulnerabilidade das meninas sejam mais toleradas pelos pais e mais aceitas socialmente do que as emoções de vulnerabilidade dos meninos, o *resultado comportamental em público parece ser semelhante para meninos e meninas*. Essas mesmas meninas tornam-se tão duronas quanto os meninos no que diz respeito às regras de manifestação. Elas não choram e se encolhem de medo o tempo todo. Essa observação sugere que os esforços árduos dos pais em não permitir que seus filhos se tornem "fracotes" podem na verdade ajudar a diminuir o desenvolvimento emocional em vez de "fortalecê-los" para a vida.

As Regras do Bando Influenciam todo o Mundo

Durante as duas últimas décadas, trabalhei com centenas de meninas adolescentes que demonstravam comportamentos masculinos. Seus pais freqüentemente descreviam que suas filhas não falavam sobre seus problemas (atualmente, "não quero falar sobre isso" também é uma resposta freqüente das meninas). Em sua conduta, as meninas contemporâneas parecem ser tão "duronas" quanto os meninos no final do ensino fundamental e ao longo do ensino médio. Hoje, as meninas são reservadas e escondem seus sentimentos. Isso pode estar relacionado ao fato de que, embora as emoções dos meninos e das meninas sejam socializados de maneira diferente, ambos são socializados em uma cultura masculina. Ainda que as meninas não sejam pressionadas a seguir as Regras do Bando do mesmo modo como os meninos, elas (e as mulheres) conhecem as Regras e, muitas vezes, seguem-nas, pois estas definem como sobreviver e seguir adiante atualmente na cultura empresarial dominante.

Quando surgem as transições e os problemas, as meninas têm acesso a uma variedade mais ampla de válvulas de escape emocionais do que os meninos. Isso aparentemente se deve às práticas diferentes de socialização de ambos. Embora as meninas *aprendam* a demonstrar um exterior durão, ainda lhes é permitido ter acesso a emoções mais delicadas. Simplificando, talvez também seja preciso ensinar os meninos como ter acesso a todas as suas emoções e ainda ser capaz de apresentar um exterior "durão" quando necessário.

Apresento essa comparação menino/menina para permitir que você legitime e cuide de todas as emoções de seu filho. O resultado final é que ele saberá identificar os próprios sentimentos e não vai se tornar um fracote. Abrir mão desse medo é um dos maiores desafios para os pais (e, o que não é nenhuma surpresa, para os filhos).

Sugestões importantes também são apresentadas na linha do tempo do desenvolvimento em diferentes idades no Capítulo 3. Neste capítulo, apresento idéias e estratégias mais específicas para que os pais provoquem pequenas mudanças no dia-a-dia, assim como avaliem e monitorem o desenvolvimento emocional de seu filho. A maioria das sugestões apresentadas é apropriada para meninos de toda idade, a não ser que se indique o contrário.

Um "Teste Emocional de Apgar" para os Meninos

Logo após o nascimento, todas as crianças recebem sua primeira avaliação, chamada teste de Apgar. Essa é uma avaliação médica das funções vitais básicas, realizada de um a cinco minutos depois do nascimento. O teste é repetido aos dez minutos, se problemas forem observados em qualquer uma destas áreas: coloração, batimentos cardíacos, reflexos, tono muscular e respiração (Virginia Apgar é o nome da anestesiologista que inventou esse índice). Penso que deveria existir um Teste Emocional de Apgar (TEA) para avaliar e monitorar as habilidades emocionais das crianças. Esse TEA deveria ser conduzido *regularmente* com os meninos porque suas habilidades emocionais são muito negligenciadas. Assim como a respiração é um aspecto fundamental para a saúde física do recém-nascido, acredito que as emoções tenham o mesmo peso para a saúde mental (e física) dos meninos.

O TEA a seguir não é um teste padronizado ou referendado. É apenas um conjunto de orientações que criei para que você reflita sobre o desenvolvimento emocional de seu filho. Eu o desenvolvi utilizando as diretrizes dos estágios de desenvolvimento cognitivo de Piaget (1952) e o conjunto de habilidades de inteligência emocional descrito por Mayer e Salovey (1997). A seguir está um esboço do TEA proposto, junto com sugestões de pontuação para as idades *aproximadas* em que essas habilidades começam a ser observadas ou podem ser desenvolvidas pela primeira vez (observação: é necessário continuar cuidando dessas habilidades ao longo da vida dos meninos).

O Teste Emocional de Apgar

Instruções: leia cada habilidade e decida o quanto ela descreve seu filho. Utilize a seguinte escala de pontuação:

0 = ausente

1 = presente ocasionalmente

2 = presente regularmente

★ **Denota emoções com expressões faciais e palavras,** idade 1+ ou com o início da linguagem expressiva (essa habilidade é particularmente importante porque outras habilidades se desenvolvem a partir dela).

- **Identifica emoções,** idade 2+, com linguagem expressiva (por exemplo: "Estou triste, feliz" etc.).

- **Combina sentimentos positivos e negativos,** idade 7+ (por exemplo: "Estou bravo, mas eu amo você.").

- **Combina pensamentos com sentimentos,** idade 7+ (por exemplo: "Estou triste, mas entendo...").

- **Analisa emoções,** idade 11+ (por exemplo: entende que as emoções estão ligadas e relacionadas com os pensamentos e comportamentos). A análise ocorre com o início da capacidade de raciocínio abstrato.

- **Controla emoções,** todas as emoções devem ser controláveis com 16 a 18 anos de idade, se não antes (por exemplo: monitora e controla a raiva, a empolgação, a motivação etc.). O controle varia de acordo com a idade da criança e o tipo de emoção, além de tornar-se mais fácil à medida que a criança fica mais velha.

Orientações para a Pontuação do TEA

Idade de 2-6, pontuação perfeita = 4; menos de 4 exige sua atenção!

Idade de 7-10, pontuação perfeita = 8; menos de 8 exige sua atenção!

Idade 11+, pontuação perfeita = 12; menos de 12 exige sua atenção!

Pontuação: Você vai perceber que não incluí uma escala para pontuações que não fossem perfeitas. Isso porque pontuações que não forem perfeitas sempre vão exigir sua atenção. Se você retomasse a analogia com o teste de Apgar original e seu filho respirasse apenas "ocasionalmente", ele certamente precisaria de sua atenção! Uma maneira de utilizar o TEA é literalmente pegar um lápis e aplicar o teste para seu filho. Mas você também pode apenas utilizá-lo como referência mental para as relações cotidianas com ele. Tenha em mente que esse não é um "teste" padronizado. É apenas uma orientação para ajudá-lo a acompanhar e pensar sobre o desenvolvimento emocional dele.

A Importância de Ensinar a Seu Filho a Expressão Emocional

A expressão emocional é uma habilidade tão importante que tem seu próprio Capítulo (ver Capítulo 4). Aqui quero tratar especificamente do modo como os pais podem e devem ser exemplos de expressão emocional saudável. Todos os pais, sejam eles solteiros ou casados, devem ser exemplos de como falar sobre seus sentimentos.

Não creio que haja um "gene de expressão emocional" que algumas pessoas tenham e outras não. Embora o folclore e alguns relatos da mídia sobre pesquisas científicas reforcem o estereótipo sexual de que as meninas são melhores em expressar as emoções do que os meninos, isso não significa que essa habilidade tenha fundamentos *biológicos*. Na verdade, parece ser uma diferença sexual socialmente aprendida. Portanto, pais e mães, padrastos e madrastas, solteiros e casados, todos vocês podem expressar as próprias emoções a fim de ensinar aos filhos como fazer isso *e* perceber que não há problema em fazê-lo.

Apesar do fato de que tanto os homens quanto as mulheres podem determinar a expressão emocional dos meninos, pessoas do mesmo sexo têm maior influência como exemplos. Embora exemplos femininos possam ensinar as habilidades técnicas necessárias para a expressão emocional, isso pode não ser suficiente para ajudar os meninos a questionar as Regras do Bando. Por quê? Muitas vezes, o menino precisa ver um homem realmente transgredir as Regras do Bando e confirmar que ele, talvez seu pai ou padrasto, ainda é masculino e está ileso (não foi rejeitado ou punido de algum modo por quebrar as Regras). Ver exemplos masculinos transgredirem as Regras do Bando ajuda os meninos a fazer o mesmo nas situações em que eles próprios precisam e querem transgredir essas regras.

O seguinte relato curioso ilustra o poder que os pais têm para ajudar os filhos a expressar os sentimentos. Robert Reich era o Secretário do Trabalho nos Estados Unidos no final da década de 90. Ele raramente via seus filhos, por causa da dura jornada de catorze horas diárias que sua posição no gabinete exigia. Certa noite, o filho de Reich, Sam, pediu ao pai que o acordasse quando voltasse do trabalho naquele dia. Seu pai rejeitou a idéia, afirmando que voltaria muito tarde. Mas Sam não aceitava um não como resposta. Quando o secretário Reich perguntou o motivo, Sam disse que simplesmente queria saber se seu pai estava lá. Por fim, Robert Reich ouviu em alto e bom som o "chamado para despertar" de Sam. Logo depois, renunciou ao cargo de Secretário do Trabalho.

Conto essa história, relatada por Reich, não como uma mensagem de que os pais devam largar seus empregos, mas como um exemplo de um filho que compartilhou sua vulnerabilidade, e de um pai que ouviu e respeitou essa vulnerabilidade. Em algum momento, ao longo do caminho, Sam aprendeu uma nova regra: *não há problema em estar vulnerável e dizer ao pai que você precisa dele*. Não ficou claro como Sam aprendeu a quebrar as Regras do Bando, mas o que *realmente* se sabe é que Reich legitimou a expressão emocional de seu filho. Ele também demonstrou que não há problemas em transgredir as Regras do Bando (e ainda assim ser um homem de verdade) ao renunciar a um cargo poderoso por razões *emocionais* (em vez de financeiras, racionais etc.).

Como Você Pode Evitar que as Emoções de Seus Filhos Desapareçam?

É importante que os pais se lembrem de reforçar diariamente a expressão emocional saudável de seus filhos. Se tal expressão for ignorada ou não for comentada, o menino pode interiorizar a vergonha de expressar seus sentimentos ou necessidades emocionais. Na história da família de Reich, a expressão emocional de seu filho foi reforçada direta e positivamente. Embora a maioria dos pais não possa simplesmente deixar seus empregos, eles podem legitimar as necessidades emocionais de seus filhos. Essa legitimação pode ser feita de vários modos.

Legitime as emoções dos meninos. Essa legitimação direta das emoções dos meninos é particularmente importante porque na cultura dominante suas emoções são constantemente deslegitimadas pelas razões discutidas ao longo deste livro. Os passos envolvidos na legitimação se resumem basicamente em ouvir seu filho identificar ou nomear as emoções dele para você. Em seguida, você pode responder "isso faz sentido para mim". Na verdade é muito simples quando se pensa sobre isso. Você pode acrescentar outras explicações, como lhe ensinar que nossa cultura normalmente ignora os sentimentos dos meninos e que você está ciente de que meninos são freqüentemente punidos ou ridicularizados por expressar seus sentimentos. Basicamente, essa parte da legitimação é a discussão das Regras do Bando apresentada no Capítulo 2. Você provavelmente toma conhecimento de algumas novas Regras do Bando quando conversa com seu filho. Embora a maioria delas seja universal (como a de que meninos não choram), elas podem variar de um lugar para outro.

Conte histórias sobre seu passado. Muitos pais consideram útil relatar histórias sobre a própria infância, para legitimar as emoções dos meninos, particularmente no caso do pai. É importante que a história não apresente finais utópicos ou perfeitos. Os meninos precisam ouvir que outros meninos e homens enfrentam dilemas emocionais e precisam aprender a lidar com eles na vida real. Um exemplo de história que legitima um filho que é rejeitado pode ser ilustrado pelo pai que diz: "Eu me lembro quando convidei Raquel Parker para sair comigo e ela disse não. Fiquei envergonhado porque todos sabiam que eu a convidara. Também fiquei triste porque realmente gostava dela". Contar uma história como essa é um exemplo excelente de legitimação.

Torne-se um detetive das emoções. Outra maneira de encarar a legitimação das emoções de seu filho é tornar-se um "detetive das emoções". Procure emoções de medo, raiva, tristeza e mágoa por trás dos comportamentos de seu filho, independentemente da idade dele. Se ele estiver agressivo, procure por medo, mágoa ou raiva; se ele parece deprimido, procure pelas mesmas emoções (a depressão freqüentemente é a raiva voltada para dentro). Quando meninos adolescentes fazem exigências do tipo "Por que não posso ter um carro com dezoito anos? Todo mundo tem um!", como se seus direitos tivessem sido lesados, procure pelas mesmas emoções por trás da apresentação desse direito. Às vezes, esse processo de investigação é difícil, mas você verá que o esforço vale a pena.

Quando você aborda seus sentimentos, ou simplesmente conversa com seu filho sobre eles, experimente utilizar a frase "grandes sentimentos" para descrever e legitimar sua dor emocional, independentemente da idade do menino. Muitas vezes, parece que a palavra "grande" pode atravessar as defesas sólidas que impedem que meninos mais velhos e adultos revelem os sentimentos que trancaram dentro de si. Evidentemente, a maneira mais saudável de evitar que isso aconteça é, antes de tudo, conversar sobre os sentimentos e as necessidades emocionais como parte do cotidiano familiar. Essa pode ser a melhor maneira de legitimação.

Simplesmente lembre-se de que as emoções dos meninos são importantes. Se você experiencia e, em seguida, expressa suas emoções positivas e negativas, mesmo escrevendo-as, você vai se sentir melhor. A pesquisa de Pennebaker (1997) fundamenta essa afirmação, relacionando a expressão das emoções com uma saúde mental e física melhor. Essa pesquisa precisa ser mais conhecida pelos consumidores de medicamentos. Falar sobre sentimentos não é bom apenas para a saúde emocional; parece ser bom para a saúde física. Tenha isso em mente quando dá boas-vindas para as emoções nas vidas dos meninos. É bom para toda a família.

Como Ensinar os Meninos a Nomear e Identificar Seus Sentimentos

O método mais rápido e eficaz para ajudar os filhos a conhecer os sentimentos é fazer com que conversas sobre sentimentos e necessidades emocionais sejam a norma da família. Faça disso um hábito. Se ainda não o fez, nunca é tarde demais para mudar nesse sentido. A melhor maneira e a mais simples de ensinar seu filho a nomear e identificar as próprias emoções é simplesmente perguntando: "como você se sente em relação a isso?", em qualquer idade. Essa pergunta é um elixir universal.

Contudo, muitos pais e irmãos não expressam suas emoções diretamente no ambiente familiar, então, falar sobre as emoções precisa fazer parte da conversa de *toda a família*. É extremamente importante para os meninos ver seus pais fazerem essa pergunta entre eles e para seus irmãos. É isso que torna a conversa sobre sentimentos a norma da família.

Quando os meninos são menores, precisam que seus pais forneçam os nomes dos sentimentos. Alguns meninos mais velhos também precisam disso, especialmente se receberam pouca educação emocional quando mais jovens. Descrever em palavras os sentimentos dos meninos para eles, quando são bebês ou crianças de colo, é uma forma de espelhamento (ver o Capítulo 3). Além disso, como a linguagem receptiva (entender os significados das palavras) desenvolve-se antes da linguagem expressiva (falar as palavras e fazer gestos), os meninos podem entender as mensagens sobre suas emoções antes mesmo de poderem falar. Portanto, um espelhamento logo cedo é fundamental para o desenvolvimento das habilidades de inteligência emocional dos meninos. Mais tarde, quando estiverem mais velhos e se tornarem adolescentes, a simples pergunta "Como você se sente em relação a isso, Tomás?" poderá reforçar essas habilidades emocionais.

Certo, Meu Filho Fala sobre Seus Sentimentos... e Agora?

Sempre aprecio a coragem dos pais nas sessões de terapia, quando me perguntam o que fazer ou dizer depois que seus filhos falam com eles sobre seus sentimentos. Freqüentemente essa é uma experiência tão nova para os pais que eles não estão certos do que fazer a seguir. A regra geral mais importante, quando se responde às emoções dos meninos, é: *os pais devem responder às emoções dos meninos sem envergonhá-los.* A experiência de ser envergonhado por compartilhar as emoções, ou necessidades, pode ser o maior impedimento isolado para o desenvolvimento emocional dos meninos. Até que as normas culturais mudem, eles se sentem envergonhados praticamente todas as vezes que expressam seus sentimentos ou necessidades emocionais. Portanto, é essencial que você torne sua família e seu lar um local seguro para que seu filho fale sobre as próprias emoções. A seguir estão algumas regras específicas para responder à expressão das emoções de seu filho.

A resposta universal (e melhor!). Enquanto seu filho estiver falando sobre como se sente em relação a algo, ouça. Então responda dizendo "isso faz sentido para mim" ou "entendo porque você se sente desse modo". É simples assim. Obviamente, se esse é um problema que precisa mais do que uma simples legitimação emocional, você precisará resolvê-lo.

Esteja preparado. Talvez você precise se preparar inicialmente caso se sinta desconfortável ao falar sobre sentimentos ou ouvir os sentimentos dos outros. Esse é um dilema maior para os pais, pois eles tiveram menos prática com a expressão emocional (já que também foram socializados pelas Regras do Bando). No entanto, as mães também podem ter sido socializadas em meio à cultura dominante. Embora elas possam ter mais prática na expressão de suas emoções, algumas mulheres também se sentem desconfortáveis ao falar sobre sentimentos ou ouvir os sentimentos dos outros.

Não saber o que fazer ou dizer quando seu filho expressa suas emoções e necessidades emocionais é uma resposta bastante comum para muitos pais. Trabalhei com muitos homens e mulheres que ficam à vontade para perguntar aos filhos como eles se sentem, mas ficam menos à vontade para reagir às suas respostas. Lembro-me de um pai que queria desesperadamente ajudar seu filho de dez anos, que estava deprimido. Esse pai foi um dos corajosos que perguntou: "O que falo depois que ele me disser como se sente?".

Utilize suas próprias emoções para orientá-lo. Considere por um momento suas necessidades emocionais. Quando você fala sobre sentimentos positivos e negativos, provavelmente não gosta de ser interrompido. Você provavelmente gosta de ouvir outra pessoa legitimando aquilo que você disse ("Eu entendo" ou "Isso faz sentido"). Você não quer que o façam sentir vergonha de seus sentimentos. Se você tiver tudo isso em mente da próxima vez que seu filho precisar conversar sobre seus sentimentos, estou certa de que você responderá de maneira saudável.

Pratique a empatia em sua família. Esse é um aspecto tão importante da experiência emocional que todo o Capítulo 5 é dedicado a ele. Leia-o do começo ao fim. Em seguida, certifique-se de que sua família tem e recebe empatia.

Pratique a expressão emocional saudável em casa. A raiva e o medo são duas das emoções mais difíceis de serem controladas. Quando a raiva dos pais fica fora de controle, sob a forma de agressão verbal ou física, ela pode destruir famílias. Mas, se a empatia for praticada regularmente, a raiva não ficará fora de controle. A empatia é um antídoto para a agressão, o narcisismo e as Regras do Bando.

Para obter uma expressão saudável da raiva em seu lar, *examine seu estilo de raiva*. Você é agressivo-passivo (isto é, utiliza o tratamento do silêncio), é verbalmente explosivo (isto é, berra e grita) ou é fisicamente violento (isto é, bate, chuta, dá pancadas e joga objetos)? Onde você aprendeu seu estilo de raiva? Conhecer seu estilo de expressão da raiva é importante porque, assim como tantos outros comportamentos, você está determinando ou ensinando ao seu filho como expressar a raiva.

Portanto, se você ainda não aprendeu como controlar sua raiva, precisa aprender agora. Identifique os motivos (o que o descontrola?). Encare o medo, que certamente se esconde por baixo de seus motivos, e trate disso como um adulto, em vez de agir como uma criança de dois anos. Uma boa maneira de lidar com sua raiva é falar em voz alta enquanto tenta controlar seu temperamento (isso também é excelente como um exemplo). Dizer "estou tão bravo que preciso sair por um minuto para acalmar-me" é uma demonstração de expressão saudável da raiva. Finalmente, considere isto: quando seu filho fica bravo, você tem medo da raiva dele? Caso tenha, por quê? A raiva dele se parece com a de alguém? Se você tem medo da raiva dele, precisa *lidar com isso*. Seu medo vai interferir no modo como você o cria.

Obviamente, praticar a expressão emocional saudável em casa também deve envolver emoções positivas. Há uma família saudável, em minha comunidade, com dois filhos adolescentes. Os pais apóiam as emoções de seus filhos (assim como apóiam suas habilidades atléticas e acadêmicas) e eles são populares, bem-sucedidos e muito legais, o que não é uma surpresa. Embora essa família tenha seus altos e baixos, assim como qualquer uma, o que mais se destaca para mim é o modo como sorriem e riem juntos. Freqüentemente vejo o pai brincando com seus filhos e todos parecem *felizes*. Compartilho essa observação com você para enfatizar que a identificação e a expressão de sentimentos de orgulho, realização, triunfo ou simples diversão são tão importantes quanto a expressão das emoções negativas.

Habilidades e Experiências "Essenciais" para as Emoções dos Meninos

Habilidades e experiências adicionais, além das básicas, são necessárias para promover o desenvolvimento emocional saudável em meninos. Ao ler pela primeira vez sobre as habilidades e as experiências a seguir, pode parecer que elas não estão relacionadas. Mas, na verdade, estão interligadas como numa teia; trabalham em conjunto para apoiar o desenvolvimento emocional de seu filho.

Habilidades de Combinação

Discutidas ao longo deste livro, as habilidades de combinação se referem essencialmente a combinar emoções que têm valências diferentes (isto é, positivas e negativas) ou combinar um raciocínio com uma emoção. Aqui estão alguns exemplos de emoções com valências diferentes: Jared está bravo com sua mãe (negativo), mas ele ainda sente amor por ela (positivo); Rodrigo está desapontado por não entrar na equipe de basquete da escola (negativo), mas sente-se aliviado por ter mais tempo livre (positivo). A combinação também permite que os meninos sejam reconfortados quando estão tristes, ou tranqüilizados quando estão assustados. A idéia é que uma emoção, particularmente uma negativa, não domine toda a atenção e energia de um menino. Infelizmente, combinar emoções não é uma habilidade amplamente conhecida ou ensinada.

Um estudo indicou que essa habilidade surge pela primeira vez em torno dos dez anos (Harter e Whitesell 1989), mas descobri que é ensinada e aprendida facilmente muito antes. Ensinei com sucesso a prática dessa habilidade a meninos a partir dos quatro anos de idade. Exemplos de combinação de um pensamento com um sentimento provavelmente são mais familiares. Frederico, um menino de seis anos, tinha medo de ir ao *playground*, onde alguns dos valentões da escola poderiam provocá-lo. Então ele se lembra do que seu pai lhe disse sobre sentir-se seguro e pensa nisso. Ele sabe que pode encontrar um amigo com quem brincar ou contar ao professor se o valentão machucá-lo. Simplificando, Frederico ainda pode *sentir* medo, mas ele *pensa* num modo de manter-se a salvo.

O raciocínio e o sentimento combinados tornam-se particularmente úteis quando se lida com a raiva, conforme descrito no Capítulo 6. Quanto mais uma pessoa reavalia (ou pensa conscientemente sobre) sua reação inicial, mais estará no controle da situação. Quando se permite que a raiva fique fora de controle, ela pode conduzir até o mais bem-intencionado entre nós. Isso também se aplica a emoções relacionadas à raiva, como a inveja, a frustração e o medo.

Quando a combinação se desvirtua. A "paranóia" adolescente é um exemplo de combinação de raciocínio e sentimento que se torna prejudicial. É importante mencionar isso porque, conforme os adolescentes desenvolvem a capacidade de "raciocinar sobre o raciocínio", às vezes eles podem chegar a conclusões erradas. Por exemplo: quantas vezes você ouviu um adolescente acusar alguém de julgá-lo ou "falar dele" quando, na verdade, isso nunca aconteceu? Nessas situações, parece que o medo do adolescente se combina com raciocínios incorretos. Como muitos pais sabem, nem sempre se é bem-sucedido ao racionalizar com adolescentes, sendo que esse tipo de combinação imprecisa pode explicar porque a racionalização não funciona. A melhor abordagem nessa situação seria primeiro legitimar as emoções do adolescente para, em seguida, questionar o raciocínio ou a conclusão equivocada.

Outro exemplo de combinação desvirtuada de raciocínio-sentimento envolve o medo que as crianças pequenas têm do escuro, de insetos, dos cachorros, dos trovões e relâmpagos, de barulhos altos, de médicos e assim por diante. Esses medos são criados pelo mesmo tipo de combinação desvirtuada; um raciocínio impreciso (por exemplo: todos os insetos são perigosos) é relacionado com a emoção de medo. É possível argumentar que algumas fobias (medos extremos e paralisantes) têm suas origens nesse tipo de combinação.

Em crianças pequenas, seu estilo intuitivo de raciocínio (isto é, as coisas *são* do modo como elas vêem ou sentem) impede uma combinação correta. Por exemplo: se um cachorro assustar João Vitor, um menino de três anos, de agora em diante todos os cachorros serão assustadores para ele; ou, se um temporal assustar Rodrigo, um menino de quatro anos, de agora em diante todas as tempestades irão assustá-lo.

Como ensinar as habilidades de combinação. A principal mensagem sobre a combinação é a de que ela deve ser ensinada cedo e perdurar a partir de então. Tanto os adolescentes quanto as crianças menores estão numa trajetória natural de desenvolvimento, que eventualmente resultará na combinação bem-sucedida de raciocínios e emoções corretas (portanto o tempo está a seu favor). A maneira mais simples e eficaz de ensinar habilidades de combinação é começar o mais cedo possível e continuar ao longo da adolescência. Fale com sua criança de colo e com seu adolescente sobre os diferentes sentimentos deles. Pergunte como se sentem em relação a algo e, em seguida, pergunte o que pensam sobre o sentimento que têm. Outras idéias específicas incluem:

- Quando um **menino pequeno** estiver bravo com alguém, *lembre-o de* que ele ainda ama aquela pessoa ou se preocupa com ela (não lhe pergunte, *fale para ele*; isso ensina a combinação). Quando um **adolescente** estiver bravo, *pergunte* se ele ainda consegue ter sentimentos positivos em relação à pessoa com quem está bravo. Se ele disser que não, *então* lembre-o de que esses sentimentos ainda estão lá.

- Quando um menino pequeno estiver assustado, ensine como adquirir segurança. Quando os pais utilizam o "*spray* repelente de monstros" antes de a criança dormir, isso funciona porque ela *acredita* que funciona e, em seguida, *sente-se* segura (conseqüentemente combinando o raciocínio com o sentimento). Embora crianças mais velhas e adolescentes não acreditem no *spray* contra monstros, eles têm habilidades cognitivas mais avançadas à sua disposição e podem ser treinados para utilizar raciocínios razoáveis ou racionais para controlar seus medos.

★ Quando um menino de qualquer idade fala apenas sobre seus pensamentos, pergunte como ele se sente em relação àquela pessoa ou àquele acontecimento. Lembre-se de que os pensamentos e as emoções estão entrelaçados, como os fios numa corda.

A capacidade de combinar emoções diferentes e de combinar o raciocínio com o sentimento é uma ferramenta necessária para controlar as emoções e para manter a saúde mental. Muitas das principais formas de psicoterapia têm sua origem nesse processo. Se você ensinar a seu filho essas habilidades, poderá, na verdade, ajudá-lo a prevenir alguns problemas e, na pior das hipóteses, a lidar com eles de maneira saudável.

Desconstrução Cultural com a Mídia/Entretenimento (Dez Anos ou Mais)

Como foi mencionado anteriormente, a desconstrução da mídia se refere ao questionamento das visões de realidade relativas aos meninos ou à masculinidade apresentadas pela cultura popular (filmes, programas de TV, MTV). A desconstrução da mídia é uma habilidade que pode ser ensinada facilmente quando os meninos desenvolvem habilidades de raciocínio abstrato (em torno dos onze anos), mas alguns deles podem estar prontos mais cedo. Utilizar a desconstrução com os meninos é uma idéia que tomei emprestada de Kilbourne (1999) e Pipher (1994), os quais sugerem que as meninas precisam desconstruir as mensagens culturais relativas à sua imagem corporal.

Os meninos precisam desconstruir por razões diferentes, mas o *propósito* da desconstrução continua sendo o mesmo: aprender que a realidade é aquilo que experienciam, não o que a mídia e o entretenimento mostram implacavelmente na tela. A desconstrução da mídia é particularmente importante em relação ao desenvolvimento emocional dos meninos porque, caso lhes seja mostrado constantemente que suas emoções não são importantes e que os homens "de verdade" não falam sobre suas emoções e "não têm medo", é compreensível que eles pensem que essa imagem é a realidade. Em suma, a não ser que você ajude seus filhos a desconstruir e encontrar a mensagem real por trás da mensagem criada, eles continuarão sendo deseducados ou enganados pela mídia de massa.

Uma boa maneira de desconstruir as mensagens da mídia com seu filho é dizer em voz alta o que vier à sua mente enquanto assiste a seriados de TV, comerciais, videoclipes, filmes ou esportes que reforcem a imagem do machão e de que o "homem é uma máquina". Isso exige que você monitore e/ou passe algum tempo com seu filho em seu mundo da mídia de massa. Outra técnica de desconstrução é fazer mini-palestras para seu filho sobre o propósito real por trás da indústria do entretenimento, para que ele tenha noção de que as imagens são faz-de-conta com objetivos mercadológicos.

Segundos de desconstrução. Apenas alguns segundos também podem ser muito eficazes, especialmente se o seu filho não gosta de sermões. Não é preciso muito tempo para dizer "Ah, eu não acredito que fizeram aquele homem agir de maneira tão agressiva naquela cena. Homens de verdade não agem assim!" ou "Odeio o modo como os videoclipes mostram as mulheres como objetos sexuais: as mulheres não são apenas sexo!" (De vez em quando, lembre-se de fazer contato visual após seu comentário, dizendo "você sabia disso, filho?").

Outros segundos de desconstrução para a televisão e os filmes incluem algo como: "Você viu como aquele menino parecia ser invencível naquela cena? Qualquer ser humano normal ficaria aterrorizado ou fugiria!" Após algum tempo, seus segundos de desconstrução podem se reduzir a uma risada ou um resmungo de incredulidade ou um simples "Você acredita nisso?" e seu filho vai entender.

Uma última sugestão é *reforçar* qualquer mensagem real ou *saudável* relativa às emoções dos meninos e dos homens apresentada pela mídia. É claro que são escassas e pouco freqüentes as mensagens que questionam os estereótipos masculinos rígidos e prejudiciais inerentes às Regras do Bando. Essa "desconstrução positiva" pode ser feita utilizando a mesma mídia (seriados de TV, comerciais, videoclipes, filmes, esportes, revistas etc.). Você encontrará menos exemplos do que os "ideais" do machão, mas não deixe que seu filho perca esses exemplos!

Para resumir as técnicas de desconstrução, encontre exemplos de violência, poder e controle que disfarçam os sentimentos verdadeiros dos meninos e dos homens e questione-os, de modo que os meninos possam distinguir o que é real do que não é, assim como o que é saudável do que não é.

Encoraje Seu Filho a Passar Algum Tempo com Crianças Menores

Uma forma excelente de ajudar a impedir que as emoções de seu filho desapareçam é fazê-lo passar mais tempo com crianças menores. Podem ser irmãos, sobrinhos, primos, amigos ou vizinhos. O tempo que os meninos passam com essas crianças menores pode incluir brincadeiras, servir de babá, alimentá-los e até mesmo trocar suas fraldas. Estar com crianças mais jovens ajuda os meninos a praticar o cuidado, a empatia e as habilidades emocionais básicas de relação. Cumprimentar e abordar crianças de três anos exige mais do que as respostas monossilábicas do Bando. Passar tempo com crianças menores também permite que os meninos mantenham um elo com a vulnerabilidade (como precisar de ajuda para amarrar o cadarço ou dar a mão para atravessar a rua). Muitos meninos aprendem a disfarçar sua vulnerabilidade e suas necessidades, em vez de utilizar o apoio social para lidar com esses sentimentos. Ver a vulnerabilidade dos pequenos é uma lembrança da real condição humana. Além disso, desafia as Regras do Bando.

Desencoraje as Provocações e os Insultos Contra Irmãos Menores e Colegas

Muitos pais fazem vista grossa quando seus filhos "agem de modo violento" entre si ou com os amigos. Quando é uma diversão entre crianças em equilíbrio de condições, essa tolerância é compreensível. No entanto, quando um irmão mais velho ou maior provoca, maltrata ou tenta de algum modo intimidar colegas ou irmãos, não é divertido. Se os pais não intervierem, será uma oportunidade perdida de ensinar os meninos a ter empatia pelos sentimentos dos outros. ("Como você acha que seu irmãozinho se sentiu quando você lhe disse isso? Certo. Agora peça desculpas!"). Essa também é uma oportunidade perdida de ensinar aos meninos que estarem juntos não quer dizer que um precisa ter mais poder que o outro.

Deixe que Seu Filho Cuide de um Animal de Estimação

Assim como quando cuidam de uma criança menor, os meninos aprendem e praticam habilidades emocionais valiosas quando cuidam de animais de estimação. Essas habilidades incluem a empatia (alimentar uma gata quando ela está faminta ou brincar com ela quando esta se sente sozinha), a identificação emocional (falar abertamente sobre o cuidado e a preocupação com Toby, o cachorro da família) e a expressão emocional (receber e dar afeto ao animal da família). Ter um animal de estimação, muitas vezes, é a primeira experiência de um menino com a dor da perda. De peixinhos dourados e hamsters a cachorros, os animais de estimação raramente sobrevivem até o final da infância de um menino. Eles morrem devido à velhice ou são mortos em acidentes, antes que as crianças se tornem adultas. Desse modo, cuidar de animais de estimação também fornece uma oportunidade para que os meninos experienciem a dor da perda e sejam reconfortados em seu momento de lamentação.

Diga ao Orientador Educacional e aos Professores que se Concentrem nas Emoções dos Meninos

Ensino fundamental. Conheço uma orientadora educacional muito talentosa que me contou uma história interessante sobre um menino bem-ajustado em sua escola de ensino fundamental. O pai de Alex disse à orientadora que queria que o filho participasse do grupo de orientação oferecido na escola. A mãe de Alex morrera há um ano e o pai sabia que ele precisava de todo apoio emocional que pudesse ter. Um dia, a orientadora educacional fez uma lição em classe sobre a expressão dos sentimentos. Durante um dos exercícios, uma menina quieta na classe disse que seu avô morrera no fim de semana. A classe ficou em silêncio. Alguns segundos depois, um menino no fundo da sala levantou a mão e disse com os lábios tremendo: "Ah, é? Aposto que ninguém aqui sabe que meu pai morreu no ano passado."

A classe ficou em silêncio outra vez. O menino começou a chorar e não conseguia parar.

Essa orientadora educacional esperta e maravilhosa sabia exatamente como facilitar a experiência para essa classe. Ela olhou para Alex, que, nesse momento, já havia praticado bastante a expressão de seus sentimentos, e fez um sinal para ele com a cabeça. Ele sabia exatamente o que fazer. Alex foi até o menino que chorava e, sem dizer uma única palavra, começou a dar tapinhas nas costas dele e deu-lhe alguns lenços de papel que a orientadora lhe havia entregado A classe permaneceu em silêncio respeitoso, enquanto observava esses dois meninos sentirem a dor da tristeza e o apoio de um amigo.

A orientadora educacional disse que, antes de a lição terminar naquele dia, a classe já falava sobre a tristeza e o choro como algo normal e saudável para todos, até mesmo para os meninos. Quando perguntei à orientadora sobre as possíveis conseqüências que essa experiência poderia causar a esses dois meninos ("a classe rejeitou-os mais tarde por sua demonstração de tristeza e apoio?"), ela disse que, de acordo com suas observações e o relatório dos professores, a classe parecia estar unida após o acontecimento. Eles ficaram mais próximos. Até hoje só consigo imaginar quais serão os efeitos a longo prazo para esses meninos. Expressar a tristeza, chorar na escola, receber apoio – *e não haver problema em nada disso*. Todo menino deveria ter essa sorte.

Final do ensino fundamental e ensino médio. Normalmente os meninos mais novos não pensam que a orientação educacional é uma "coisa para maricas". Mas ela pode tornar-se uma violação das Regras do Bando no final do ensino fundamental e no ensino médio, quando os estereótipos sexuais tornam-se rígidos. Mas, à medida que os meninos ficam mais velhos, suas necessidades de expressão emocional não mudam. Conforme escrevo, me recordo de um grupo de aconselhamento que co-auxiliei numa escola de ensino médio. O propósito do grupo era intervir em alunos de "alto risco", ou seja, aqueles que fossem repetentes em suas classes ou consumissem álcool e drogas na escola, ou que tivessem ambos os problemas. Esse grupo tinha dez alunos, todos meninos. Durante a reunião semanal do grupo, os meninos discutiram tudo, desde suas notas, seus pais e suas namoradas e até seus problemas com álcool e drogas.

Na última sessão, os meninos foram unânimes em dizer que gostaram do grupo (e não apenas porque isso fazia com que faltassem a algumas aulas). Conforme cada menino dizia em voz alta por que ele gostara do grupo, eles pareciam surpresos. Disseram que, na verdade, gostaram de se sentar e conversar sobre assuntos importantes, mesmo sem drogas ou álcool. Um menino chamado Bubba ficou em silêncio enquanto os outros falavam. Era magro, tinha o cabelo na altura dos ombros e usava tatuagens. Ele disse: "Fiquei realmente bravo no começo, por estar num grupo que fazia coisas de 'maricas'". Ele fez uma pausa e então continuou: "Mas me envolver em confusões foi a melhor coisa que já fiz... pois isso permitiu que eu fizesse parte desse grupo." Parece que até mesmo os meninos durões do ensino médio não apenas precisam como também gostam dessa coisa "maricas" de aconselhamento. Co-auxiliei um grupo que estava no final do ensino médio e tinha problemas de tristeza, com resultados semelhantes. Todos gostaram da experiência de simplesmente poder participar de Conversas de Menino com adultos e outros meninos.

A Importância dos Limites Físicos e Psicológicos

Os limites psicológicos envolvem o modo como você pensa e sente. Eles se baseiam em necessidades emocionais. Pode ser mais difícil entender os limites psicológicos do que os físicos, pois você não pode ver o psicológico. Mas pode sentir quando alguém cruza o limite psicológico: a pessoa diz ou pergunta algo que simplesmente não *parece* certo. O mesmo vale para o limite físico, que é basicamente seu espaço pessoal. Você se sente desconfortável quando um limite físico é ultrapassado, quando alguém o toca se você não quer ser tocado (sexualmente ou não) ou quando alguém fica perto demais ao falar com você.

Os bebês e as crianças pequenas têm menos limites. Suas identidades ainda estão misturadas com as de seus pais. Mas conforme eles passam pela infância e adolescência, se individualizam, ou seja, tornam-se eles mesmos ao criar e manter limites psicológicos e físicos. Os limites psicológicos ajudam as crianças a individualizar-se, em parte porque definem sua singularidade.

Limites físicos e psicológicos também ajudam a manter as crianças a salvo de perigos. À medida que as crianças ficam mais velhas, elas são capazes de dizer: "Não quero mais abraçar ou beijar a tia Jasmine". De fato, existem normas sociais relativas aos limites físicos e psicológicos para crianças e adultos, incluindo quão perto ficar quando se fala com alguém ou se os pais vão decidir ou não a carreira ou o casamento dos filhos. Evidentemente, esses limites variam de cultura para cultura. Na Índia, as pessoas ficam com os rostos tão próximos que quase se tocam quando se cumprimentam na rua. E atualmente, no Vietnã, as crianças ainda são a segurança social (e financeira) dos pais. Em suma, a cultura pode definir nossos limites e estabelecer normas de convivência em grupo, mas ainda podemos decidir se afinal esses limites serão prejudiciais ou benéficos para nós como indivíduos.

Uma situação em que os limites físicos dos meninos são comprometidos é em esportes físicos agressivos ou outros ritos de passagem violentos, que envolvem o ato de ignorar a dor e o perigo físico. O treinamento militar (por exemplo, no campo de treino) mostra outro exemplo de como os limites físicos são violados, embora nessa situação as pessoas envolvidas tenham dado seu consentimento. Mas, no dia-a-dia dos meninos, eles não dão seu consentimento para que seus limites físicos sejam comprometidos. Eles apenas absorvem as regras que saturam nossa cultura: os meninos devem se machucar, não devem fazer objeções à dor e certamente não devem *sentir* a dor. Essas mensagens têm sua origem nos papéis do "homem como guerreiro" ou "homem como defensor de seu país". No entanto, quando o domínio físico não é necessário para a sobrevivência, parece injusto que ainda seja imposto aos meninos o papel estóico de ignorar a dor física. Se essa norma cultural mudasse para respeitar os limites físicos dos meninos, haveria uma tendência maior de que eles respeitassem os limites físicos das outras pessoas.

Ensinando Limites Físicos

Respostas aos meninos em relação ao seu comportamento podem ajudá-los a aprender quais são seus limites e quais os limites dos outros. Por exemplo: Eric pode não entender que bater em alguém é errado. Ele fica bravo e dá um tapa em seu irmão menor. Qual o problema? Sem que ninguém cuide dele, Eric não aprende que seu comportamento ultrapassou um limite. Seu irmão menor tem o direito de não sofrer fisicamente.

Conforme os meninos ficam mais velhos, desenvolvem habilidades empáticas e aprendem regras sociais. Seus comportamentos têm uma chance maior de refletir os limites físicos entre eles e os outros (a não ser, é claro, que aprendam um conjunto de regras diferentes em relação a esses limites). Portanto, assim como tantas outras habilidades, o aprendizado sobre os limites físicos começa com a compreensão dos próprios limites. Essas habilidades estão todas baseadas na filosofia básica de respeito pelo corpo humano.

Os pais podem começar a ensinar seus filhos sobre os limites físicos desde a época em que ainda são crianças de colo, e continuar reforçando esse conceito ao longo da infância. Conforme os meninos interiorizam esses limites, não apenas agem de modo mais seguro consigo, como também agem de maneira mais respeitosa em relação aos outros. Algumas sugestões para ensinar os limites físicos incluem:

- Ensine a seus bebês e crianças de colo por que os outros não devem bater neles ou machucá-los.

- Faça com que meninos mais velhos saibam que não precisam "ser durões" e apanhar de qualquer um. Ensine que prestar atenção à dor e evitá-la são necessidades humanas que todos têm.

- Ensine os limites sexuais aos meninos. Embora não costumem ser vitimados sexualmente com a mesma freqüência que as meninas, os meninos também são vítimas de abuso sexual. Ajude-os a saber mais sobre as partes íntimas de seu corpo e sobre "toques bons" e "toques ruins", além de como não guardar "segredos".

- Ensine aos meninos suas forças e limitações físicas. Alguns meninos serão mais musculosos e fortes do que outros; a maioria dos meninos será mais forte do que a maioria das meninas (após o desenvolvimento completo ocorrido na puberdade). Mostre-lhes como controlar sua força e não utilizá-la para dominar ou machucar os outros.

- A maioria dos meninos não tem a experiência ou a habilidade do toque suave. Quando bebês, eram acariciados e abraçados, mas, em um determinado momento, ao final da infância, a "cota de carinho" físico dos meninos despenca (em grande parte devido ao medo dos pais de "efeminar" seus filhos). Se você quer que seu filho demonstre carinho, você também precisa continuar demonstrando carinho a ele!

Ensinando Limites Psicológicos

Os limites psicológicos são uma sensação que ajuda você a saber onde seus pensamentos e sentimentos começam e terminam e onde os dos outros começam e terminam. Por exemplo: se um dia o pai de Daniel volta do trabalho irritado, obviamente Daniel, um menino de oito anos, não é responsável pelos sentimentos do pai (mas ele pode não saber e achar que irritou o pai de alguma maneira). Ou, se o pai de Daniel diz "Daniel, você deveria tornar-se um corretor de valores quando for mais velho", é óbvio que os pensamentos de Daniel estão sendo ignorados. Embora esses pareçam ser exemplos inócuos, a questão é que as crianças pequenas podem absorver os pensamentos e sentimentos dos outros, porque seus limites são mais permeáveis. Quando alguém diz a uma criança que ela é responsável pelos sentimentos de outra pessoa, ou determina o que ela deve pensar ou sentir – ou não pensar ou sentir – os limites psicológicos dessa criança estão sendo ultrapassados.

As experiências e percepções dos meninos podem ser distorcidas quando alguém lhes diz que não devem pensar ou sentir de uma determinada maneira. Conforme foi discutido no Capítulo 5, as capacidades empáticas dos meninos podem ser afetadas quando seus limites são violados, resultando em empatia demais ou muito pouca empatia. Embora os meninos e os homens sempre tiveram o privilégio de expressar seus pensamentos públicos (ao escrever a Constituição, registrar a história do mundo, fazer descobertas científicas etc.), há menos permissão para que eles expressem seus pensamentos e sentimentos íntimos. Acho que isso contribui não apenas para a expressão emocional restrita dos meninos, como também para confusões relativas aos limites. Os meninos aprendem a deslocar seus limites psicológicos tão para dentro que seus próprios pensamentos e sentimentos podem ser encobertos.

A seguinte lista "do que se deve ou não fazer" é uma orientação básica que pode ajudá-lo a ensinar limites psicológicos saudáveis para meninos de todas as idades:

★ Pergunte aos meninos como eles se sentem e o que pensam; não lhes diga como (devem) sentir ou pensar.

★ Ouça os meninos; não os oprima com seus pensamentos e sentimentos.

- Legitime os pensamentos e os sentimentos dos meninos; nunca faça com que sintam vergonha deles.

- Ajude os meninos a compreender que podem pensar e sentir de modo diferente de você e que não há problema nisso.

- Ajude os meninos a ter empatia pelos outros sem assumir a identidade ou o dilema de outra pessoa. Eles devem aprender como reconfortar alguém que esteja sofrendo sem que acreditem que consertar as coisas seja sua responsabilidade (a não ser que façam parte da causa da dor). Encoraje os meninos a comemorar a boa sorte de outra pessoa sem necessariamente competir com ela.

Resumo

Este capítulo fornece ferramentas específicas para os pais que desejam promover o desenvolvimento emocional saudável de seus filhos. Essas ferramentas incluem legitimar as emoções dos meninos, ensinar a eles habilidades de combinação e encorajá-los a passar o tempo com crianças menores e cuidar de animais de estimação. A importância de desconstruir as mensagens da mídia sobre a masculinidade e a relevância dos limites psicológicos e físicos no desenvolvimento emocional também são discutidos. Na posição de pais, vocês estão encarregados de encorajar as escolas a prestar mais atenção no desenvolvimento emocional saudável dos meninos. Como as Regras do Bando e o código de silêncio sobre as emoções dos meninos os afetam continuamente, é muito importante que as famílias ensinem os meninos a ter emoções e lidar com elas. Se eles não aprenderem essas habilidades emocionais saudáveis com suas famílias, com quem vão aprender?

CAPÍTULO 8

Para os Outros Adultos na Vida dos Meninos: Maneiras Práticas de Apoiar o Desenvolvimento Emocional dos Meninos

> *Nunca duvide que um pequeno grupo de pessoas atenciosas e dedicadas possa mudar o mundo. Na verdade, essa é a única coisa que já o fez.*
> – Margaret Mead

Muitos adultos podem ajudar a promover o desenvolvimento emocional dos meninos. Essa ajuda pode variar desde perguntar sutilmente aos meninos como eles se sentem em relação a algo, até dizer-lhes diretamente que não há problemas em ter sentimentos. Ou a ajuda pode envolver a educação dos pais sobre a necessidade de prestar atenção no desenvolvimento emocional de seus filhos. O professor que descreve um menino na reunião de pais e mestres como "uma mente brilhante e um coração sensível" está utilizando uma abordagem sutil, assim como um treinador que explica ao seu time de meninos como ser "atencioso e competitivo". Uma abordagem mais direta seria o avô que diz ao pai preocupado: "Você sabe, filho... eu gostaria de ter estado ao seu lado enquanto você crescia; seu filho precisa de você... mostre-lhe que você entende como ele está se sentindo mal."

No papel de terapeuta e professora, utilizo a abordagem direta. Vou logo ao ponto e digo que as emoções dos meninos são importantes e que, muitas vezes, os adultos ignoram ou rejeitam os sentimentos deles. Logo acrescento que não é saudável para os meninos ignorar suas emoções e que todos têm seu papel na mudança desse padrão. Então falo sobre as Regras do Bando, esse código de comportamento rígido e prejudicial que os meninos, muitas vezes, seguem na tentativa de ser masculinos (veja o Capítulo 2 para as regras). Utilizo a abordagem direta, pois imagino que, quanto mais pessoas souberem tudo isso, melhores serão as chances de mudar a situação para os meninos.

Sempre Será Necessária a Ajuda de Todos

Embora este livro seja dirigido aos pais dos meninos e a outros adultos interessados em seu desenvolvimento emocional, este capítulo se concentra exclusivamente no papel dos outros adultos na vida dos meninos. Os pais também vão se beneficiar com a leitura deste capítulo, pois ele oferece uma visão sistemática de quem são esses outros adultos e como eles podem contribuir para o desenvolvimento emocional dos meninos. Este capítulo contém orientações práticas e sugestões específicas para ajudar os meninos a desenvolver-se de maneira saudável, especialmente com relação às habilidades de expressão emocional. Mas antes de prosseguir com a leitura, há uma pergunta importante que deve ser feita a todos os adultos envolvidos com meninos. Essa pergunta é: *os meninos não vão se transformar em fracotes se você apoiar suas emoções?*

O Fator Fracote

A resposta para a pergunta feita anteriormente é não, você não transformará os meninos em fracotes, maricas, "frescos" ou "garotinhos da mamãe" ao apoiar a expressão das emoções deles. Infelizmente, a maioria das pessoas não acredita nisso. E esse medo contribui para a resistência cultural à expressão das emoções por parte dos meninos. Em sua forma mais simples, o medo é de que o menino que sinta e expresse suas emoções seja "menos" menino e, portanto, rejeitado por não seguir as Regras do Bando (descritas no Capítulo 2). Mas a verdade é esta: *respeitar os sentimentos dos meninos não cria fracotes; cria seres humanos.*

Como foi discutido no capítulo anterior, em relação aos pais, embora as emoções das meninas recebam mais apoio em nossa cultura do que as emoções dos meninos (especialmente as emoções de vulnerabilidade), os resultados comportamentais em público parecem ser semelhantes para os meninos e as meninas. Pense em como é raro ver meninos *ou meninas* chorarem um público. As meninas, na verdade, não querem demonstrar sua vulnerabilidade na escola ou no campo de jogo mais do que os meninos. Acredito que o modo como os adultos tentam evitar que os meninos se tornem "efeminados", ensinando-os a não falar sobre seus sentimentos, serve apenas para reduzir sua expressão emocional. A abordagem do "vamos endurecê-lo" pode ser boa para guerreiros, mas não é boa para o desenvolvimento emocional dos meninos.

Evidentemente, a verdadeira questão não é quem chora ou não em público. A questão é: quando enfrentam desafios ou conflitos, as meninas têm acesso a uma variedade mais ampla de habilidades emocionais do que os meninos. Isso não é justo. Portanto, os meninos precisam ser ensinados a sentir e expressar suas emoções e saber que são meninos "de verdade". É essencial que os adultos não apenas tolerem como também legitimem e cuidem das emoções dos meninos. O resultado final será meninos que sabem como se sentem e *não* se transformam em párias da sociedade. Deixar de lado o "medo do fracote" que está tão enraizado na cultura em razão das Regras do Bando é provavelmente o maior desafio que enfrentam muitos adultos (e, o que não é uma surpresa, crianças).

Pais Adotivos

O papel dos pais adotivos para ajudar os meninos a desenvolver a expressão emocional saudável é semelhante ao papel que têm os pais biológicos. No entanto, os pais adotivos têm o desafio adicional de contar com muito menos tempo para ajudar nesse aspecto do desenvolvimento, além de fazê-lo sem um relacionamento com vínculos seguros. Os pais adotivos têm um desafio a mais. Seu filho adotivo foi magoado emocionalmente de algum modo. Se ele não sofreu abuso ou negligência, está experienciando a dor da perda por separar-se de seus pais.

A Dor da Perda e o Estresse Não Têm Restrições de Idade ou Sexo

Dos dois anos de idade à adolescência, uma perda é uma perda. Embora exista uma probabilidade menor de que bebês muito pequenos tenham lembranças verbais conscientes da perda de seus pais, eles estão cientes de uma ruptura em seu vínculo com os outros. Filhos adotivos se beneficiam muito com a ajuda prestada por alguém com habilidade em facilitar o processo de perda, especialmente os meninos, que conseguem disfarçar seus sentimentos tão bem. Se esses meninos também sofreram abuso ou negligência (muitas vezes, o caso de filhos adotivos), sua dor pela perda pode ser complicada pelo distúrbio de estresse pós-traumático (DEPT).

Recomendo veementemente que os pais adotivos leiam livros sobre a dor da perda (e DEPT, se for o caso). Livros escritos especificamente sobre filhos adotivos e a dor da perda seriam os melhores, mas praticamente qualquer livro sobre a dor da perda para as crianças é recomendado. Ao ler esse tipo de livro, você vai perceber que eles se concentram principalmente nas emoções. Ajudar crianças de qualquer idade a expressar as emoções faz parte de sua cura, mas isso vale especialmente para meninos cujos sentimentos possam ser negligenciados. De outro modo, suas emoções podem ser liberadas de maneira "alternativa", disfarçadas de qualquer coisa, desde sintomas físicos e *flashbacks* até a falta de emoções interiormente. Comportamentos agressivos e depressão clínica também são maneiras alternativas comuns de expressão emocional.

Recomendo ainda que os pais adotivos leiam os Capítulos 2, 3, 4 e 7. Esses quatro capítulos combinam-se para fornecer um conhecimento sólido sobre as emoções dos meninos e o que fazer com elas. Quando se lê o capítulo sobre o desenvolvimento emocional dos meninos (Capítulo 3), é importante não se concentrar apenas na idade atual do filho adotivo. Mesmo que ele tenha dez anos, leia todo o capítulo. Ele fornece informações sobre estágios anteriores do desenvolvimento e habilidades emocionais que o menino talvez precise dominar. O capítulo também descreve as habilidades emocionais de que ele precisará pelos próximos meses e anos.

Como o Vínculo Afeta as Emoções?

O vínculo é um aspecto importante do desenvolvimento emocional de um filho adotivo. O vínculo se refere à ligação ou sintonia especial entre seres humanos, normalmente associada ao relacionamento entre pais e filhos. No sentido mais puro da palavra, o vínculo na verdade trata da sobrevivência emocional. Para a criança, o vínculo exige que ela se sinta segura e protegida, compreendida, bem cuidada e capaz de dar carinho em troca. O processo do vínculo é algo recíproco entre o filho adotivo e os pais adotivos; entretanto, às vezes, apenas a criança ou o pai cria o vínculo.

Observei que, quando um menino cria um vínculo com os pais adotivos e estes não criam vínculos com o menino, ele ainda pode desenvolver habilidades emocionais saudáveis nesse ambiente *temporário*. No entanto, esse não é o caso de uma situação *permanente* com os pais adotivos. O vínculo precisa estar presente ou desenvolvendo-se em relacionamentos permanentes com pais adotivos. Portanto, recomenda-se que os pais adotivos sejam honestos com um filho adotivo sobre quanto tempo ele vai permanecer com eles. Alguns meninos sabem que ficarão apenas por um período curto, mas mesmo assim decidem chamar seus pais adotivos de mãe e pai. Os filhos adotivos fazem isso porque *precisam* ter vínculos com alguém.

Às vezes, o pai adotivo cria um vínculo com o filho adotivo, mas o menino não cria vínculos em razão de seu estresse pós-traumático, um distúrbio do vínculo, ou porque é velho o bastante para perceber que esse é um relacionamento temporário. Ele também pode não criar vínculos porque não quer correr o risco de sofrer com a dor de mais perdas. Ou pode ainda criar um vínculo com outra pessoa que cuide dele ou com seu(s) pai(s) biológico(s). Independentemente da razão, observei que os pais adotivos podem "carregar o relacionamento". Num vínculo como esse, sem reciprocidade, o adulto emprega mais riscos emocionais, compartilhamento e carinho do que a criança. Há poucas recompensas tangíveis (abraços, beijos, elogios e carinho) para os adultos, mas o relacionamento ainda pode "funcionar" e ser útil para o desenvolvimento emocional dos meninos.

A Expressão Emocional Evita que as Emoções dos Meninos Desapareçam

Embora o vínculo seja um aspecto complicado e importante do desenvolvimento emocional saudável, a regra básica para promover o desenvolvimento emocional de um filho adotivo é ajudá-lo a identificar e expressar suas emoções. Isso ajuda no processo de perda, no DEPT e no desenvolvimento emocional geral. O principal objetivo para os meninos (e na verdade para qualquer um) é exprimir seus sentimentos por meio de palavras para alguém em quem eles confiem. Portanto, não é apenas uma questão de ensinar os meninos a dominar uma habilidade emocional; também é uma questão de experienciar um relacionamento saudável, em que as emoções podem ser exprimidas.

Uma breve mensagem para o pai adotivo. De acordo com muitos padrões, você é considerado o exemplo sexual, devido ao fato de você e seu filho adotivo serem do mesmo sexo. Portanto, você precisa ter em mente que seu filho adotivo está observando-o à procura de pistas sobre como ser um homem (da mesma maneira que você observou seu pai ou outro indivíduo do sexo masculino em sua vida). O que você diz ou deixa de dizer sobre suas emoções será percebido; o que você diz ou deixa de dizer sobre as emoções dele também será percebido. Se você concorda com as idéias principais deste livro (que as emoções dos meninos são importantes e expressá-las é o direito de todo menino), confie em seus instintos naturais sobre o que dizer e fazer quanto às suas emoções... e às dele.

Uma breve mensagem para a mãe adotiva. Em razão de diferenças biológicas, você não é considerada um modelo sexual. Mas você ainda é um exemplo incrivelmente importante de ser humano. Se você acredita que as emoções de seu filho adotivo são importantes e que senti-las e expressá-las é saudável para ele, tenha confiança de que o que você fizer ou disser sobre as emoções dele (e as suas) será útil para ele. Embora ele procure em indivíduos do sexo masculino pistas sobre "como se tornar um homem de verdade", ele também está procurando pistas de como ser saudável e como relacionar-se com os outros. Eu me lembro de um menino adotado de catorze anos que disse que sua mãe adotiva foi a primeira a ensiná-lo que os sentimentos são importantes. Ele a descreveu como se fosse uma luz, uma luz que brilhava numa caverna escura.

Avós

A familiaridade com as pressões de ser um pai torna o fato de ser um avô uma experiência ainda mais agradável do que seria por si só. Ouço os meninos repetirem várias vezes que seus avós são importantes para eles. Especialmente os avôs. E isso vale não apenas para os meninos que realmente vivem próximos de seus avós. A distância não parece atrapalhar esse relacionamento entre avós e netos; essa relação muito especial parece transcender tanto os quilômetros como o tempo.

Aconselhei um menino de dez anos, Tim, que apresentava um comportamento agressivo na escola. Ele nunca conheceu o pai, no entanto mantinha contato com o avô, que vivia a treze horas de distância. O avô ainda era muito importante no dia-a-dia do menino. Como isso acontecia? Aparentemente, quando estavam juntos, eles experienciavam "momentos de poder". Tim sentia-se totalmente respeitado, compreendido e amado por seu avô. Não importava *o que* eles fizessem juntos, mas, sim, *estar* juntos. Quando tentou explicar com palavras o que o avô significava para ele, Tim chorou. Esse poder não se limita aos avôs. As avós também são uma fonte de amor incondicional, parecido com um bálsamo que alivia qualquer tipo de insegurança.

O Que os Avós Podem Fazer para Ajudar no Desenvolvimento Emocional dos Meninos

Os avós não estão na posição de estabelecer regras ou horários. E eles não sofrem com a mesma ansiedade velada dos pais (Estou fazendo o que é certo? Como posso ajudar meu filho a melhorar na escola? Como posso evitar que ele cometa os mesmos erros que cometi? Se eu apoiar suas emoções, ele não será considerado um maricas e, portanto, rejeitado?). Desse modo, os avós estão numa posição perfeita para ajudar os meninos a desenvolver a capacidade de expressar suas emoções. Livres da ansiedade dos pais e armados com a "visão mais ampla", os avós sabem o que é real, o que é possível, o que importa e o que não importa nem um pouco. Graças aos seus anos de experiência e à sabedoria da idade, eles podem reduzir um conflito confuso à sua essência.

Os avós de Flavio. Quando Flavio e seus pais brigavam (sobre utilizar o carro, ir ao *shopping center* e questões semelhantes), ele normalmente entrava no quarto, trancava a porta e ligava seu estéreo no último volume. Infelizmente, quando Flavio se acalmava, nunca procurava os pais para resolver a situação. Do ponto de vista de Flavio, seus pais estavam empenhados em "arruinar sua vida". Naturalmente, seus pais viam as coisas de modo diferente. Eles estavam apenas restringindo o tempo que ele passava no *shopping* e não deixavam que dirigisse em qualquer lugar que quisesse. Como isso muitas vezes acontece, os pais e o adolescente travavam um duelo de poder; em casos como esse, freqüentemente é necessária a ajuda de uma pessoa objetiva para resolver a situação.

Foi quando os avós de Flavio ajudaram. Eles eram capazes de ver (e respeitar) todas as emoções que os participantes desse conflito de poder estavam sentindo, inclusive as que Flavio não podia ver em seus pais e vice-versa. Flavio estava tentando crescer e ser socialmente popular. Ele tinha *medo* de perder seus amigos se não fosse ao *shopping*, dirigisse e saísse até mais tarde. Ele também estava estressado por ter de manter seu trabalho de meio período, acompanhar as aulas na escola e pagar sua parte do seguro do carro. Essas eram todas questões relativas ao seu crescimento. Mas os pais de Flavio tinham medo de que fosse prejudicial e perigoso deixá-lo fazer tudo que quisesse.

Os avós de Flavio viram tudo isso. Como eles moravam perto, Flavio ia à casa deles sempre que queria. Não era uma surpresa o fato de ir várias vezes durante a semana "apenas para ver como estavam". Eles estavam mais velhos e Flavio começara a ajudá-los em algumas tarefas. Quando seus avós não tinham tarefas (que às vezes eles inventavam), apenas sentavam e conversavam. Ouviam Flavio falar sobre suas frustrações e ansiedades sociais, além de dizer: "Isso não faz sentido para mim" ou "Como é embaraçoso voltar para casa antes dos seus amigos".

Eles tomaram cuidado para não questionar o poder ou as boas intenções dos pais dele. Na verdade, apenas mostraram a Flavio a perspectiva que era tão necessária: "Seus pais não estão fazendo isso para arruinar sua vida, mesmo que você se sinta assim; eles estão apenas tentando mantê-lo são e salvo". De fato, ouvir uma explicação clara sobre esse ponto de vista ajudou Flavio a resolver algumas das expressões alternativas de raiva.

Durante o período difícil da adolescência, os avós podem agir como pára-choques dos conflitos, enquanto também legitimam as emoções dos meninos. Mas o apoio emocional dos avós não precisa esperar até a adolescência. Na verdade, quanto mais você apoiar seu neto desde cedo, melhor! Ajudá-lo a dizer o que está fazendo desde a época em que aprende a falar é uma preparação excelente para ajudá-lo durante a adolescência. É possível especular que, se Flavio tivesse praticado mais sua expressão emocional quando era jovem, teria uma capacidade maior de contar aos pais que estava com medo ou raiva, por meio de palavras, em vez de comportamentos.

Portanto, se os seus netos seguem as Regras do Bando, explique como elas podem machucá-los mais do que ajudá-los a longo prazo (os avôs podem falar sobre isso a partir de suas próprias experiências).

Avós e pais. Se você ou alguém que você conheça esteja criando um neto porque os pais se foram ou estão impedidos de cuidar do menino por algum outro motivo, a leitura de todo este livro provavelmente lhe será valiosa.

Professores

Sempre que falo com os professores, faço questão de dizer-lhes que, aos olhos de seus alunos, eles só perdem para os pais em importância. Alguns professores balançam a cabeça afirmativamente, cientes disso. Outros ficam surpresos, mas também agradados. Fora da família do menino, os professores são os adultos com quem eles interagem mais do que quaisquer outros. *Isso é importante.* Embora os professores tenham personalidades diferentes, áreas diferentes de conhecimento e estilos diferentes de interagir com os alunos, todos podem respeitar de modo semelhante as emoções dos meninos em sua sala de aula. Esse respeito é extremamente necessário.

As Regras do Bando e as emoções dos meninos na sala de aula. Um modo de questionar as Regras do Bando (veja o Capítulo 2) é encorajar os meninos a identificar e expressar suas emoções. Isso será difícil se você não gostar de falar sobre o assunto. No entanto, os professores sabem muito bem como as emoções estão ligadas ao aprendizado. O aspecto emocional do aprendizado não significa ser "sentimental" ou "sensível e delicado" na sala de aula. Na verdade, ele se refere à inclusão do elemento *afetivo* na experiência *acadêmica*.

A lista a seguir é um guia para professores que desejam dar espaço às emoções dos meninos em sua sala de aula. Essas sugestões essencialmente questionam as Regras do Bando:

Para Professores do Ensino Fundamental

* Utilize palavras que descrevam emoções: "Você parece alegre... triste... orgulhoso... curioso... bravo... frustrado... empolgado", ao falar com os meninos sobre sua lição ou no *playground*, com relação às experiências sociais deles. Os meninos devem ser capazes de utilizar suas habilidades emocionais tanto quanto utilizam suas habilidades cognitivas.

* Estabeleça uma política de tolerância zero para aqueles que zombam dos meninos que expressam suas emoções. Por exemplo, quando as crianças chamam um menino de *chorão* ou *maricas* porque ele demonstrou sensibilidade, transforme isso instantaneamente numa lição de que *todos* os sentimentos são normais e saudáveis. Faça todos saberem que provocações não serão toleradas em sua sala de aula!

Para Professores do Ensino Médio

* O ensino médio pode ser a época para corrigir os padrões sexuais rígidos aprendidos pelos meninos no final do ensino fundamental. O que você faz na sala de aula pode reforçar, questionar ou realmente mudar esses padrões para os meninos.

* Não há razão para tolerar provocações e maus-tratos contra os meninos no ensino médio. Transforme sua sala de aula num lugar de tolerância zero para a agressão, incluindo a agressão verbal, como o sarcasmo. Mostre que não está certo se utilizar do poder por meio da agressão para estabelecer o domínio. Isso força os meninos a encontrar maneiras que envolvam o diálogo para manter seu poder individual e expressar a raiva. Você pode servir de modelo para isso em sua sala de aula simplesmente *não* utilizando sarcasmos, ironias ou gestos que levem a uma intimidação física (às vezes, os professores fazem essas coisas sem ao menos perceber). Quando uma pessoa está no poder e trata aqueles com menos poder de maneira respeitosa, as questões de domínio e subordinação tornam-se menos evidentes.

* Utilize o máximo possível palavras que descrevam sentimentos e emoções. Reflita as emoções dos meninos, como descrito anteriormente: "Você parece estar triste, orgulhoso, curioso, satisfeito, frustrado etc." Diga isso, mesmo que você ministre um curso aparentemente sem emotividade, como matemática ou física. Os alunos são seres humanos, assim

como os meninos. Não há dúvida de que uma pessoa fica muito satisfeita ao resolver equações complexas de álgebra ou investigar as teorias da relatividade e as leis da Física. Converse sobre esses sentimentos.

As sugestões que foram apresentadas são relevantes para alunos ricos e pobres, da cidade ou do campo, cristãos ou não, nascidos no país ou imigrantes. As emoções não dependem da cor da pele. Elas não são racistas ou preconceituosas. As emoções são humanas.

Os professores também podem apoiar indiretamente as emoções dos meninos falando com os pais dos alunos sobre as emoções destes. O professor pode apresentar aos pais o conceito de que as emoções dos meninos são importantes (ou apresentar-lhes este livro). Eles não são apenas grandes exemplos. Na verdade, também *criam experiências* para seus alunos em sala de aula. Quando essas experiências ajudarem os meninos a se tornarem humanos por completo, em vez de robôs estóicos, esses professores terão realmente ensinado uma lição valiosa.

Diretores

Como os diretores têm um contato muito esporádico com os alunos, variando de questões disciplinares a menções honrosas, a maior parte da influência de um diretor em relação aos alunos se dá de maneira indireta, por meio dos professores. Quero discutir aqui o contato dos diretores com os alunos, no que diz respeito ao desenvolvimento dos meninos em escolas que vão do jardim de infância ao ensino médio, e sua influência para criar um clima em que os professores tenham apoio em seus esforços para ajudar os meninos a desenvolver suas naturezas emocionais.

Encontros dos diretores com os meninos. O que o diretor tem para falar a um aluno é lembrado, em parte, em razão do poder que ele representa. Além disso, diretores do sexo masculino têm o papel não apenas de administrador, como também de exemplo do sexo masculino. Portanto, quando um diretor quebra as Regras do Bando, os meninos percebem.

Por exemplo, suponhamos que um aluno seja enviado à sala do diretor porque brigou e o diretor diz: "Eu também teria ficado assustado e bravo se aquele menino tivesse dito isso para mim... mas isso não é desculpa para perder o controle e tornar-se violento.

A violência não é aceitável". Essa simples declaração faria duas coisas: ela legitimaria os sentimentos dos meninos e questionaria as Regras do Bando. Os meninos precisam ouvir mensagens como essa vindas de homens no poder.

As diretoras também podem e devem passar as mesmas mensagens para os meninos. Embora eles não identifiquem uma diretora como um exemplo *biológico* do sexo masculino, vão identificar que ela representa o papel "masculino" de poder.

O segundo contato igualmente importante que os diretores têm com seus alunos envolve emoções positivas associadas a premiações acadêmicas ou esportivas em cerimônias públicas. Essas cerimônias oferecem uma oportunidade para apoiar o desenvolvimento emocional dos meninos, destacando os sentimentos positivos que acompanham o recebimento dos prêmios. Observações sobre os sentimentos de orgulho e felicidade seriam não apenas naturais, como também úteis para os meninos e seus pais (dar importância a experiências positivas não é algo reservado apenas às meninas).

A maior influência do diretor. O clima (ou ambiente) que o diretor cria na escola para os professores e os funcionários é bastante significativo e certamente perpassa pelos meninos. Embora os diretores não possam forçar os professores a agir ou falar de um modo específico, eles podem criar, entre os professores ou funcionários, um clima que respeite as emoções dos meninos. Esse respeito se dá por meio não apenas das políticas da escola, mas também da interação dos alunos com os professores. Se os diretores seguem as Regras do Bando, velada ou abertamente, elas permearão todas as atividades da escola. Se eles questionarem e quebrarem as Regras do Bando, é mais provável que a humanidade e o desenvolvimento emocional dos meninos tenha apoio.

No começo de minha carreira, tive um amigo que trabalhava em uma escola em que os professores "davam notas" para o corpo das professoras. O diretor estava envolvido nessa avaliação machista. Você pode imaginar como era o clima naquela escola. Embora meu amigo gostasse desse diretor e o respeitasse em muitos outros aspectos, era evidente que o diretor havia sido socializado com sucesso pelas Regras do Bando. Nessa situação em particular, o diretor sofreu as conseqüências profissionais de seguir as Regras. Uma das professoras prestou queixa de assédio sexual e ele foi profissionalmente repreendido.

A liderança do diretor pode criar (ou não) um ambiente profissional e respeitoso para todos. Na situação anterior, se uma menina da oitava série reclamasse de assédio sexual por parte de um menino da mesma série, antes da repreenda ao diretor, isso provavelmente não seria encarado como um problema!

Quebrar as Regras do Bando e promover o desenvolvimento emocional saudável dos meninos não significa que a escola precise se transformar em um lugar "caloroso e aconchegante". Significa criar um ambiente em que os professores e alunos sejam respeitados. E muitas vezes isso envolve o questionamento das Regras do Bando. De fato, teria sido muito significativo se aquele diretor tivesse exercido seu papel de liderança com os professores e questionado as Regras do Bando, em vez de acompanhá-los (normalmente, os homens parecem ter uma entre duas reações quando as Regras do Bando são questionadas: eles se sentem aliviados ou ficam na defensiva).

Questionando as Regras do Bando na escola. Qual o aspecto de uma escola que não segue as Regras do Bando? Os diretores podem fazer com que todos saibam que os meninos não precisam seguir as Regras do Bando. A melhor maneira de fazê-lo é oferecer regras alternativas para os meninos. Deixe claro para professores, funcionários e alunos que: não há problema em "os meninos serem meninos" (mas não é correto serem hipersexuais por meio de piadas machistas, assédio sexual etc.); não há problema em ficarem bravos (mas não é correto expressar a raiva por meio da violência); não há problema em ser um bom competidor (mas nem sempre ganhar); não há problema em estar no mesmo nível que todas as outras pessoas (eles não precisam ser todos poderosos); e, finalmente, claro que *não é correto* provocar outros meninos ou meninas. As provocações rebaixam tanto a vítima quanto o provocador.

Se uma escola realmente adere ao respeito por todos "de cima para baixo", o desenvolvimento emocional dos meninos vai prosperar junto com o das meninas. Em qualquer escola, a liderança do diretor (seja ele ou ela) decide se o controle será das Regras do Bando ou da humanidade.

Treinadores

O papel dos treinadores varia de menino para menino. Em parte, isso depende de o menino ser um atleta que participa de uma atividade recreativa, disputando o campeonato da comunidade; um atleta sério, que joga na equipe da escola; ou um atleta de elite, que pratica esportes o ano todo e visa às Olimpíadas ou a uma carreira profissional. Portanto, o papel dos treinadores vai desde um coordenador de momentos de diversão até um conselheiro técnico ou a figura de um pai/mentor. Quanto maior for a seriedade do menino em relação ao esporte, maior a probabilidade de que ele procure seu treinador em busca de informações técnicas, motivação e disciplina esportiva.

No entanto, para os meninos, há alguns denominadores comuns na relação treinador-atleta, independentemente da seriedade do esportista. Um denominador comum envolve a qualidade do treinador. Minha definição de um "bom" treinador é: alguém que tenha um domínio total de todo o conhecimento técnico relativo ao esporte e motive os atletas de uma equipe com respeito, em vez de envergonhá-los. Quando se treinam meninos, demonstrar respeito, em vez de envergonhá-los, é particularmente importante caso se queira mudar as Regras do Bando.

Esportes e as Regras do Bando

Para os treinadores, pode ser tentador defender as Regras do Bando, pois a atitude do "vencer a todo custo" aparentemente pode levar a mais vitórias. De fato, as Regras do Bando também legitimam a agressão física, que faz parte da essência de esportes como o futebol americano, o hóquei, o boxe e o basquete. Os esportes e o atletismo, por sua vez, também parecem influenciar as Regras do Bando (se não há dor, não há ganho). Quanto mais os treinadores forem fiéis às Regras do Bando, maior a probabilidade de que reforcem os aspectos agressivos de certos esportes.

As Regras do Bando estão intimamente ligadas a outro denominador comum no relacionamento dos meninos com os treinadores. Os esportes são a porta de entrada para a masculinidade. Portanto, os treinadores determinam o que é ou não masculinidade, por meio do que falam e como falam com os meninos. Há maneiras sutis e não tão sutis de humilhar os meninos, quando eles quebram as

Regras do Bando. O modo sutil é ignorar silenciosamente as emoções e necessidades dos meninos. Isso tira a legitimidade de sua experiência. O modo direto é humilhar verbalmente o menino; diga que ele está sendo um maricas ou está jogando *como uma menina*. De uma maneira ou de outra, quando os treinadores dizem que as emoções e as necessidades básicas dos meninos não importam, isso reforça a idéia de que devem ser mais parecidos com máquinas do que com pessoas.

No contexto do esporte, essa filosofia de "ser durão" pode fazer sentido do ponto de vista do treinador que deseja vencer o jogo a todo custo. Mas, para um menino, a atitude do "ser durão" pode tornar-se uma experiência que entorpece, dissocia ou separa suas emoções de suas experiências. Essa atitude pode tornar-se venenosa para meninos, se ninguém explicar que não há problema em ser durão *durante* o jogo e que isso não é adequado fora do campo, ou que isso é apenas um jogo e não o fim do mundo.

Uma Mensagem para os Treinadores Quanto a Ser um Exemplo para os Meninos

Outra influência óbvia dos treinadores do sexo masculino é o exemplo sexual. Os meninos estudam os treinadores do sexo masculino. Se você disser palavrões, eles vão achar que não há problema em dizer palavrões. Se você perder o controle e ficar agressivo, eles vão achar que não há problema nisso. Se você zombar das meninas ou falar sexualmente sobre elas, eles também vão achar que não há problema nisso. Se você lhes disser que devem vencer a todo custo, eles vão se concentrar nisso. Essas são todas variações das Regras do Bando.

Considere as alternativas. Você pode ensinar aos meninos algo que seja diferente das Regras do Bando, algo mais saudável. Você pode falar sobre as emoções deles e utilizar seus sentimentos para motivá-los. Ou você pode valorizar a competição sem transformar a equipe adversária num inimigo que deve ser aniquilado (e sua equipe ainda assim pode ganhar). De fato, os treinadores de elite nas principais escolas sabem como utilizar as emoções de seus atletas para melhorar o desempenho. Isso é muito diferente das Regras do Bando, que ignoram as emoções, particularmente o medo. Obviamente há um modo respeitoso de praticar esportes, que leva em conta as emoções de medo, competição e vitória, sem transformar os meninos em máquinas que não podem sentir a dor e outras sensações corporais, como a sede. Concentração é diferente de entorpecimento dos sentimentos. Tanto os treinadores quanto as treinadoras devem pensar em como prestar atenção nas emoções dos meninos e utilizá-las de maneira produtiva.

Médicos

A maioria de nós sabe que o papel dos médicos mudou drasticamente nos Estados Unidos no decorrer das últimas décadas (eu me lembro como nosso médico de família ainda fazia atendimentos domésticos na década de 1960). Hoje, o contato com um médico é muito menos íntimo e pessoal. Atendimentos domésticos são raros e as consultas são breves. Mas independentemente dessa mudança, quando os médicos se encontram com um menino, conseguem a atenção incondicional dele. Além disso, assim como no caso de outros adultos que convivem com os meninos (avós, professores, treinadores), se você for um homem, será automaticamente um exemplo masculino. Esses fatores combinados fazem dos médicos uma influência constante na vida dos meninos (uma influência que pode ajudar a diminuir o poder exercido pelas Regras do Bando), especialmente em relação ao seu desenvolvimento emocional.

Os Médicos São Importantes para o Desenvolvimento Emocional dos Meninos

Um clínico geral ou pediatra da família pode ser o único profissional de saúde (além dos ortodontistas e/ou dermatologistas) que trabalha de perto com os meninos. Isso se deve, em parte, ao estigma social que ainda existe em muitas partes dos Estados Unidos relativo à consulta a um profissional de saúde mental (especialmente para meninos e homens). Portanto, os clínicos gerais podem ser os únicos que conseguirão fazer os exames de "saúde mental". O Teste Emocional de Apgar, no Capítulo 7, pode ser utilizado como referência na avaliação da saúde emocional geral dos meninos. Há relações importantes entre a saúde física e emocional. De fato, seguidores da medicina comportamental e da psicologia pediátrica analisam cuidadosamente essas relações quando avaliam e tratam seus pacientes.

Se um menino vai ao seu consultório reclamando de sintomas vagos, como mal-estar, dores de estômago e de cabeça, problemas de sono ou alimentação e/ou problemas de atenção ou hiperatividade, certifique-se de perguntar se ele se sente preocupado, assustado, triste ou bravo com algo. É impossível dizer quantos meninos e adolescentes guardam sentimentos realmente importantes contidos dentro de si. Esses sentimentos reprimidos freqüentemente resultam em sintomas físicos que são aliviados assim que aumenta sua capacidade de expressar essas emoções. Esse é um padrão relativamente comum para meninos cujos pais se divorciaram ou se casaram outra vez, ou estejam pensando no divórcio ou em outro casamento.

Em suma, quando um menino vai ao consultório, seja por algum problema físico ou para o exame físico ou de saúde anual, recomendo que os médicos também considerem a possibilidade de realizar um "exame emocional" qualquer que seja a sua idade. Caso pareça que as emoções do menino correm o risco de desaparecer ou já desapareceram completamente, encoraje-o a falar sobre seus sentimentos com você e encoraje os pais/responsáveis a conversar mais sobre os sentimentos dele em casa. Recomende este livro ou aconselhamento com o orientador educacional ou um orientador psicológico particular. Se os médicos perguntarem aos meninos sobre seus sentimentos, eles serão legitimados, pois do contrário, se não fosse por isso, passariam despercebidos. Talvez a influência cultural dos médicos não tenha diminuído, afinal.

Líderes Religiosos e/ou Espirituais

Há muitos anos, participei de uma sessão de treinamento profissional sobre cuidados emocionais consigo mesmo. A primeira apresentação foi de uma líder indígena, que falou entusiasmada sobre seu pai, um chefe indígena. Um de seus comentários foi de que esse homem maravilhoso nunca, nunca ficou bravo. Sentada ali, pensei em quantas vezes ele deve ter sentido raiva; afinal, somos todos seres humanos e estamos vivos. O que essa filha dedicada poderia ter dito e que seria mais preciso é que ela nunca viu o pai tornar-se agressivo. Infelizmente, muitas religiões passam a mesma mensagem incorreta: sentir raiva é ruim (portanto, confundem raiva com agressão). Não é preciso dizer que minha idéia de cuidado emocional saudável consigo mesmo valoriza a mensagem que a raiva nos traz.

Como as Religiões Organizadas Podem Ver as Emoções

As emoções, muitas vezes, são confundidas, assim como no exemplo citado anteriormente, diminuindo a diferença entre a raiva e a agressão. Dependendo da religião e do conjunto de crenças, sentir-se assustado ou bravo pode ser considerado um pecado ou uma fraqueza. Embora adultos cristãos, judeus, muçulmanos ou budistas possam pensar em "fraqueza humana" em termos abstratos, meninos pequenos pensam em termos concretos. Eles apenas ouvem que sentir medo ou raiva é ruim, além de também ouvir que ser mau significa ser fraco ou pecador. Eles podem ouvir esses conceitos e absorvê-los integralmente, sem nenhuma gradação. Em razão de seu desenvolvimento cognitivo, os meninos pequenos tendem a pensar em branco e preto. Se pensarem que demonstrar seus sentimentos é pecaminoso, o medo de ser um pecador pode fazer com que se afastem de seus sentimentos de uma maneira quase tão eficiente quanto seguir as Regras do Bando.

Os líderes religiosos têm muitos papéis na vida dos meninos. Eles podem ser exemplos, determinar suas experiências com a fé, aconselhá-los em momentos de necessidade e apresentar-lhes a espiritualidade. Mas quanto às emoções dos meninos, talvez o papel mais importante dos líderes espirituais seja *ajudar os meninos a integrar suas emoções saudáveis e naturais com seu desenvolvimento espiritual*.

Jogando as emoções nas sombras. Você provavelmente já viu líderes religiosos adultos que jogaram as próprias necessidades e emoções naturais nas sombras, como um modo de lidar com as imperfeições terrenas... suas emoções "fracas". Na tentativa de serem mais devotos aqui na Terra, essas pessoas acabam negligenciando suas emoções, apenas para que suas necessidades humanas naturais sejam liberadas de maneira alternativa, por meio de comportamentos e vícios prejudiciais.

Uma vez trabalhei com um homem de 26 anos que foi criado em meio a uma religião cristã conservadora. Seu vício em pornografia começou quando tinha dezessete anos. Sua vergonha sobre o vício havia se tornado tão grande nos anos que se seguiram, que agora ele via poucas coisas boas em si mesmo; na verdade, ele se via apenas como um pecador com fraquezas.

Quando analisamos o que havia acontecido em sua vida mundana e humana, na época em que começou a ver pornografia, confessou que estava se sentindo triste, irritado e confuso em relação ao divórcio de seus pais. Não falou com ninguém sobre essas emoções intensas na época em que as experienciou. Ele aprendeu a "estar acima" de suas emoções e pedir ajuda rezando a Deus.

Embora eu não tenha dúvidas de que as preces possam ser úteis e milagrosas, para mim é evidente que esse menino também precisava de pessoas na Terra que lhe explicassem suas emoções terrenas naquele momento de muito sofrimento. Alguns poderiam dizer que uma maneira importante utilizada por Deus ou pelo Grande Espírito para responder às preces seria a ajuda humana. Mesmo assim, o vício pela pornografia pareceu ser um sintoma das necessidades emocionais humanas desse homem, que foram ignoradas.

Independentemente dos dogmas religiosos particulares de uma crença, é extremamente importante que as emoções dos meninos continuem sendo uma parte saudável de sua humanidade, enquanto exploram sua espiritualidade. Muitas vezes, a humanidade e a espiritualidade excluem uma à outra. Ou pelo menos é assim que algumas questões religiosas são entendidas por crianças pequenas, que não têm a capacidade de lidar com pensamentos abstratos. Faça com que os meninos saibam que suas emoções formam uma parte essencial e saudável daquilo que são aqui na Terra.

Terapeutas e Orientadores Educacionais

Freqüentemente me apresento às crianças como uma "médica de sentimentos". Essa não é uma idéia nova e outros terapeutas fazem o mesmo. No entanto, para mim isso não é apenas uma bonita maneira de se apresentar, e realmente penso assim. Acredito que um dos meus principais papéis como psicoterapeuta é legitimar os sentimentos das pessoas. Essa legitimação ocorre de diversas maneiras, descritas a seguir. De modo geral, permaneço concentrada e comprometida com as emoções dos meninos e dos familiares ao longo da terapia.

Legitimando as Emoções dos Meninos

Muitas vezes, as emoções dos meninos são desvalorizadas em nossa cultura por todas as razões discutidas anteriormente, então legitimar suas emoções em um ambiente terapêutico é particularmente importante. Os passos envolvidos na legitimação incluem basicamente ajudar o menino a identificar e/ou nomear suas emoções e, em seguida, ajudá-lo a expressar essas emoções para mim e para outras pessoas em quem ele confia (pais, amigos, professores etc.). Esse é um objetivo freqüente no tratamento dos meninos.

O próximo nível de legitimação inclui educar os meninos para que percebam como a cultura dominante normalmente ignora seus sentimentos, além de, muitas vezes, puni-los ou ridicularizá-los por expressarem seus sentimentos. Essa é fundamentalmente uma discussão sobre as Regras do Bando. Em seguida, falo com os meninos sobre como lidar com todas essas pressões para não sentirem e, especialmente, para não expressarem seus sentimentos, sem que precisem se render ao estoicismo ou desistir de suas emoções verdadeiras.

Avaliação e tratamento. Uma abordagem para avaliar e tratar os meninos, que muitos terapeutas podem considerar útil, é tornar-se um "detetive de emoções". Quando um menino de qualquer idade é descrito como agressivo, procuro pelas emoções primárias de medo, raiva, tristeza e "mágoa". Quando meninos de todas as idades apresentam os sintomas da depressão, procuro pelas mesmas emoções. Quando meninos mais velhos (adolescentes) apresentam questões de direitos, continuo procurando pelas mesmas emoções. Mesmo nos casos de distúrbios mais complexos, como o Distúrbio da Síndrome Pós-Traumática ou o Distúrbio Obsessivo Compulsivo, procuro por emoções básicas subjacentes que não foram totalmente expressas ou atendidas e são liberadas de modo alternativo.

Outra maneira de abordar, ou talvez simplesmente falar sobre os sentimentos dos meninos, é utilizar os adjetivos "grande" e "poderoso" para descrever e legitimar as emoções deles, especialmente as dolorosas. Emprego esses adjetivos até mesmo com adultos. Parece que uma palavra infantil, como "grande", pode liberar as emoções que os meninos prenderam quando eram mais jovens; uma palavra como "poderoso" pode ajudá-los a entender a idéia de que podem lidar com seus sentimentos.

Um modo abrangente de trabalhar com as emoções dos meninos é a abordagem clínica que desenvolvi, chamada CEB-T (Cognitive–Emotional–Behavioral Therapy), Terapia Cognitiva–Emocional–Comportamental. Como o próprio nome diz, esse tratamento envolve a avaliação e a intervenção em todos os três níveis: pensamento, sentimento e comportamento. Não importa que nível seja avaliado primeiro, desde que todas as três áreas sejam incluídas no plano de avaliação e tratamento.

De modo geral, meu protocolo de CEB-T começa com a área mais forte do menino (da qual ele tem mais consciência) e minhas perguntas se ramificam a partir desse ponto. Muitas vezes, vejo que o processo é circular, não linear. Por exemplo: um menino de treze anos pode reconhecer seu comportamento provocador, mas não ter idéia de por que ele atormenta tanto sua irmã (o aspecto *cognitivo*) ou dos *sentimentos* que motivam esse comportamento (o processo emocional). No caso de um menino como esse, eu começaria descobrindo mais sobre seus comportamentos e depois poderia ajudá-lo a compreender a relação psicológica entre suas provocações, suas necessidades emocionais e seus padrões de pensamento. Se não identificarmos essas relações na primeira tentativa, podemos dar a volta outras e outras vezes (o processo circular) até conseguirmos. Então, traçamos um plano para mudar o comportamento problemático, enquanto tratamos ao mesmo tempo dos níveis cognitivos e emocionais.

Se não for possível chegar a uma solução por meio do diálogo, utilizo outros métodos, como terapia com brinquedos (no caso de meninos pequenos), pedindo que escrevam um diário entre as sessões e incluindo familiares nas sessões. Como foi mencionado, você pode circular pelo processo de CEB-T, pois essa natureza circular é boa, uma vez que permite a você retornar e traçar relações com informações e sessões anteriores. Convido os terapeutas e orientadores a pensar na importância de utilizar uma abordagem de vários níveis, como essa, e não se concentrar apenas numa área, isto é, apenas nos pensamentos *ou nos* comportamentos *ou nas* emoções. Traçar as ligações cognitivas e comportamentais com as emoções dos meninos pode ser muito valioso no tratamento, pois os meninos podem não passar por essa experiência em nenhum outro lugar.

Emoções da família. Como foi indicado neste livro, os pais dos meninos e a cultura ao seu redor influenciam significativamente a capacidade dos meninos de expressar suas emoções. Sempre que você trabalha com crianças, também trabalha com a família. Desse modo, os terapeutas e os orientadores precisam avaliar como as emoções são manifestadas (ou não) na família. Como você sabe, os pais, muitas vezes, podem ignorar completamente os sentimentos de seus filhos por medo de transformá-los em maricas. Ou podem tentar "endurecê-los" para que sejam capazes de lidar com o "mundo real". É importante ter em mente que muitos pais e irmãos não expressam suas emoções diretamente em ambientes familiares. Portanto, promover a expressão emocional de toda a família é importante quando se tenta apoiar a expressão emocional dos meninos.

Os pais podem ajudar seus filhos mais velhos e mais novos a expressar suas emoções. Quanto mais simples for a explicação desse conceito para os pais, melhor. Os terapeutas podem considerar útil a leitura do Capítulo 7, sobre como cuidar dos filhos, para encontrar modos detalhados de fazê-lo. Mas, de modo geral, como terapeuta, certifique-se de que os pais estejam cientes de, pelo menos, três áreas fundamentais de habilidades:

1. *Os pais devem entender que as emoções dos meninos são reais e importantes* (ver o Capítulo 1 para uma visão geral).

2. *Para serem saudáveis, os meninos devem ser capazes de identificar e expressar suas emoções para os pais.* Espelhar as emoções dos meninos, fazer com que os pais sirvam de exemplo por meio da própria expressão emocional e perguntar diretamente aos meninos como se sentem, são todos exemplos de como ser capaz de identificar e expressar as emoções.

3. *Os pais devem responder às emoções dos meninos de forma saudável, sem provocar a vergonha que acompanha as Regras do Bando.* Dizer "isso faz sentido para mim" ou "entendo por que você está se sentindo assim" são duas formas testadas e aprovadas de responder às emoções dos meninos.

Trabalhei com pais que balançaram a cabeça afirmativamente com entusiasmo quando falei sobre os pontos 1 e 2. Eles pareciam hesitar com o terceiro ponto. Pais corajosos me perguntam como responder às emoções dos meninos. Eu me lembro de um pai que queria ajudar desesperadamente seu filho de dez anos que estava deprimido. Por estar ciente de que os pais, muitas vezes, não sabem o que dizer aos seus filhos, normalmente cito os exemplos mencionados anteriormente ("isso faz sentido para mim" ou "entendo por que você está se sentindo assim"). Quanto mais simples e familiar for a resposta, mais fácil será para os pais responderem.

Prevenção e intervenção. No livro de Susan Gilbert (2001), *A Field Guide to Boys and Girls*, essa pesquisadora e perita no assunto resume para os pais os resultados de grande parte das pesquisas sobre os sexos feita nas últimas décadas. Ela acaba com a antiga crença (e pesquisas) de que as meninas ficam mais deprimidas do que os meninos. Vemos que os meninos ficam deprimidos tanto quanto as meninas, mas disfarçam de modo que os outros não vejam. O livro de John Lynch e Chris Kilmartin (1999), *The Pain Behind the Mask: Overcoming Masculine Depression*, descreve exatamente o mesmo fenômeno em homens adultos. Um livro semelhante precisa ser escrito para os meninos.

Os meninos, muitas vezes, não expressam as emoções que antecedem a depressão e freqüentemente não expressam sua situação dizendo "Estou deprimido", e em razão disso têm dupla desvantagem em termos do progresso da depressão. Primeiro, eles não têm as experiências que evitariam algumas depressões, isto é, falar sobre seus "grandes" sentimentos de tristeza, medo, raiva e mágoa. Segundo, disfarçam sua dor emocional por trás de máscaras de bobagens, agressividade, irritabilidade e, às vezes, hiperatividade. Sempre que um terapeuta trabalha com meninos, realiza tanto uma intervenção quanto uma prevenção. Se os meninos melhoram naquele momento (intervenção) e aprendem maneiras de expressar suas emoções no presente e no futuro, provavelmente problemas de saúde mental e física posteriores também serão evitados.

Avaliando o progresso. Registrar o desenvolvimento emocional dos meninos, muitas vezes é um bom medidor de seu progresso na terapia. Você pode utilizar a lista de habilidades emocionais de Mayer e Salovey (1997), apresentada no Capítulo 1, como uma espécie de lista de verificação. Normalmente tenho como fundamento os seguintes critérios para saber se os meninos progrediram na terapia, particularmente em relação ao seu desenvolvimento emocional: (Observação: os itens a seguir são indicadores válidos para meninos de todas as idades, a não ser que se indique o contrário.)

* Ele expressa seus sentimentos diretamente na terapia e em casa? (Crianças menores de três anos podem ter menos nomes para os sentimentos, mas, mesmo assim, ainda conseguem identificá-los com palavras, caso sejam ensinadas.)
* Ele tem um amigo com quem pode falar sobre *qualquer coisa*?
* Ele tem empatia por si mesmo? (Mais fácil de ser observada no comportamento após os quatro anos.)

- ★ Ele tem empatia pelos outros? (Mais fácil de ser observada no comportamento após os quatro anos.)
- ★ Ele consegue regular ou controlar sua raiva?
- ★ Ele consegue regular ou controlar sua empolgação?
- ★ Ele demonstra preocupação com os outros por meio de seu comportamento?

Essa lista certamente não está completa, mas se as respostas para essas questões forem em sua maioria "sim", eu diria que esse menino progrediu significativamente em seu desenvolvimento emocional. Caso seus pais possam manter esse progresso em casa, o prognóstico para a continuidade do desenvolvimento emocional é positivo.

Mentores

Um mentor é alguém que orienta um jovem ou pessoa menos experiente em determinadas situações. Essas experiências podem envolver o domínio de uma habilidade (para o trabalho ou carreira) ou passar por um relacionamento pessoal ou estágio da vida. Os mentores podem ser adultos formais e treinados profissionalmente que dedicam um período regularmente reservado a uma criança e/ou pessoa menos experiente. Os mentores podem ser voluntários ou pagos: podem ser professores, treinadores, vizinhos ou universitários. Basicamente, qualquer um pode ser um mentor de meninos. Na década de 1990, muitas escolas, centros de saúde mental comunitários e agências de serviços sociais começaram a recomendar mentores formais para crianças e adolescentes que necessitassem deles, especialmente para meninos com pais ausentes. O departamento de prevenção da agência comunitária em meu município fornece um programa de mentores para meninos, chamado De Meninos a Homens. Há outros programas semelhantes de mentores espalhados pelos Estados Unidos.

Quando você é um mentor formal, que passa um tempo reservado com meninos, ou um informal (vizinho, amigo da família, tia ou tio), você pode ser uma influência significativa no desenvolvimento emocional dos meninos. Provavelmente você é um homem, pois a maioria (mas não todos) dos mentores é designada de acordo com o sexo. Admitindo que você seja um homem, é importante que leia os

Capítulos 1 e 2 deste livro e pense em como as Regras do Bando influenciaram seu desenvolvimento emocional. Caso você seja um mentor voluntário, há uma grande probabilidade de que tenha se libertado de, pelo menos, algumas Regras do Bando. Isso será útil para o menino de quem você é o mentor. A maioria dos meninos precisa ver e conhecer um exemplo masculino biológico (isto é, um homem) que questione essas Regras para que se libertem.

Ler os capítulos sobre empatia, raiva e expressão emocional também é recomendável. Cada capítulo se concentra em aspectos importantes do desenvolvimento emocional dos meninos. O menino de quem você é mentor pode escolhê-lo como aquele a quem ele confidenciará questões importantes... como seus sentimentos. Simplificando, esteja preparado para ser um bom ouvinte e legitimar as emoções dos meninos. Os três passos listados na seção para terapeutas também podem ser úteis a você.

Profissionais da Mídia e do Entretenimento

Perguntei a mim mesma se incluiria esta seção, pois ela é dirigida a corporações, em vez de pessoas. Contudo, uma vez que os membros dessas entidades podem ler este livro, decidi que valeria a pena, pois a mídia está *em todo lugar*: televisão, filmes, vídeos, revistas, jornais etc. Os profissionais da mídia têm um impacto muito importante nas emoções dos meninos, especialmente em sua expressão emocional.

A principal maneira de os profissionais da mídia ajudarem os meninos a desenvolver-se de modo emocionalmente saudável é: desafiando as Regras do Bando e outros estereótipos rígidos e prejudiciais de masculinidade que dizem aos meninos como serem "meninos de verdade" ou como tornar-se homens. Inclua esses questionamentos em seus enredos, citações, histórias contadas por apresentadores, dramas da vida real, reportagens e comerciais. Deixe que as emoções dos meninos façam parte de suas letras de música, histórias e vida dos personagens. Isso não pode fazer mal. Além disso, em nossa cultura atual, será uma perspectiva mercadológica completamente nova.

Bibliografia

AINSWORTH, M. The development of infant-mother attachment. In: CALDWELL, B. e RICCIUTI, H. (ed.). *Review of Child Development Research*. v. 3. Chicago, IL: University of Chicago Press, 1973.

AINSWORTH, M.; BLEHAR, M.; WATERS, E. e WALL, S. *Patterns of Attachment*. Hillsdale, NJ: Earlbaum, 1978.

AX, A. The physiological differentiation between fear and anger in humans. *Psychosomatic Medicine* 15:433-442, 1953.

BANDURA, A.; ROSS, D. e ROSS, S. Imitation of film-mediated agressive models. *Journal of Abnormal and Social Psychology* 66:3-11, 1963.

BASOW, S. *Gender: Stereotypes and Roles*. Terceira edição. Montery, CA: Brooks/Cole, 1992.

BENSON, H. *The Relaxation Response*. Nova York, Avon, 1975.

BORKOWSKI, J. e RAMEY, R. Em impressão. *Parenting and the Child's World: Influences on Academic, Intellectual, and Socioemotional Develpment*. Hillsdale, Nova Jersey: Earlbaum.

BOWLBY, J. *Attachment and Loss*. Nova York: Basic Books, 1969.

BROTHERS, L. A biological perspective on empathy. *American Journal of Psychiatry* 146:10-19, 1989.

BUTTON, A. *The Authentic Child*. Nova York: Random House, 1969.

CAREY, W. B. *Understanding Your Child's Temperament*. Nova York: IDG Books, 1999.

CARLSON, N. *Foundations of Physiological Psychology*. Segunda edição. Boston, MA: Allyn and Bacon, 1992.

CICCHETTI, D. e CARLSON, V. *Child Maltreatment: Theory and Research on the Causes and Consequences of Child Abuse and Neglect*. Cambridge: Cambridge University Press, 1989.

COLBURN, D. Suicide rate climbs for older Americans. *Washington Post Health*, 23 de janeiro de 1996, p. 5.

COLTRANE, S. Theorizing masculinities in contemporary social science. In: ANSELMI, D. L. e LAW, A. L. (ed.). *Questions of Gender: Perspectives and Paradoxes*. Boston: McGraw-Hill, 1998.

CONDRY, J. e ROSS, D. Sex and agression: The influence of gender label on the pesception of aggression in children. *Child Development* 53:1008-1016, 1985.

COURTENAY, W. *Better to Die than to Cry?* A longitudinal and constructionist study of masculinity and the health risk behavior of young American men. Tese de doutorado, University of California em Berkeley. Dissertation Abstracts International #9902042, 1998.

COURTENAY, W. Constructions of masculinity and their influence on men's well-being: A theory of gender and health. Em revisão. *Social Science and Medicine*. 1998.

CRITTENDON, P. e AINSWORTH, M. Child maltreatment and attachment theory. In: Cicchetti, D. e Carlson, V. (ed.). *Child Maltreatment: Theory and Research on the Causes and Consequences of Child Abuse and Neglect*. Nova York: Cambridge University Press, 1989.

CUMMINGS, L. Fighting by the rules: Women street-fighting in Chihuahua, Mexico. Trabalho apresentado no encontro anual da American Anthropological Association. Chicago, Illinois, 1991.

DAMASIO, A. *Descartes' Error: Emotion, Reason and the Human Brain*. Nova York: Grosset/Putnam, 1994.

DICAMILLO, K. *The Tiger Rising*. Cambridge, MA: Candlewick Press, 2001.

DINNERSTEIN, D. 1976. *The Mermaid and the Minotaur: Sexual Arrangements and Human Malaise*. Nova York: Harper & Row, 1976.

DODGE, K.; BATES, J. e PETTIT, G. Mechanisms in the cycle of violence. *Science* 250:1679-1683, 1990.

DODGE, K.; PETTIT, G. e BATES, J. Effects of physical maltreatment on the development of peer relations. *Development and Psychopathology* 6:43-56, 1994.

DUCK, S. *Understanding Relationships*. Nova York: Guilford, 1991.

DWORETZKY, J. *Introduction to Child Development*. Sexta edição. St. Paul, Mn: West, 1996.

EISENBERG, N. e MILLER, P. The relation of empathy to prosocial and related behaviors. *Psychological Bulletin* 101:91-119, 1987.

EMSWILLER, M. e EMSWILLER, J. *Guiding Your Child Through Grief*. Nova York: Bantam, 2000.

FREDERICKSON, B. The role of positive emotions in positive psychology: The broaden-and-build theory of positive emotions. *American Psychologist* 56:218-226, 2001.

FREEDMAN, B. e KNOEDELSEDER, W. *In Eddie's Name: One Family's Triumph Over Tragedy*. Nova York: Faber and Faber, 1999.

GEORGE, C. e MAIN, M. Social interactions of young abused children: Approach, avoidance, and agression. *Child Development* 50:306-318, 1979.

GILBERT, S. *A Field Guide to Boys and Girls: Differences, Similarities: Cutting-Edge Information Every Parent Needs to Know*. Nova York: HarperCollins, 2001.

GOLEMAN, D. *Emotional Intelligence: Why It May Matter More Than IQ*. Nova York: Bantam Books, 1995.

GREENSPAN, S. *Playground Politics: Understanding the Emotional Life of Your School Age Child*. Reading, MA: Addison Wesley Longman, 1993.

GREENSPAN, S. e GREENSPAN, N. *First Feelings: Milestones in the Emotional Development of Your Baby and Child*. Nova York: Viking Press, 1985.

GREENSPAN, S. e SALMON, J. *The Challenging Child: Understanding, Raising and Enjoying the Five "Difficult" Types of Children*. Reading, MA: Addison Wesley Longman, 1996.

GROSS, J. e LEVENSON, R. Emotional suppression: Physiology, self-report, and expressive behavior. *Journal of Personality and Social Psychology* 64:970-986, 1993.

———. Hiding feelings: The acute effects of inhibiting negative and positive emotion. *Journal of Abnormal Psychology* 106:95-103, 1997.

GROSS, J. e MUNOZ, R. Emotion regulation and mental health. *Clinical Psychology: Science and Practice* 2:151-164, 1995.

GURIAN, M. *The Wonder of Boys: What Parents, Mentors and Educators Can Do to Shape Boys into Exceptional Men*. Nova York: Tarcher/Putnam, 1996.

———. *The Good Son: Shaping the Moral Development of Our Boys and Men*. Nova York: Tarcher/Putnam, 1999.

HARRIS, J. *The Nurture Assumption*. Nova York: Free Press, 1998.

HARTER, S. e WHITESELL, N. Developmental changes in children's understanding of single, multiple, and blended emotion concepts. In: SAARNI, C. e HARRIS, P. (ed.). *Children's Understanding of Emotion*. Nova York: Cambridge University Press, 1989.

HERRENKOHL, R. e HERRENKOHL, E. Some antecedents and developmental consequences of child maltreatment. In: RIZLEY, R. e CICCHETTI, D. (ed.). *Developmental Perspectives on Child Maltreatment*. San Francisco: Jossey-Bass, 1981.

IZARD, C. *Measuring Emotions in Infants and Children*. Nova York: Cambridge University Press, 1982.

KADUSAN, H. *Short-Term Play Therapy*. Harrisonburg, VA: Virginia Association of Play Therapists, Conferência Anual, 1998.

KAGAN, J. *The Growth of the Child: Reflections on Human Development*. Nova York: W. W. Norton, 1978.

KAGAN, J.; REZNICK, J. e GIBBONS, J. Inhibited and uninhibited types of children. *Child Development* 60:838-845, 1989.

KAGAN, J. e SNIDMAN, N. Temperamental factors in human development. *American Psychologist* 46:856-862, 1991.

KATZ, L. e GOTTMAN, J. Vagal tone protects children from marital conflict. *Development and Psychopathology* 7:93-116, 1995.

KILBOURNE, J. *Deadly Persuasion: Why Women and Girls Must Fight the Addictive Power of Advertising.* Nova York: Free Press, 1999.

KILMARTIN, C. *The Masculine Self.* Segunda edição. Nova York: McGraw Hill, 2000.

KIMMEL, M. *Changing Men: New Directions in Research on Men and Masculinity.* Newbury Park, CA: Sage Publications, 1987.

KINDLON, D. e THOMPSON, M. *Raising Cain: Protecting the Emotional Life of Boys.* Nova York: Ballantine Books, 2000.

KLIMES-DOUGAN, B. e KISTNER, J. Physically abused preschoolers' responses to peers' distress. *Developmental Pyschology* 26:599-602, 1990.

LAMB, W. *I Know This Much is True.* Nova York: HarperCollins, 1998.

LEDOUX, J. Cognitive-emotional interactions in the brain. In: IZARD, C. (ed.). *Development of Emotion-Cognition Relations.* Chichester, Inglaterra: Wiley, 1992.

LEDOUX, J. *The Emotional Brain: The Mysterious Underpinnings of Emotional Life.* Nova York: Simon and Schuster, 1996.

LEVANT, R. *Masculinity Reconstructed: Changing the Rules of Manhood at Work, in Relationships, and in Family Life.* Nova York: Plume, 1995.

LYNCH, J. e KILMARTIN, C. *The Pain Behind the Mask: Overcoming Masculine Depression.* Binghamton, NY: Haworth Press, 1999.

MACCOBY, E. Gender and relationships: A developmental approach. *American Psychologist* 45:513-520, 1990.

MACCOBY, E. e JACKLIN, C. *The Psychology of Sex Differences.* Stanford, CA: Stanford University Press, 1974.

MAHLER, M.; PINE, F. e BERGMAN, A. *The Psychological Birth of the Human Infant.* Nova York: Basic Books, 1975.

MAIN, M. e GEORGE, C. Responses of abused and disadvantaged toddlers to distress in age mates: A study in a day-care setting. *Developmental Psychology* 21:407-412, 1985.

MASSACHUSETTS DEPARTMENT OF EDUCATION. Executive Summary of the 1995 Youth Risk Behavior Survey Results, 1996. Consultado em 4 de agosto de 2001.

MASTEN, A. Ordinary magic: Resilience processes in development. *American Psychologist* 50:227-238, 2001.

MASTERSON, J. *Emerging Self: A Developmental, Self, and Object Relations Approach to the Treatment of the Closet Narcissistic Disorder of the Self.* Nova York: Brunner/Mazel, 1993.

MAYER, J. e SALOVEY, P. What is emotional intelligence? In: SALOVEY, P. e SLUYTER, D. (ed.). *Emotional Development and Emotional Intelligence.* Nova York: Basic Books, 1997.

MUNDY, M. *Sad Isn't Bad: A Good-Grief Guidebook for Kids Dealing with Loss.* St. Meinrad, IN: Abbey Press, 1998.

NEISS, R. Reconceptualizing arousal: Psychobiological states in motor performance. *Psychological Bulletin* 103:345-366, 1988.

NEVILLE, H.; JOHNSON, D. e CAMERON, J. *Temperament Tools: Working with Your Child's Inborn Traits.* Seattle, WA: Parenting Press, 1997.

NOLEN-HOEKSEMA, S. An interactive model for the emergence of gender differences in depression in adolescence. *Journal of Research on Adolescence* 4:519-534, 1994.

OLWEUS, D.; LIMBER, S. e MIHALIC, S. F. *Blueprints for Violence Prevention, Book Nine: Bullying Prevention Program.* Boulder, CO: Center for the Study and Prevention of Violence, 1999.

PATRICK, C.; CUTHBERT, B. e LANG, P. Emotion in the criminal psychopath: Fear image processing. *Journal of Abnormal Psychology* 103:523-534, 1994.

PENNEBAKER, J. *Opening Up: The Healing Power of Confiding in Other.* Edição revisada. Nova York: Morrow, 1997.

———. Emotion, disclosure and health: An overview. In: PENNEBAKER, J. (ed.). *Emotion, Disclosure and Health.* Washington, DC: American Psychological Association, 1995.

PERT, C. e CHOPRA, D. *Molecules of Emotion: Why You Feel the Way You Feel.* Nova York: Scribner, 1997.

PIAGET, J. *The Origins of Intelligence in Children.* Nova York: International University Press, Inc., 1952.

PIPHER, M. *Reviving Ophelia: Saving the Selves of Adolescent Girls.* Nova York: Ballantine, 1994.

POLCE-LYNCH, M. Gender and self-esteem from late childhood to late adolescence: Predictors and mediators. Tese de doutorado. Virginia Commonwealth University, Richmond, Virginia, 1996.

POLCE-LYNCH, M.; MYERS, B. J.; KILMARTIN, C.; FORSSMANN-FALK, R. e KLIEWER, W. Gender and age patterns in emotional expression, body image, and self-esteem: A qualitative analysis. *Sex Roles* 38:1025-1048, 1998.

POLCE-LYNCH, M.; MYERS, B. J.; KLIEWER, W. e KILMARTIN, C. Adolescent gender and self-esteem: Exploring relations to sexual harassment, body image, media influence and emotional expression. *Journal of Youth and Adolescence* 30:225-244, 2001.

POLLACK, W. *Real Boys: Rescuing Our Sons from the Myths of Boyhood*. Nova York: Holt, 1998.

POWERS, S.; WELSH, D. e WRIGHT, V. Adolescents' affective experience of family behaviors: The role of subjective understanding. *Journal of Research on Adolescence* 4:585-600, 1994.

RADKE-YARROW, M. e ZAHN-WAXLER, C. Roots, motives and patterns in children's prosocial behavior. In: STAUB, E. (ed.). *Development and Maintenance of Prosocial Behavior: International Perspectives on Positive Morality*. Nova York, Plenum, 1984.

REAL, T. *I Don't Want to Talk About It: Overcoming the Hidden Legacy of Male Depression*. Nova York: Sribner, 1997.

REAL, T. *Male Depression*. Richmond, VA: Richmond Clinical Society of Social Work. Conferência Anual, 1999.

RICHARDS, J. e GROSS, J. Emotion regulation: The hidden cost of keeping one's cool. *Journal of Personality and Social Psychology* 79:410-424, 2000.

RIEDER, C. e CICCHETTI, D. Organizational perspective on cognitive control functioning and cognitive-affective balance in maltreated children. *Developmental Psychology* 25:382-393, 1989.

ROBINSON, J.; KAGAN, J.; REZNICK, J. e CORLEY, R. The heritability of inhibited and uninhibited behaviors. *Developmental Psychology* 28:1030-1037, 1992.

SALOVEY, P. e SLUYTER, D. *Emotional Development and Emotional Intelligence: Educational Implications*. Nova York: Basic Books, 1997.

SAMEROFF, A. e CHANDLER, M. Reproductive risk and the continuum of caretaking casualty. In: HOROWITZ, F. (ed.). *Review of Child Development Research*. v. 4. Chicago: University of Chicago Press, 1975.

SCARR, S. e MCCARTNEY, K. How people make their own environment: A theory of genotype-environment effects. *Child Development* 54:424-435, 1983.

SELIGMAN, M. *Learned Optimism: How to Change Your Mind and Your Life*. Nova York: Pocket Books, 1998.

SELIGMAN, M.; REIVICH, K.; JAYCOX, L. e GILLHAM, J. *The Optimistic Child*. Nova York: Harperperennial Library, 1996.

SHAFFER, D. *Developmental Psychology: Childhood and Adolescence*. Quinta edição. Pacific Grove, CA: Brooks/Cole, 1999.

SILVERMAN, J.; RAJ, A.; MUCCI, L. e HATHAWAY, J. Dating violence against adolescent girls and associated substance abuse, unhealthy weight control, sexual risk behavior, pregnancy, and suicidality. *Journal of the American Medical Association* 286:572-679, 2001.

SMOLOWE, J. Sex with a scorecard. *Time*, 5 de abril de 1993. p. 41.

SOMMERS, C. The war against boys. *The Atlantic Monthly*, maio, 2000. pp. 59-74.

SROUFE, A. Attachment and the roots of competence. *Human Nature* 1:50-57, 1978.

———. Individual patterns of adaptation from infancy to preschool. In: PERLMUTTER, M. (ed.). *Minnesota Symposium in Child Psychology*. v. 16. Hillsdale, NJ: Erlbaum, 1983.

———. *Emotional Development: The Organization of Emotional Life in the Early Years*. Cambridge, MA: Cambridge University Press, 1997.

STERN, M. e KARRAKER, K. Sex stereotyping of infants: A review of gender labeling studies. *Sex Roles* 20:501-522, 1989.

TAFFEL, R. *The Second Family: How Adolescent Power Is Challenging the American Family*. Nova York: St. Martin's Press, 2001.

TAVRIS, C. *Anger: The Misunderstood Emotion*. Nova York: Simon and Schuster, 1989.

THOM, A.; SARTORY, G. e JOHREN, P. Comparison between one-session psychological treatment and benzodiazepine in dental phobia. *Journal of Consulting and Clinical Psychology* 68:378-387, 2000.

THOMAS, A.; CHESS, S. e BIRCH, H. The origin of personality. *Scientific American* 223:102-109, 1970.

WERNER, E. Risk, resilience, and recovery. *Development and Psychopathology* 5:503-514, 1993.

WHALEN, P.; SHIN, L.; MCINERNEY, S.; FISCHER, H.; WRIGHT, C. e RAUCH, S. A functional MRI study of human amygdala responses to facial expressions of fear versus anger. *Emotion* 1:70-83, 2001.

ZAHN-WAXLER, C. e ROBINSON, J. Empathy and guilt: Early origins of feelings of responsability. In: FISCHER, K. e TANGNEY, J. (ed.). *Self-conscious Emotions: Shame, Guilt, Embarrassment and Pride*. Nova York: Guilford Press, 1995.

ZAHN-WAXLER, C. e SMITH, K. D. The development of prosocial behavior. In: VAN HASSELT, V. B. e HERSEN, M. (ed.). *Handbook of Social Development: A Lifespan Perspective*. Nova York: Plenum, 1992.

ZAHN-WAXLER, C.; COLE, P.; WELSH, J. e FOX, N. Psychophysiological correlates of empathy and prosocial behaviors in preschool children with behavior problems. *Development and Psychopathology* 7:27-48, 1995.

Série PARENTING

Pais Muito Especiais
ISBN 85-89384-24-1
80 pgs

"Pais Muito Especiais" de Milton M. de Assumpção Filho e Natalia C. Mira de Assumpção apresenta 180 sugestões de ações que expressam amor e carinho e podem ser usadas no dia-a-dia. O livro reúne depoimentos e ricas histórias de vida de amigos que abriram seus corações e dividiram com os autores momentos inesquecíveis entre filhos e pais, bem como lembranças da infância. Como não obedecem a nenhuma regra ou ordem, as frases, dispostas aleatoriamente, permitem que o livro seja lido a partir de qualquer página.

Amar sem Mimar
ISBN 85-89384-11-x
256 pgs

Este livro oferece 100 dicas para que os pais, livres de culpa e de maneira prática, possam criar seus filhos, estabelecendo limites com amor e carinho, porém sem mimar ou ser indulgente. Com estilo prático e divertido, a escritora Nancy Samalin compartilha suas 100 melhores dicas para criar filhos maravilhosos com amor incondicional sem ser um pai ou uma mãe que não sai "do pé" deles.

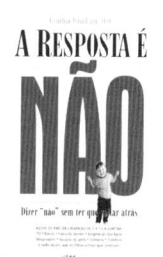

A Resposta é Não
ISBN 85-89384-10-1
256 pgs

Se você tem dificuldade para dizer "não" aos seus filhos, pode contar agora com uma nova ajuda. O livro, de Cynthia Whitham, trata de 26 situações que afetam pais de crianças de 2 a 12 anos.
Neste livro, a autora fornece as ferramentas para os pais que têm dificuldades de dizer "não". Da hora de dormir aos animais de estimação, da maquiagem à música, da lição de casa às roupas de grife, e tudo aquilo que os filhos acham que precisam.

Livro de Referência para a Depressão Infantil
ISBN 85-89384-09-8
280 pgs

Escrito pelo professor dr. Jeffrey A. Miller, este livro mostra como os pais podem diagnosticar os sintomas da depressão infantil e as consequências deste problema, como ansiedade e uso de drogas ilegais. A obra também aborda os métodos de tratamento, incluindo psicoterapia, remédios e mudanças de comportamento, além de estratégias para ajudar os pais a lidar com a questão.

A Vida Secreta da Criança com Dislexia
ISBN 85-89384-12-8
232 pgs

Este livro, do psicólogo educacional Robert Frank, que é portador de dislexia, é um manual para os pais identificarem e aprenderem como a criança portadora desse distúrbio de aprendizagem pensa e sente e o que podem fazer para ajudar os filhos a se tornarem adultos bem-sucedidos. Hoje, casado e pai de dois filhos, argumenta que a criança com dislexia muitas vezes é confundida como uma criança pouco inteligente, preguiçosa e que finge não entender.

Soluções para Noites Sem Choro
ISBN 85-89384-10-1

224 pgs

Desenvolvido pela orientadora educacional Elizabeth Pantley, este livro mostra ser perfeitamente possível acabar com o desespero dos pais que não dormem porque o bebê não pára de chorar. O livro apresenta programa inédito de 10 passos para os pais atingirem a meta de garantir uma boa noite de sono para toda a família. A autora mostra que é possível ajudar o bebê a adormecer e dormir tranqüilamente.

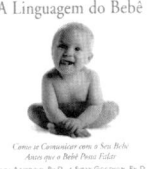

Sinais - A Linguagem do Bebê
ISBN 85-89384-18-7

194 pgs

Você sabia que os bebês sabem muito mais sobre linguagem do que pensamos? E que muito antes de serem capazes de falar, eles podem comunicar-se por meios de sinais e gestos? Os Sinais Infantis são fáceis de aprender e ajudam muito a entender a mente do bebê. Segundo as especialistas, Linda Acredolo e Susan Goodwyn, todos os bebês têm potencial para aprender Sinais Infantis simples e fáceis de lembrar. Com isso, os pais não precisam mais ficar ansiosos, esperando o dia em que seu bebê possa lhes dizer o que sente, precisa e pensa.

Como Educar Crianças de Temperamento Forte
ISBN 85-89384-17-9

280 pgs

Um verdadeiro passo a passo, este livro de Rex Forehand e Nicholas Long é destinado a ajudar pais que têm dificuldade em lidar com os problemas de teimosia, desobediência, irritação e hiperatividade dos filhos que estão sempre exigindo atenção.
O livro inclui, ainda, um capítulo sobre TDAH – Transtorno de Déficit de Atenção / Hiperatividade, conhecido também como DDA – Distúrbio do Déficit de Atenção.

8 Regras Simples para Marcar um Encontro com Sua Filha Adolescente
ISBN 85-89384-21-7

236 pgs

Este livro vai ensinar aos pais de filhas adolescentes, de maneira leve e engraçada, como conversar com sua filha – quando isto parece impossível – mesmo que seja através da porta do quarto dela, como impor uma certa autoridade – mesmo que às vezes não funcione e, ainda, como ter acesso ao banheiro, ao chuveiro e, principalmente, ao telefone de sua casa. Aprenda a sair de frases como "Todo mundo vai, menos eu", "Um minuto depois de fazer 18 anos, vou embora desta casa!"

Filhas são Filhas - Criando filhas confiantes e corajosas
ISBN 85-98384-25-x

292 pgs

Em um texto importante e abrangente, a autora JoAnn Deak identifica e mostra os caminhos para grande parte dos problemas que envolvem a criação e a educação das meninas. *Filhas são Filhas* apresenta um guia compreensível dos vários desafios emocionais e físicos que as garotas de 6 a 16 anos enfrentam no mundo conturbado e mutante de hoje.

Conversando sobre Divórcio
202 pgs

ISBN 85-89384-20-9

Este livro, de Vicki Lansky, não é um livro de conselhos, mas um guia cheio de situações, exemplos, e idéias, com o objetivo de tornar o processo de separação menos doloroso. Dividido em sete capítulos, aborda a decisão de separar-se, questões de dinheiro, problemas legais, guarda dos filhos, como os filhos vão encarar a situação, até quando você se casa de novo.

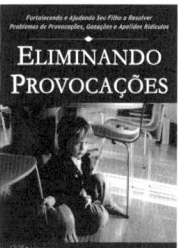

Eliminando Provocações - Fortalecendo e ajudando seu filho a resolver problemas de provocações, gozações e apelidos ridículos
292 pgs

ISBN 85-89384-28-4

Este livro, de Judy Freedman, foi elaborado com o substrato fornecido por dezessete anos de experiência como coordenadora educacional. Seu programa ensina crianças e pais a efetivamente lidar com o problema da provocação e a desenvolver técnicas de defesa que duram a vida toda.

Cuidando do Bebê até que sua Mulher Chegue em Casa
152 pgs

ISBN 85-89384-23-3

Walter Roark garante que, sempre que a mãe não está em casa, os bebês reagem de maneira estranha, choram, esperneiam, fazem cocô, mudam de cor e espremem-se. Inspirado em sua filha, Meghan, escreveu este livro para ajudar os pais a cuidar adequadamente de seu filho e mantê-lo a salvo até que sua mulher chegue em casa.

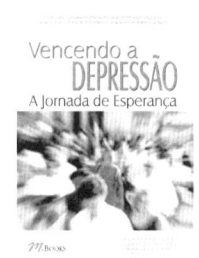

Vencendo a Depressão - A jornada da esperança
240 pgs

ISBN 85-89384-05-5

Com base em pesquisas e descobertas, o livro mostra passo a passo como obter cuidados de boa qualidade; como encontrar o profissional de saúde adequado; quais os métodos de farmacologia e terapia disponíveis; habilidades diárias para superar a depressão; ferramentas de auto-avaliação para medir seu nível de depressão; além de exemplos e histórias inspiradoras de pessoas que enfrentam o desafio de identificar sua própria depressão e venceram.

Visite Nosso Site
www.mbooks.com.br

CADASTRO DO LEITOR

- Vamos informar-lhe sobre nossos lançamentos e atividades
- Favor preencher todos os campos

Nome Completo (não abreviar):

Endereço para Correspondência:

Bairro: Cidade: UF: Cep:

Telefone: Celular: E-mail:

Escolaridade:
☐ 1º Grau ☐ 2º Grau ☐ 3º Grau ☐ Pós-Graduação
☐ MBA   ☐ Mestrado ☐ Doutorado ☐ Outros (especificar):

Sexo: ☐ F ☐ M

Obra: **Conversando com Meninos – Mary Polce-Lynch**

Classificação: **Parenting**

Outras áreas de interesse:

Quantos livros compra por mês?: _____ por ano? _____

Profissão:

Cargo:

Enviar para os faxes: **(11) 3079-8067/(11) 3079-3147**

ou e-mail: **vendas@mbooks.com.br**

M.Books

M. Books do Brasil Editora Ltda.

Av. Brigadeiro Faria Lima, 1993 - 5º andar - Cj 51
01452-001 - São Paulo - SP Telefones: (11) 3168-8242/(11) 3168-9420
Fax: (11) 3079-3147 - E-mail: vendas@mbooks.com.br

cole aqui

— — — — — — — — — — — — — — — — dobre aqui — — — — — — — — — — — —

Carta Resposta

7212018100/DR/SPM
M. BOOKS

CORREIOS

CARTA RESPOSTA
NÃO É NECESSÁRIO SELAR

O selo será pago por

M. BOOKS DO BRASIL EDITORA LTDA.

04533-970   São Paulo-SP

— — — — — — — — — — — — — — — — dobre aqui — — — — — — — — — — — —

Rem.: ....

End.: ....

Impressão e acabamento:
GRÁFICA PAYM
Tel. (011) 4392-3344